奥里森·马登
成功学全书

奥里森·马登◎著　赵建◎编译

中国三峡出版社

图书在版编目(CIP)数据

奥里森马登成功学全书/奥里森·马登著/赵建编译.
—北京:中国三峡出版社,2009.6
ISBN978-7-80223-521-2

Ⅰ.①奥… Ⅱ.①奥…②赵… Ⅲ.①成功心理
Ⅳ.①C913.2-40

中国版本图书馆CIP数据核字(2010)第194105号

中国三峡出版社出版发行

(北京市西城区西廊下胡同51号 100034)

发行部电话:(010)66112758 66118308

http://www.zgsxcbs.cn

E-mail:sanxiaz@sina.com

ybs5193@163.com

北京嘉业印刷厂印刷 新华书店经销

2009年7月第1版 2013年3月第5次印刷

开本:710×1000毫米 1/16 印张:18

字数:180千字

ISBN978-7-80223-521-2 定价:32.00元

前　言

奥里森·马登(1848－1924),美国成功学的奠基人和最伟大的成功励志导师,成功学之父。奥里森·马登是《成功》杂志的创办人,如今《成功》杂志在美国无人不晓,它通过创造性地传播成功学改变了无数美国人的命运,致力于马登尚未完成的事业:把个人成功学传授给每一个想出人头地的年轻人。

1850年,马登降生于美国一个贫苦家庭。他3岁失母,7岁丧父,生活环境也极其恶劣。为了更好的生存,马登开始了比一般山区孩子更为艰苦的挣扎。他先是寄人篱下,给人做工。他总也吃不饱饭,还要每天工作14小时以上;没有同龄的朋友,还要受到主人孩子的嘲弄和虐待;没有长辈的关爱,还要忍受主人的责骂和皮鞭。他先后换过五个主人,但情况没有丝毫好转。

在马登14岁的时候,他决定要有所突破。一个星期日,马登出逃了。在一家锯木场找到工作之后,马登开始抓紧一切时间和机会读书。突然,一本书使他眼睛一亮,这就是塞缪尔·斯迈尔斯的《自己拯救自己》——一本著名的成功学著作。从那以后,奥里森·马登就意识到,一个人要想成功必须依靠自己,拿自己作资本;只要肯付出努力,就一定能获取成功。

在这个信念的支持下,马登开始了漫长的奋斗之路。之后,他先是断断续续地上了几年学,同时努力工作养活自己。23岁时,奥里森·马登走进了大学校门。9年后,他拿到了如下学位:奥拉托利会学士,波士顿大学硕士,哈佛医学院博士,以及波士顿大学法学院学士,同时攻读多个科目并未影响他的收入。毕业前夕,他积攒了将近2万美元。

在此后的10多年里,马登马不停蹄地奋斗,在自己的信念的指导下,朝着自己的目标前进。40岁前后,马登已经成了一位旅店业大亨。他的事业蒸蒸日上,似乎没有任何变故能阻挡“幸运的马登”走向成功。

当然,偶尔也会有不幸降临。接下来的经济大萧条使得马登的事业直线下滑,而且他最重要的一些旅店被大火夷为平地,倾注了大量心血的五千多页的手稿也在大火中化为灰烬。但马登没有屈服,他始终坚信,只要自己活着,就能创造财富。

背着沉重的债务,马登带着永不褪色的梦想来到波士顿。他开始了成功学方面的创作。他觉得他更有资格投身这个事业。因为,在他四十多年的奋斗历程中,在财富的阶梯上,他曾经站在最高处,也曾被抛到谷底,所以,他更了解财富与成功的奥秘。

1894年,马登三十年的梦想成为现实。处女作《伟大的励志书》获得了巨大成功，第一年就再版11次。到1905年前后，仅在日本就售出近100万册。

1897年，马登的《成功》杂志创刊。很快，《成功》杂志获得了巨大的成功，发行量达30万册，员工达到200名。但是天有不测风云。杂志内部开始分裂，后来又因为得罪权贵而被告上法庭。1911年，《成功》杂志倒闭。又一次，马登债务缠身。马登多次表达过，对一个人真正的考验是看他与失败斗争的勇气，真正的强者是"第一次不成功，那么，再试一次"！像以前一样，马登再次用行动证明了强者的力量。他继续坚持出书，并计划再办杂志。1918年，《新成功》创刊，即使在马登去世之后，这本杂志仍然激励着千千万万的有志者，继续着马登的伟大事业。

马登撰写了大量鼓舞人心的著作，包括《一生的资本》、《思考与成功》、《伟大的励志书》、《成功的品质》、《高贵的个性》、《奋力向前》、《真确思考的奇迹》、《成功学原理》等等。马登的书在美国一上市，即受到了大众的认同，很多公立学校指定为教科书或参考书，不少公司企业发给员工阅读，在商人、教育人士、政府官员和神职人员中也深受欢迎。林语堂先生曾向人们推荐他的书："对于时代青年所经验的烦闷、消极等等滋味，我亦未曾错过……希望他们从马登的书中，能获得（与我）同样的兴奋影响。"美国第25任总统威廉姆·麦金莱曾说："马登的书对所有具有高尚和远大抱负的年轻读者都是一个巨大的鼓舞。马登的著作和他所倡导的成功原则改变了世界各地千百万贫苦人民的命运，使他们由一贫如洗变为百万富翁，从无名之辈变为社会名流。"

奥里森·马登的人生本身就是一个最具励志意义的奋斗故事，而他的著作不仅包含着这个故事的所有精华，更经典地阐释了"美国梦"的灵魂所在，书中那些催人奋进、令人热血澎湃的文字激励了一代又一代的年轻人走向成功。

本书以奥里森·马登的经典成功学著作为蓝本，从中提炼出高度有效的理论原则，这些理论原则都是奥里森·马登成功学的核心部分，都是经过无数成功人士验证的励志经典。另外，我们又结合当代中国年轻人的现状，详细阐述了在当下社会环境中，我们的年轻人应该如何活学活用奥里森·马登的成功学理论。

毋庸置疑，这本书一定会成为你获取成功的利器！也一定会让你的人生从此改变！我们期待着，期待你通过这本书走进奥里森·马登的精神世界，激扬文字，用心感受他所传授给你的力量，发掘出自己的最大潜能，并最终造就属于自己的美丽人生！

最后，让我们用奥里森·马登的一段伟大的励志格言来共勉：

这个世界上没有任何力量能够阻碍我们走向成功。如果有，就是我们自己。

目　录

上　篇　认识自己，把握自我

第一章　把握好“自己”这笔财富

最大的财富是你自己 / 3
你本身就是一座金矿 / 6
成败皆决定于你自己 / 9
学会发现自己的长处 / 11
必须警惕自己的弱点 / 14
一定要能认识你自己 / 18
尽力保持一颗平常心 / 19
成功激发自己的潜力 / 21

第二章　锻造属于自己的美好心灵

伟大人物有伟大心灵 / 24
拥有一颗高贵的心灵 / 27
快乐可铸就美好心灵 / 30
爱心能锻造美好心灵 / 33

保持一颗年轻的心灵 / 36
随时随地抛开坏心情 / 39
嫉妒是心灵的枷锁 / 42
保持平稳良好的情绪 / 45

第三章 卓越的性格决定伟大的成功

抓住性格的伟大力量 / 49
好性格是成功的前提 / 53
执著坚定终究会成功 / 55
自卑消极会阻碍成功 / 58
优柔寡断会错失良机 / 61
成功须突破性格陷阱 / 63
学会优化自己的性格 / 65
锻造你的卓越的性格 / 69

第四章 优秀的品质是成功的基础

优秀的品质孕育成功 / 72
勇气使成功成为必然 / 76
冷静保证你稳步前行 / 78
诚信是成功的助推器 / 81
宽容是最优秀的品质 / 83
意志力让你永不放弃 / 86
谦虚是成功的奠基石 / 89
责任感帮助我们成功 / 92
进取心创造成功机遇 / 94

中 篇 抓住机遇,勇获成功

第五章 让目标达到沸点

梦想是成功者的行囊 / 99
如何制订合适的目标 / 103

拥有明确的主导目标 / 106
让你的目标达到沸点 / 108
不为自己找任何借口 / 111
目标须靠行动去实现 / 114
目标不要太过于完美 / 116

第六章 别让成功的机遇从你边溜走

成功要善于抓住机遇 / 120
面对机遇要当机立断 / 123
要学会利用你的运气 / 125
机会垂青有所准备的人 / 129
敢在冒险中猎获机遇 / 132
要能置之死地而后生 / 135
重视小事以捕捉灵感 / 137
抓住百分之一的机会 / 141

第七章 你的职业就是你的雕塑

做好自己的职业定位 / 144
你不只是为老板工作 / 147
不要只为工资而工作 / 150
对待工作要保持热情 / 152
把工作当成一种快乐 / 155
将爱融入到工作之中 / 157
主动与你的老板沟通 / 160
欣赏和赞美你的老板 / 163

第八章 积极的心态是成功的前提

人生的成败在于心态 / 166
正确的认识积极心态 / 170
怎样使自己出类拔萃 / 173

积极心态能挖掘潜能 / 176
积极心态该如何培养 / 178
摆脱消极心态的干扰 / 181
别为打翻的牛奶哭泣 / 187
丰富心智以保持心态积极 / 189

下　篇　完善自我，追求卓越

第九章　你靠什么吸引别人

与人交往要多用“礼” / 195
给别人留下良好印象 / 197
养成善于倾听的习惯 / 199
让自己变得幽默一些 / 203
微笑具有神奇的魔力 / 206
要能适度地赞美别人 / 208
千万不可以自我吹嘘 / 212
会与不喜欢的人相处 / 214
学会与他人有效合作 / 216

第十章　良好的习惯是成功之母

良好习惯可助你成功 / 220
做好家庭的财务预算 / 223
养成惜时如金的习惯 / 225
保持正确的饮食习惯 / 227
为自己选择一项运动 / 229
读书是追求成功的法宝 / 232
养成勤学好问的习惯 / 236
戒绝吸烟的恶习 / 239

第十一章　专心做好一件事

做事要保持专注之心 / 243

做事要分清轻重缓急 / 246
一定要把眼前事做好 / 250
做事要学会选择和放弃 / 252
做事要有永不放弃的精神 / 255
做事要准确并且迅速 / 258

第十二章 在困境中如何磨砺心志

每个人都要面对挫折 / 260
人生可失意不可失志 / 264
顽强让我们跨越逆境 / 267
贫穷是最大的财富 / 269
千万不要安于现状 / 272
学会藐视一切的困难 / 274
勤奋是摆脱困境的法宝 / 276

上篇

认识自己，把握自我

第一章　把握好“自己”这笔财富

第二章　锻造属于自己的完美心灵

第三章　卓越的性格决定伟大的成功

第四章　优秀的品质是成功的基础

上篇

认识自己，把握自我

第一章　把握好“自己”这笔财富

第二章　锻造属于自己的完美心灵

第三章　卓越的性格决定伟大的成功

第四章　优秀的品质是成功的基础

↓第一章
把握好“自己”这笔财富

拯救自己！我们自己就是一笔巨额的财富，每个人都是如此。那些勇于认识自己，开发自己的巨额财富的人注定会取得成功。

最大的财富是你自己

成功立足点在于我们自己，我们每个人最大的财富其实就是我们自己。可是，在我们的身边，很多人没有意识到这一事实。这也正是大多数人的悲哀！如果有机会，你不妨问问那些已过而立或者不惑之年的人，问问他们——为什么前半生即将要过去了，他们仍然只能勉强维持生活 十个人中有九个会告诉你们这样的理由：

“机遇始终没有眷顾。”

“我的才华被埋没了。”

“我的环境不好，阻碍了我的个人发展。”

“我不像现在的年轻人，有那么多的机遇。”

“我接受教育太少……”

类似这样的理由还有很多很多……一千个人就会有一千个理由，然而事实上并非如此，奥里森·马登认为，我们每个人都有巨额的资本去成功，我们每个人本身就是自己的一笔财富，那么，既然拥有巨额财富还失败，还终生碌碌无为……那只能表明一点:我们没有发现自己并很好地开发好自己这笔巨大的财富。

一个年轻男子对自己的贫困境况非常不满,总是怨天尤人。在一个皓月当空的夜晚,男子一边在海滩漫步,一边在抱怨自己的命运,一边还做着白日梦:

如果我有一辆新车该多幸福;

如果我有一座大房子该多幸福;

如果我有一份好工作该多幸福;

如果我有一个完美的妻子该多幸福;

如果我有……

"唉!"男子想到这里叹了一口气,"我真的很不幸啊! 什么都没有! 一穷二白!"

就在男子抱怨的时候,有一个老人正好从旁边经过。老人听到了男子的抱怨,微笑着对年轻的男子说:"你贫穷吗? 小伙子! 你具有如此丰厚的财富,为什么还要怨天尤人呢?"

"我? 我有巨大的财富? 在哪里呢? 我怎么没看见? 你在嘲笑我吧?"青年急切地问。

"你的一双眼睛,只要你能给我你的一双眼睛,我就可以把你想得到的给你。"老人说。

"不,我不能失去我的眼睛。"年轻人坚定地回答。

"好吧,那么把你的一双手给我吧。为此,我可用一整袋黄金作为交换。"老人又说。

"不,我的双手也不能失去。"年轻人的态度仍然很坚定。

老人没有再继续下去,只是很平静地说:"有一双眼睛,你就可以学习:有一双手,你就可以劳动。现在,你自己看到了吧,你有如此丰厚的财富啊!"

听了老人的话,年轻突然恍然大悟。

实际上,任何成功的人,都是能从根本上看重自己、都是能很清楚地意识到并能很好地利用自己这笔巨大的"财富"的人。如果所有人都像例子中的年轻人一样，整天怨天尤人，不思进取，谁都不会成功。

在马登临终前，有人问他，从一个生活窘迫的孤儿到闻名世界的成功学大师，这其中有什么成功的秘诀吗？马登用尽最后的力气回答说："拯救自己！我们自己就是一笔巨额的财富，每个人都是如此。那些勇于认识自己，开发自己的巨额财富的人注定会取得成功。"

这就是马登成功的答案！一个非常简单的答案。马登的这一句话，从某个角度道出了一个成功的真谛：我们每个人都是一笔巨大的财富，我们每个人最大的财富就是我们自己，利用好我们自己，开发好我们自己的这笔巨大的财富，我们就能够获得成功。

像马登这样，相信自己，能正确认识自己的人大有人在。

亨利·沃德·比彻曾说过："每个人应该思考的不是他已经有什么，而是他应该做什么。"也就是说，即使你碰巧出身名门，家财万贯，或者家世显赫——再或者这些条件都具备——但是如果你自己没有自立的意识，总是抱着"背靠大树好乘凉"的想法，那么对不起，你永远都不可能以成功者的姿态出现在众人面前。

林肯曾经和好心的克劳福德太太开玩笑，说将来某一天自己可能会成为美国的总统。面对克劳福德太太的嘲笑，年轻的林肯这样回应道："哦，我会刻苦学习，时刻做好准备，然后说不定机会就降临到我头上了呢。"如果不是这个男孩下定决心锻炼自己的能力，不遗余力地培养自身作为领袖的素质，那么你认为世界上有什么力量能让白宫对这个出身贫寒、成长于偏僻林区而且举止笨拙的孩子敞开大门呢？

法拉弟年轻时在一家药店工作。当时他就梦想着能够成为科学家进行各种科学实验，那时他会想些什么呢？他会认为："只有拥有一间设备齐全的实验室，我才能做出举世震惊的成就吗？"当然没有。他从来没有在空想上浪费一丁点儿时间。他就在小小的阁楼里利用粗糙的仪器完成了非凡的实验，将科学研究推进了一大步，并且因此赢得了汉弗莱·德卫爵士的青睐。如果这个药店的小学徒成天只是空想，等待有一天拥有很多仪器再去进行实验的话，你会觉得当别人问起德卫爵士他眼中最伟大的科学发现是什么时，他还会回答说"迈克尔·法拉弟的发现吗？"

迈克尔·安吉洛利用其他艺术家丢弃的大理石废料雕出绝妙的雕塑“大卫”,将机遇紧紧地握在手中。因为他懂得利用自己的财富创造财富。

同样是活着,有的人活出的是风情万种、百味人生,有的人活出的是一股怨气,而那些丧失了激情,丧失了创造力的人活出的是一种无奈与痛苦。这个世界是公平的,只是活着就意味着拥有机会。人生就像是一次爬山,爬的比你高的不一定比你强壮。同样,现在爬的比你高的人也不一定就永远比你高,因为你活着,活着就意味着永远机会,意味着你还有未来。

也许有人曾经听到过这么一句话,上帝不会因为你的贫穷而拒绝你出生,也不会因为你的富有而延长你的寿命。你贫穷,但你不会永远贫穷,你富有,你也不能保证你会永远富有。每个人的未来都在于他自己如何把握。用自己的力量树立志向,而且甘于和敢于冒险,最后成功就会属于你,这些就是你身上最大的财富。

所以,请珍惜我们自己这笔巨额财富!因为造就任何伟人的并不是精良的工具、千载难逢的机遇、权势显赫的朋友或者庞大的财富等因素。赢得成功的巨大力量就存在于你的体内,而不在其他人身上。换句话说,我们一直苦苦追求的宝贵机遇就是我们自己,而不是周围的环境。它不是所谓的运气、机遇或者别人的扶持,它就在我们自己身上。如果我们具有成功的能力,那么没有人能够掩盖我们的光芒;然而如果我们缺乏这种潜质,那么也没有人能够帮我们取得成功。造物主给予每个人均等的机遇,但他必须自己找到钥匙才能打开通往成功殿堂的大门。

请珍惜自己,因为我们本身就是一笔巨大的财富,这是上帝赋予我们的。

你本身就是一座金矿

你本身就是一座金矿!奥里森·马登认为,人的潜能犹如一座金矿,蕴藏无穷价值,用积极的心态去发掘和利用它,它必将给我们带来巨大的财富和幸福的生活。当然,如果你疏于管理你自己——你的金矿,你就永远不会成功。

每个人的自身都是一座金矿,都蕴藏着大自然赐予的巨大潜能和无限潜力,只是由于没有进行各种潜能训练,使得我们没有机会将内在的潜能淋漓尽致地发挥出来。在我们身上没有得到开发的潜能,就犹如一位熟睡的巨人,一旦受到激发,便能发挥"点石成金"的力量。曾经有一位叫做詹姆斯的美国学者,说过这样一句话:"我们每个人的潜能无限,有如一座待开发的金矿,但是开发得如何因人而异,一般来讲,普通人只开发了自己身上所蕴藏能力的1/10,与应当取得的成就相比较起来,每个人不过是半醒着的。而那些成功的伟大人物都是善于开发自己潜能的精明人物。"

班·费德雯,1912 年出生于美国,是保险销售史上的一位传奇人物。1942 年,费德雯加入纽约人寿保险公司。1955 年,还没有人敢去想,一名寿险业务员的年度业绩可以超过 1000 万美元;1956 年,他打破了寿险史上的记录,年度业绩超过 1000 万美元;1959 年,2000 万美元的年度业绩还被认为是遥不可及的梦;1960 年,他把梦想变成了现实;1966 年,他的寿险销售额冲破了 5000 万美元的大关;1969 年,他缔造了 1 亿美元的年度业绩,至此之后这种情况更是屡见不鲜;1984 年,他成为百万圆桌协会会员,此为全美保险业的最高荣誉。

单件保单销售,班·费德雯曾做到2500 万美元,单一年度业绩超过 1 亿美元。费德雯一生中售出数十亿美元的保单,这个金额比全美百分之八十的保险公司的销售总额还高。在这个专业化导向的行业里,连续数年达到10 万美元的业绩,便能成为众人追求的、卓越超群的百万圆桌协会会员(MDRT),而费德雯却做到近 50 年,平均每年的销售额达到近 300 万美元的业绩。放眼寿险史上,没有任何一位业务员能赶上他。而他的一切,仅是在他家方圆 40 里内,一个人口只有 1.7 万人的东利物浦小镇中创造出来的。

费德雯说:"我并没有任何秘诀!"其实他已把他的"秘诀"公诸于世了。多年来,他总是从早上到晚上,从周一到周日,从不间断地努力工作。费德雯认为:"对自己的生活方式与工作方式完全满意的人,已陷入常规。假如他们没有鞭策力,使自己成为更好的人,或使自己的工作更杰出,那么他们便是在原地踏步。而正如任何一位业务员会告诉你的，原地踏步就等于退步。”

在常人看来是不可能完成的任务，在常人看来是不可能的事情，班·费德雯用行动告诉我们：没有什么不可能！一个人的潜力是无限的！只要我们善于管理我们自己这座“金矿”！我们就能创造很多的奇迹。

通常情况下，很多人都习惯于依赖既有的经验，认为别人做不到的事情我也不可能做到，于是便变得安于现状，习惯了按部就班的生活，习惯于从事那些让自己感到安全的事情，习惯于表现自己所熟悉、所擅长的本领，从而不愿意去改变自己的生活及探索未知的领域。这样，自身的潜在能力也就始终得不到挖掘，所有的潜能也都在机械地操作中被埋没，并随着年龄的增长、肌体的变化而渐渐消失了。而在我们的日常生活中，只有那些对成功怀有强烈地企图心、勇于挑战自我极限的人，才能激发内在蕴藏的能力，从而比他人更容易获得成功。

爱迪生是一位举世公认的20世纪科学巨匠。可在小时候，他却因为被学校的老师认为愚笨而失去了在正规学校受教育的机会。可是，他的母亲并没有因此而放弃对他的教育。在母亲的帮助下，经过独特的心脑潜能开发，爱迪生最终成为了世界上最著名的发明大王，一生完成2000多种发明创造，他在留声机、电灯、电话、有声电影等许多项目上进行了开创性的发明，从根本上完善了人类生活的质量。

爱迪生死后，科学家们对他的大脑进行了科学研究。结果表明，爱迪生的大脑无论是从体积、重量、构造或细胞组织上，都与同龄的其他任何人无异，并没有任何特殊性。

这也就表明，爱迪生成功的“秘诀”，并不在于他的大脑与众不同，如果真的要找一个理由，我们可以用爱迪生自己的一句话来解释这其中的奥秘：“在于超越平常人的勤奋和努力以及为科学事业忘我牺牲的精神”。这也就是告诉我们，潜能的开发程度取决于一个人是否勤奋。积极进取的人，其潜能能够获得深度的开发；消极懈怠的人，凡事得过且过，注定一事无成。正如奥里森·马登所说：“并非大多数人命里注定不能成为爱迪生的人物，任何一个平凡的人，只要发挥出足够的潜能，都可以成就一番惊天动地的伟业。”

总而言之,不管何时何地,我们都不应该忽视:我们每个人都是一座金矿,我们要善于开发自己并管理好自己这座金矿。无论正陷于人生的低谷时期,还是沉浸在他人怀疑、否定的苦涩话语之中,我们都不要怀疑自己的能力。切忌:积极的心态加上勤奋努力,我们每个人都能够激发生命的潜能,创造出人生的奇迹。

成败皆决定于你自己

成败由什么决定?对于这个问题,每个人都会给出不同的答案,有人认为,细节决定成败;有人认为,心态决定成败;有人认为,健康决定成败;有人认为,人际关系决定成败……答案无穷无尽。奥里森·马登认为,成败皆由我们自己决定!

一位心理学家让10个人穿过一间黑暗的房子,在他的指导下,这10个人皆成功地穿了过去。

然后,心理学家打开房内的一盏灯。在昏黄的灯光下,这些人看清了房内的一切,都惊出一身冷汗。这间房子的地面是一个大水池,水池里有十几条大鳄鱼,水池上方搭着一座窄窄的小木桥,刚才他们就是从小桥上走过去的。

心理学家问:“你们当中还有谁愿意再次穿过这间房子呢?”过了很久,有3个胆大的站了出来。

一个小心翼翼地走了过去;另一个踏上小木桥,走到一半时,竟趴在小桥上爬了过去;第三个刚走几步就一下子趴下了,再也不敢向前移动半步。

心理学家又打开房内的另外9盏灯,灯光把房里照得如同白昼。这时,人们看见小木桥下方装有一张安全网,只由于网线颜色极浅,他们刚才根本没有看见。

“现在,谁愿意通过这座小木桥呢?”心理学家又问道。这次又有5个人站了出来。

“你们为何不愿意呢?”心理学家问剩下的两个人。

“这张安全网牢固吗?”这两个人异口同声地反问。

其实正如这个例子所暗示的道理一样,很多时候,成功就像通过这座小木桥,失败的原因恐怕不是力量薄弱、智能低下,而是周围环境的威慑。面对险境,很多人早就失去了平衡的心态,慌了手脚,乱了方寸。而那些真正敢于挑战的人,最终会拥抱成功。这也就是告诉我们,成功与失败皆决定于我们自己,不是任何外在的环境因素。在同样的外在环境中,有的人成功了,有的人失败了,正好说明了这一点。

一群哈蟆在进行比赛,看谁先到达一座高塔的顶端,周围有一大群围观的哈蟆在看热闹。

比赛开始了,只听到围观者一片嘘声:“太难为它们了!这些蛤蟆无法达到目的地。”

听到这样的议论,蛤蟆们开始泄气了。但是还是有一些不服输的蛤蟆在奋力摸索着往上爬。

围观的蛤蟆继续喊着:“太艰苦了!你们不可能到达塔顶的!”

大部分蛤蟆都被说服停了下来,只有一只蛤蟆一如既往地继续向前,并且更加努力。

比赛结束,其他蛤蟆都半途而废,只有那只蛤蟆以令人不解的毅力一直坚持了下来,竭尽全力达到了终点。

其他的蛤蟆都很好奇,想知道为什么它就能够做到!最后,大家才发现它竟然是一只聋蛤蟆!它是唯一的胜利者!

当所有的蛤蟆都停止努力的时候,只有那只“聋子”蛤蟆还在努力,因为它听不到别人的议论,它取得了成功。这是一个很有意思的现象。从成功学的角度来看,我们不妨这样理解:其实那些蛤蟆都能取得成功,都能完成在平常看来不可能完成的任务。但是只要放弃,就肯定不会成功;而如果坚持下去,成功的希望是有的。

这个故事告诉我们,之所以失败,很多时候并不是因为真的遭遇了不可克服的困难,而是因为我们选择了放弃。

在现实生活中,每个人都有自己的追求,但在为实现理想而奋斗时,身旁有鼓励,有支持,也有冷嘲热讽。所以当我们遇到类似情况时,不妨做一个"聋子",认认真真地走好自己脚下的路,比总想着困难要好得多,人最大的敌人就是自己,只有战胜自己软弱的一面,竭尽全力,心无杂念的朝着一个目标前进,才能成为最后的胜利者。

"专心于路,路就不会多难走;专心于事,事就不会太难做!"

奥里森·马登在最困难的时候,也没有放弃过自己,它虽然遭受过别人的嘲笑;忍受过痛苦、饥饿,但是他没有放弃。我们应该向这位成功学大师学习,因为,成败皆由我们自己决定,我们想成功就一定能成功。

学会发现自己的长处

很多人很容易看到别人的优点,象某人很漂亮啦、某人工作能力很强啦、某人人缘很好啦,但却很少能看到自己的长处和价值,这是因为千百年来传统教育下过度谦虚的产物,因为要严于律己,所以对自己的要求和批评就很多,期望也很高。常常造成否定自己的心态,认为自己很多地方都不够好,久而久之就产生了自卑感,失去了自信心,认为自己的存在没价值,因而活得非常消沉,有些人甚至出现了厌世的心态。殊不知,每个人都有自己的长处,只是很多人没有学会如何发现自己的长处、找到自己的价值所在罢了。

一位青年因贫困无业只身来到巴黎向父亲的朋友谋求一份工作。当这个朋友问青年有什么优点、长处时,青年羞愧地摇了摇头,写下地址转身要走。朋友却叫住了他,对他说:"你的字写得很漂亮,这不是你的长处吗?"青年十分感动,并以这个长处为起点,笔耕不辍,经过不懈的努力,终于成为了举世闻名的大作家,他就是大仲马。

从无业青年到著名作家,大仲马正是把自己的优点"发扬光大",加上自己不懈的努力,才走上了成才之路。

天生我才必有用,每个人都有自己的长处和短处,我们必须具备一双慧眼,发现自己身上的闪光点。只要你发现长处,树立信心,再去摘取成功之果也就事半功倍了。

可能有人会问,发现自己的优点,有了信心,就一定会成功吗?

当然不是。成功并不是偶然的,成功之门虽然是虚掩的,但仍要靠你自己去打开它。既然你发现了自己的长处了,那就要好好地利用它,发扬它。人生就像一场赛跑,你既然有优势,就应更加满怀信心地加把劲去跑。你的长处是绘画,那么你就应多花费时间去画画;你擅长写作,则你该多阅读,多练笔……凡事只要肯努力都可成功。

你有一双慧眼吗?请相信自己,每个人都是一块金子,都有个自的闪光点,只要你善于发现自己的长处,你的人生就会更精彩。

奥里森马登曾对朋友说过这样一件事情。

美国有位叫赫里斯的女士,发起了一个叫做“蓝色缎带”的运动,希望每一个美国人都能拿到一条她设计的蓝色缎带,上面写着大概是:“我可以为这个世界创造一些价值”的语句,她处处散发这种缎带,鼓励大家把缎带送给家人和朋友,谢谢这些在我们四周的人,她也四处演讲,强调每个人的价值,结果因为这些缎带的传送,引发了许多感人的故事,也改变了许多人的命运。

有一次,这位女士给了一个朋友三条缎带,希望他能送给别人,这位朋友送了一条给他那不苟言笑、事事挑剔的上司,他觉得由于他的严厉使他学到了许多东西,还把另外的那条也给了他,希望他的上司能拿去送给另外一个影响他生命的人。

他的上司非常的惊讶,因为所有的员工一向都是对他敬而远之,他知道自己的人缘很差,没想到还会有人感念他那严厉苛求的态度,把它当作正面的影响而向他致谢,这使他的心顿时柔软起来。

这个上司一个下午都坐在办公室里若有所思,而后他提前下班回到家里,把那条缎带给了他正值青少年期的儿子。他们父子关系一向不好,平时他忙着公务,不太顾家,对儿子也是责备的多赞扬的少。那天他怀着歉疚的心,把缎带给了儿子,同时为自己一向的态度道歉,他告诉儿子,其实他的存在带给他这个父亲无限的喜悦和骄傲,尽管他从未称赞他,也很少有时间与他相处,但是他十分的爱他,也以他为荣。

当他说完了这些话,儿子竟然号啕大哭。他对父亲说:他以为父亲一点也不在乎他,他觉得人生一点价值都没有,他不喜欢自己,恨自己不能讨父亲的欢心,正准备以自杀来结束痛苦的一生,没想到父亲的一番话,打开了他的心结也救了他一条生命。这位父亲吓得出了一身冷汗,自己差点失去了独生的儿子而不自知,从此他改变了自己的态度,调整了生活的重心,重新建立起亲子关系,加强了儿子对自己的信心,就这样,整个家庭因为一条小小的缎带而彻底改观。

蓝色的缎带真的有这么大的魔力吗? 有! 因为它是一个提醒,提醒我们看到自己的价值。其实,发现自己的长处,看到自己的价值对一个人来讲非常重要,它往往可以改变我们的一生,正像例子中的上司和他的儿子一样。世界上没有绝对的废物、没有绝对的无用之人,只要找到勇敢出击的突破口,谁都有耀眼的闪光点、谁都是可用之材。上帝给你关上大门的同时,一定会给你打开一扇窗。只要打开那扇窗,阳光就会洒满心房,照亮七彩的人生。

澳大利亚的“无腿超人”约翰·库缇斯因为看到了自己的长处、发现了自己的价值,成了国际著名的激励大师,他可以用戴着手套的大手撑着半截身躯走路,他始终昂着头、微笑、礼貌而自信,当有人问他“你幸福生活的秘诀是什么”时,他说“人生中的快乐和不快乐都是重要的部分,如果只有快乐或者不快乐,生活就索然无味了。”

类似这样的例子还有很多。

那么,我们应该如何发现我们的长处呢? 这里介绍一种发现自己长处的方法,就是反馈分析。当我们做出重大决定、采取重要行动时,先把预期成果记下来。九个月或一年后,再把实际成果和预期做个比较。凡是利用过这项方法的人,都会有惊人的收获。这种简单的程序能让你在短短两、三年内,就知道自己的长处在哪里——这正是自我了解的重点所在。此外,反馈分析也能告诉我们,我们在哪里未充分发挥所长而没把事情做好。它也会指出,我们特别不擅长或根本无法做的事是什么。

必须警惕自己的弱点

有一位哲学家曾经说过:“我是我自己最大的敌人,也是自己不幸命运的起因。如果我们想获得成功,我们就必须战胜我们身上的弱点。”奥里森·马登认为,所有人都有弱点,人有弱点并不是什么耻辱的事情,正如有人戏言的那样,世界上每个人都是被上帝咬过一口的苹果,都是有缺陷的,重要的是我们要勇于克服我们的弱点,警惕我们的弱点。生活在复杂的社会环境中,有弱点是正常的,没有弱点才是不正常的。积极主动地改掉弱点是明智的,不改掉弱点是不求进取的。真正的耻辱是明知自己有很多的弱点,却不去认识自己的弱点,不去积极改正自己的弱点。

针对单个的人来讲,别人根本不可能知道你的全部弱点,只有你才能清醒地认识到自己的弱点。承认弱点是痛苦的,改正弱点却是幸福的。认识到危机即是转机,理性反思,积极深刻地进行自我反省,这就是大彻大悟,也是战胜自我的开始。要痛下决心,认识一点,改掉一点;认识一条,改掉一条,誓与弱点彻底决裂。

自古以来,那些闻名世界的伟人大师无不是能正确认识自己的弱点并能克服自己的弱点才最终作出巨大成就的。

托马斯·爱迪生曾被问及他为何要做一个彻底的禁欲者。他说,“我想这样我可以更好地运用我的智慧。”

柏拉图说:“对一个人来说,要想取得胜利,首先要战胜自己,无法战胜自己是最卑劣最可耻的事情。”

齐默曼说:“沉默是对因无礼、粗俗或嫉妒引起的任何矛盾的最好回答。”

塞内加,最伟大的古代哲学家之一,他说,“我们应该日省吾身。我今天克服了什么缺点?阻止了什么欲望?经受住了哪些诱惑?学到了什么美德?”他继续阐述这一深邃的真理,“如果我们每天忏悔,我们的罪孽就会减轻。”

以下是人性中最常见的排名前十的弱点,或许也能在你的身上得到验证:

不懂得稳健

一个人生活在人群,首先要懂得稳步发展的道理,凡是想一步登天的人都是疯子。当一个人疯狂了的时候应该就是他开始走向自我毁灭的时候。世界上,任何事物都有一个渐进的稳定的增长过程,如果不懂得其规律性便是自掘坟墓了。因此,不管你是做官,求学,做生意,专职或是从事自由职业,你都得懂这个道理:就是要稳住步伐少摔跟头,健康的思维与身体并行,做任何事情都应有头有绪,不乱心智,不盲目,不轻易上当。

不懂得冷静

一个人往往在情绪冲动的时候就失去了理智,做什么事奋不顾身,不考虑后果的严重性。这个时候人最需要的就是冷静下来,控制自己的脾气,用正常的思维能力把问题的前因后果想一想,分个轻重缓急。没有什么事是解决不了的,只有冷静分析才能产生智慧的果实。冷静犹如冰块,需要慢慢融化,而在融化的过程中产生的雾气胜过水的冲击。人能做到遇事冷静,那便是一个真正成熟的人,凡事三思而后行,才能稳健取胜。

不懂得谦虚

俗话说“满招损,谦受益”,骄傲自满的人会招来横祸,而谦虚谨慎的人会带来好运。谦虚是一种难得的人格修养,是踏实能干的作风,是思谋远虑的聪慧。不懂得的谦虚的人就如芒刺,总刺伤别人,结果就肯定会被别人给“砍掉”。谦虚的人懂得感恩,懂得进取,心胸也坦荡。学会谦虚一些,为人处事更能得到大家的尊重;牛皮吹破了自己都会嘲笑自己。

不懂得算计

所谓的算计,也许大家会以为是阴谋诡计之类的心计。其实,在现实生活里,人总是常说人心复杂,江湖险恶,如果没有一些防备之心那是肯定要吃亏的。"算"是要让人对事物与人际懂得盘算,做到心中无数;"计"乃计上心来,懂得如何去分辨好坏。比如做生意你得懂得算帐吧,打仗你得懂得策算到位,计划周密吧。即使是日常生计你也要懂得盘算收支,预防意外吧。一个在生活中不懂得如何去算计事情的人往往会吃哑巴亏。

不懂得专注

做任何事,都要有一股专注的干劲方能获得成绩。不要给自己太多的理由与借口,最要紧的是把手头的事情做好做到位。反复无常只会一事无成,每个人都要给自己一个明确的目标,目标不能太多,目标太多的人等于没有目标。我们都要很清晰的认识到自己先做什么,该做什么,做到什么程度以及坚持做什么?而不能朝秦暮楚,顾此失彼。专注于自己所选择的事,认真的做,就一定会取得意想不到的成功。那些曾经不懂得专注做一件事的人都在反复游离中消磨了自己的青春、时间、生命,最终一事无成。

不懂得放弃

有的人总是很倔强,但又没有办法释放出自己的能量。遇到很多难解难分的问题,自以为只要不放弃就有结果。其实错了,当有些问题你越与它较劲它就越复杂化,使你迷入歧途,不能自拔。就像爱情,当对方因为种种原因离你而去,你就觉得不服气,坚决不肯放弃,于是就在愤怒中自甘堕落,最后毁灭了自己。其实你又何必呢?常言天涯处处有芳草,痴情催人老。如果你能冷静下来细想,你还有远大的抱负与理想,如果你还不懂得放弃,那你就是个没有任何志向的废物,本身就不值得别人爱。爱是要有责任的,要负起责任就要懂得放弃很多的诱惑。还有一些本不该属于自己的东西,我们都要舍得放弃,不能因为贪图利益而不肯放弃。这就好比,一个人身上的负担过重,心理压力过大,就得学会放弃那些多余的累赘。人生路途,轻装上阵,前景一片美好。放弃,让人收获更多有价值的东西。

不懂得勤俭

“天道酬勤,勤劳致富。”这是人类社会发展变化的能源。而在有一定物质财富的时候,人们就懂得了继续勤俭持家的道理。世界上,财富是无法用数字去累积的,但是真正富有的人都是靠持续地勤俭节约、勤耕苦耘使自己的财富不断累积的。有些人浮躁虚夸,不屑于做小事,一心想赚大钱,而在大钱还没有赚到的时候就开始大手大脚的花费,不惜借高利贷,赌博,玩一些轻易就能捞到钱的风险行当,大肆地挥霍一空,最后家徒四壁,债台高筑,走上绝路。因此,不要小看勤俭两个字,它可以使人富得冒油,穷的冒灰。从现在就开始,学会勤俭吧,人要懂得积蓄,积蓄财富以备急需。病、祸、灾、乱往往难以避免,一个没有积蓄的家庭和个人怎么去应急忽然发生的事情呢?何况,每个人都要添置频繁更新的日常用品,学习差旅也需要拿出积蓄计划有序。如果你有了家庭,别的不提,你可以算算一个孩子从出生到培养成才需要多少物质的付出?如果你是一个人生活,当然你可以很潇洒,但也请你想想要生活得更美好不是因你挣了多少而应该是你能够积蓄多少?要想不为金钱忧虑,就要学会一定的勤俭;勤俭才是致富的能源。

不懂得健康

说起健康,恐怕很多人都希望自己永远健康快乐,不生病,但那是不可能的;即使你有很多钱,可以买到很好的医疗服务也无法买到永远的健康。健康对于生命来说那是一种奖赏,因为不生病便是一生最大的福份。无论干什么,没有健康的身体都会造成很多缺陷;同时,拥有健康的心理和思维比健康的体魄更重要。

一定要能认识你自己

奥里森·马登认为,一个人只有认识自己,才能更好地开发自己。一个人一旦丢掉属于自己的东西,就有可能失去一座金矿。在这个世界上,每个人都潜藏着独特的天赋,这种天赋就像金矿一样,埋藏在我们平淡无奇的生命中,一个人能否有幸挖到这座金矿,关键看能不能脚踏实地地发挥自己的长处,去经营自己的人生。

卓别林开始拍电影时,那些电影导演都坚持要卓别林去学当时非常有名的一个德国喜剧电影演员。苦恼的卓别林久久尝不到成功的滋味,后来他意识到必须保持自己的本色,经过不懈的努力,他终于创造出一套属于自己的表演方法,并由此名垂青史。

美国歌星奥特雷刚出道时,老想改掉他那口德州乡音,力图使自己像个城里的绅士,结果大家都在背后耻笑他的不伦不类。后来,奥特雷终于醒悟过来,他开始利用自己的音色,唱西部歌曲,最终成为全美在电影和广播两方面最有名的西部歌星。

索凡石油公司人事主任迈克尔曾接待过六万多个求职者,在他的《谋职的六种方法》一书中,他指出:来求职的人所犯的最大错误就是不保持本色。他们不以真面目示人,不能完全地坦诚,而是给你一些他以为你想要的回答。可是这个做法一点儿用也没有。因为没有人愿意成为伪君子,正如从来没有人愿意收假钞票一样。

纪伯伦在其作品里讲了一个狐狸觅食的故事:狐狸欣赏着自己在晨曦中的身影说:“今天我要用一只骆驼作午餐呢!”整个上午,它奔波着,寻找骆驼。但当正午的太阳照在它的头顶时,它再次看了一眼自己的身影,于是说:“一只老鼠也就够了。”狐狸之所以犯了两次截然不同的错误,与它选择“晨曦”和“正午的阳光”作为镜子有关。晨曦不负责任地拉长了它的身影,使它错误地认为自己就是万兽之王,并且力大无穷无所不能,而正午的阳光又让它对着自己已缩小了的身影忍不住妄自菲薄。

大师笔下的这只狐狸在现实生活中大有人在。对自己认识不足,过分强调某种能力或者无根据承认无能。这种情况下,千万别忘记了上帝为我们准备了另外一块镜子,这块镜子就是"反躬自省"四个字,它可以照见落在心灵上的尘埃,提醒我们"时时勤拂拭",使我们认识真实的自己。

尼采曾经说过:"聪明的人只要能认识自己,便什么也不会失去。"正确认识自己,才能使自己充满自信,才能使人生的航船不迷失方向。正确认识自己,才能正确确定人生的奋斗目标。只有有了正确的人生目标,并充满自信,为之奋斗终生,才能此生无憾。即使不成功,自己也会无怨无悔。

世界上没有两片完全相同的树叶,人也一样,每个人都是上帝的宠儿。正确认识自己,既看到自己的长处,也认识到自己的不足,给自己正确定位,这样才能自信地去迎接机遇和挑战,给自己创造更多的成功和欢乐。

虽然,生活赋予我们每个人的并不是完全相同的阳光雨露,但上帝是无私的,天生我才必有用,只要我们正确认识自己,不失自知之明,就能谱写它属于自己的人生华美乐章。

认识自己是取得成功的前提,认识自己虽然不容易,但只要你用心,那就一定可以做到。

尽力保持一颗平常心

王侯将相亦凡人,就算你权可通天,富可敌国,所拥有也都是些身外之物,因为这些东西既可以得到,也必将失去。每个人都是赤条条地来,赤条条地去,都是普通人而已,永远把自己当成普通人不仅是一种谦逊的做人态度,也是理所当然的做人准则。

奥里森·马登虽然主张每个人都要把自己当做人生最大的财富,但是他同样认为:人人生而平等。成功仰或失败,都不能代表人们之间存在着什么本质上的等级。

的确，像普通人一样生活，才能为普通人所接受。

据说大科学家爱因斯坦着装和修饰过于简朴，日常生活不修边幅，以至有一次去参加演讲时，负责接待工作的人把他的司机当作了他本人，而把他当成了司机。这虽说是个笑话，可也反映了大科学家爱因斯坦不摆架子、低调做人的姿态。

爱因斯坦从不摆世界名人的架子。他吃东西非常随便，外出时常坐二、三等车，推导和演算公式常利用来信信纸的背面；并且，他还经常穿着凉鞋和运动衣登上大学讲坛，或出入上流社会的交际场合。有一次，总统接见他，他居然忘记了穿袜子，但这并不影响他在总统和人民心目中的伟大形象。

他初到纽约时，身穿一件破旧的大衣。一位熟人劝他换件新的。爱因斯坦十分坦然地说："这又何必呢？在纽约，反正没有一个人认识我。"

过了几年之后，爱因斯坦已经成了无人不晓的大名人，这位熟人又遇到了爱因斯坦，发现他身上还是穿着那件旧大衣，便又劝他换件好的。谁知爱因斯坦却说："这又何必呢？在纽约，反正大家都认识我。"

可见真正的名声，是架子之外的口碑。架子是一种无聊的骗人的东西，是一种追求个人荣耀的欲望，它并不是根据人的品质、业绩和成就，而只是根据个人的存在就想博得别人的欣赏、尊敬和仰慕的一种愿望。因此，架子充其量不过形同一个轻浮的漂亮女人。真正有品质、业绩和成就的人，绝不会去刻意追求架子，事实上，刻意追求架子的人也不可能真正有所作为。

不要太把自己太当回事，不要把别人太不当回事，这两句话讲的其实是一个道理，讲的就是人人都是生而平等的。现在有人经常这样感慨："一个人要想活得自在，就不要太把自己当回事。说的实在，也很有道理，一个人生活在世界上，难免有这样那样的烦恼，而这些烦恼的产生，往往是太把自己当回事。如果事事处处都太把自己"当回事"，认为自己不是普通人，在各种场合里，总是太在意自己，只注重自己的感受，总想知道别人如何看待自己，那该有多累！通常，我们的身体累了，可以躺下来，让体力慢慢恢复，但如果你的心总是疲惫不堪，那后果就很严重了。

在网络上看到这样一段话："如果我是我，如果我真的是我，要有勇气做一个普通人。做一个普通人也是需要勇气的，可我就是在对于‘普通人’的逃避中，丢失了自我，丢失了本应该属于我的最为可贵的东西。或者我还是个最普通不过的人，但是因为‘没有了感觉’，让我没有了享受普通人的幸福的能力，我在没有方向的追求中不仅更加的沉沦，而且积重难反，最终连普通人也不及了。”

这段话着实让人深思，做人就是这样，先学会审视自己，承认自己是个普通人，承认自己有不如别人的地方，承认自己只能做好一些事情，不论是在现实还是在网络，都以普通人自居，知道这个世界没有了谁都一样存在，放下那些虚无缥缈却沉重的精神枷锁，你就会发现自己原来可以轻松地活着。

成功激发自己的潜力

每个人的潜能都需要激发，而且这种被激发的潜能常常具有出人意料的力量。实际上，大多数人的才能都深藏着，必须要外界的东西予以激发，它一旦被激发并加以继续的关注和保护，就能发扬光大，否则就会萎缩甚至消失。

奥里森·马登的好友马歇尔的亲身经历就是一个鲜明的例子。

翰·费尔德把儿子马歇尔放在戴维斯的店里作招待员，有一天他问戴维斯：“戴维斯。近来我儿子生意学得怎样？”

戴维斯一边从桌上拿了一只苹果递给约翰·费尔德，一边答道：“约翰，我们是好朋友，不想让你日后后悔，而我又是一个直爽的人，喜欢讲老实话，马歇尔肯定是个诚实的年青人，这不用说，一看就知道。但是，他即使在我店里学上1000年。也不会成为一个杰出的商人。他生来就不是个做商人的料。约翰，还是把他领回乡下去，教他学养牛吧！”

如果马歇尔依旧留在戴维斯的店里做个伙计，那么他以后决不会成为举世闻名的商人。可是他随后到了芝加哥，亲眼目睹在他身边许多原来很贫穷的孩子做出了伟大的事业，他志气突然被唤起。他的心中也激起了要做大商人的决心。他问自己："为什么别人能做出惊人的事业来，而我不能呢？"

其实，马歇尔具有大商人的天赋，但戴维斯店铺里的环境不能够激发他潜伏着的才能，无法发挥他潜藏着的能量。

爱迪生说过："我最需要的，就是有人叫我去做我力所能及的事情。去做我力所能及的事情，是激发我的潜能的最好途径。拿破仑、林肯未必能做的事情，但我能够做，只要尽我最大的努力，发挥我所具有的才能。"

在美国西部某市的法院里有一位法官，他中年时还是一个目不识丁的铁匠。他现在60岁了，却拥有了全城最大的图书馆，获得了很多读者的称誉，被人认为是学识渊博、为民谋福利的人。这位法官惟一的希望，是要帮助同胞们接受教育，获得知识。可是他自己并没有接受系统的教育，为何会产生这样的远大理想呢？原来他不过是偶然听了奥里森·马登一篇关于"教育之价值"的演讲。结果，这次演讲唤醒了他潜伏着的才能，激发了他远大的抱负，从而使他做出了这番伟大的事业来。

然而在现实生活中，虽然所有人都具有无限的潜能，但是大多数的人还是在默默无闻中度过了一生。是他们天生就是一个普通人的命运吗？答案是否定的。

我们都有这样的体会，在成长的经历中，由于经常遭到外界太多的批评、打击和挫折，久而久之，我们身上原有的奋发向上的热情被压制，大胆开拓的思维被封杀，对人生之路惶恐不安，对碌碌无为习以为常。渐渐地，我们丧失了信心和勇气，并养成了犹豫、狭隘、自卑以及不思进取、不敢拼搏的精神面貌，生命变得枯燥而毫无生气。

这是我们自己的悲哀。

事实上，我们的志气和才能和那些成功人士是一样的，最初的时候都是深藏潜伏在身体的某个角落。只不过他们的幸运在于潜能得到了激发，并且加以关注和培养，才造就了其灿烂的人生。

所以说，要想获得成功，我们就必须尽早激发自己的潜能。无论在何种情况下，要不惜一切代价走入一种可能激发你的潜能的氛围中，走入一种可能激发你走上自我发达之路的环境里。接近那些了解你、信任你、鼓励你的人,学习他们的志趣高雅,了解他们的远大抱负,这将会使你在不知不觉中受到感染。说不定哪一天,你会发现,自己真的与普通人不一样了。那么恭喜你,你的潜能已经被激活了,剩下的就是如何发扬光大,建功立业了。

你自己的水要你挑,你自己的木材要你去砍。同样道理,你自己的潜能最主要的还是靠你自己,当然有待你去激发。

潜能的激发往往产生于不起眼的事情,机会的到来常常是由于意外的发现。行动激发潜能,仅有欲望不足以得胜,我们要立刻行动,要自立自强,自己激发属于自己的那一片沃土——潜能。所以说,如果下定决心立刻去做,往往会激发潜能,往往会使你最热望的梦想也实现。

↓ 第二章
锻造属于自己的美好心灵

所有真正魅力的基石，是一颗仁爱善良、乐于助人之心，一种四处散播阳光与快乐的愿望，它闪耀在人的身上，让人更加的有魅力。

伟大人物有伟大心灵

从心理学或者生物学上讲，心灵，而非灵魂，是一个实体，是将动物在生物学的层面上与植物区分开来的分界线。可就人类的心灵而言，它不是我们的头脑，它也不是我们的心脏，总之，它不是我们的肉体，但它就在我们的头脑里，在我们的心脏里，在我们的每一寸肌肤里。

人类的心灵是一个场，一个生命场，这样的一个场有一个能量聚集的中心，这个中心在我们的腹部。它是随着作为个体的生命的诞生而诞生的。心灵有属于它自己的组织以及属于它自己的功能，就如同大脑有它自己的组织与功能一样，但它们并不是同一个东西，又或者说，心灵也不是通常所认为的那样是头脑的一种功能；并且，就如同肉体一样，心灵有着属于它自己的成长与发育的过程和规律，尽管，在无数的因素的影响下，它不一定能够成熟。

奥里森·马登认为,我们的心灵蕴含有我们的气质(而非性格),我们的本能。另外,它有属于它自己的判断的功能;我们的选择(也即决定,是行动之前的东西)是由我们的心灵所作出的,而非通常所认为的那样是由我们的头脑所作出的(头脑只可能产生动机);心灵是能量的调配者,尽管作为能量的调配者它并不是唯一的;心灵是一个感受器,是我们的情感以及情感取向的感受器,也就是说,我们的喜、怒、哀、乐、焦虑、恐惧以及喜欢、厌恶等感受是属于我们的心灵范畴,而且,心灵的感受有这样的特点,那就是,当我们喜的时候,我们可以表现得好像怒一样,但我们不可能同时是怒的,就如同当我们的舌头感受着甜的时候它不可能同时感受着苦一样,如此类推。另外,我们的态度——而非看法、世界观、价值观又或人生观等(这些属于头脑的东西)——同样是属于心灵的感受,譬如我们的接纳,譬如我们的包容,譬如我们的关注,譬如我们的担心,譬如我们的执着,譬如我们的在乎,譬如我们的对抗性(而非对抗),再譬如,我们的嫉妒。

从成功学的角度来看,奥里森·马登对心灵的论述非常精辟,他认为,每个人都应该拥有美好的心灵,美好的心灵是我们成功的基础、是我们好好生活的保障。没有美好的心灵,一个人无法很好地生活,更不会取得大成功。从古至今,那些在事业和人生上取得巨大成功、闻名世界,流传青史的人无不是首先拥有了一颗美好的心灵。

美国诗人詹姆士·洛威尔从来不轻视任何一个人,对任何人都一视同仁,不管对方是乞丐还是国王。有一次,有人看到他在街头和一位卖艺的风琴师用意大利语交谈得非常投机。原来,他们是在讨论意大利的风景,詹姆士·洛威尔对那里的情况了如指掌。

黑人领袖弗雷德·道格拉斯对林肯的评价非常的高:“美国这么多大人物,林肯是第一个愿意跟我诚心诚意地进行自由交谈的。每次和他谈话,我往往会情不自禁地忘掉我们之间还有肤色上的差异。”

一次,拿破仑和他的随行走在圣赫勒拿岛上的一个桥边,这时对面有一个挑夫挑着一副很重的担子走过来,拿破仑的随行有心先过桥,就准备把路占住,拿破仑连忙制止住他们,对他们说道:“让他先过去吧,不能抢,人家挑着东西呢。”

有一次，美国总统杰斐逊和他的外孙骑马郊游，路上遇到了一个奴隶，奴隶向他们脱帽鞠躬。杰斐逊总统也向那个奴隶脱帽致与礼节；但是，他的小外孙对那个奴隶不屑一顾。“托马斯，”杰斐逊铁青着脸对小外孙说，“你应该学会懂得尊重任何一个人”。

加里森是美国反对黑奴制度的领袖人物。一次，他在路上遇到了一帮暴徒，他们撕扯着他的衣服，恶意地攻击他。但他并不动怒，仍然心平气和地和他们说话，看那情形，好像站在他对面的不是暴徒，而是一些需要同情的人。他有一颗只有极少数伟大人物才具有的安宁和谐的心灵。

美国首都华盛顿有一位政客，一次到马萨诸塞州的马奇菲尔德去拜访隐居在乡村的奇人丹尼尔·韦伯斯特。在快到韦伯斯特住宅的时候，他想走近路，但是事情并不如意，眼看就要到的时候，他被前面的一条小溪挡住了去路，政客内心里非常焦急，不知如何是好，这时溪边上有一个相貌普通的农夫路过，他赶紧喊住这个农夫，让这个农夫背自己过河，并愿意付重金酬谢他。农夫用自己的宽肩膀扛起他，非常顺利地把他背过到河对岸，但是农夫没有接受政客的酬谢。过了几分钟，那个政客在韦伯斯特的家里又遇到了这个农夫，让他尴尬万分的是，这个人居然就是韦伯斯特。

一次在伦敦，一个青年妇女急急忙忙在大街上走，不小心和人撞上了。那是一个非常可怜的小乞丐，衣衫褴褛，几乎被撞倒。女士赶紧停了下来，转过身子，声音非常柔和地说：“请原谅，孩子，撞到你了，真对不起。”小孩目瞪口呆了起来，看了她一会儿，紧接着他摘下帽子，向她深深鞠了一躬，脸上绽放着笑容，说道：“没关系的，小姐，非常高兴……非常高兴。下次你把我撞倒也没有关系，我不会怪你的。”这位女士离开后，要饭的小孩忍不住对同伴说：“喂，约翰，第一次有人请求我的原谅，我真的很高兴。”而这个年轻的女人就是后来闻名世界的撒切尔夫人。

伟大的思想家卢梭，虽然出生很卑微，做过仆人和家庭教师，但是他始终有着一颗高贵的心灵，正是这个心灵支撑着他不断去探讨“人类为什么会不平等，为什么我是卑微，别人一出生就那么高贵”这样的关乎人类生存本身的问题。继而他探讨人不平等的起源。后来他发现，在原始社会，人人都是平等自由的，只是后来有了私有财产文明的发展，才导致了不平等和等级制的产生。美国的独立宣言就是借用了他的这种思想提出人人平等、自由的思想主张。卢梭最大的特点，就是能超越他自身身份上的卑微，这主要是因为他有颗高贵的心灵。

上名例子中的人物均是我们耳熟能详的大人物。从某种意义上讲，他们的成功并非偶然，或者说，他们注定将会成功，因为他们都有一颗伟大的美好的心灵。

拥有一颗美好的心灵，对于任何人来讲都非常重要。我们正在人生的道理上披荆斩棘，如果不能拥有一颗美好的心灵，我们将失去很多，我们也终究不会成功。所以，让我们从现在开始，净化我们的心灵，洗涤我们的心灵，以一颗美好的心灵迎接我们的未来的成功。

拥有一颗高贵的心灵

如果在到一个漆黑的房间里面，你点燃一支蜡烛，那么房间瞬间就会有了光明。如果你再放进十支，百支，千支蜡烛，房间就会变得越来越亮，但起关键作用的是第一支蜡烛。这个世界上最伟大的发现就是人们可以通过改变自己的态度，从而改变人生，这也是我们这一生中最主要的工作之一。而这项巨大工作的第一步，就是我们必须先拥有一颗高贵的心灵。奥里森·马登认为，高贵的心灵不是每个人都拥有的，但是是每个人都可以拥有的，只要我们想拥有。

高贵的心灵，不仅是美的，更是能温暖人心、创造奇迹、收获幸福的源泉。一粒小小的种子，它既然能长成大树，它里面一定有某种不可感知的本质。你种下的是杂草的种子，收获的是杂草；而你中下的是一棵大树的种子，只要有合适的阳光、水分、空气，它一定能长成大树，所以一粒种子有着决定一切的本质，实际上人生也是这样。你在心灵里种下什么样的种子，就会收获什么样的人生。而播种下高贵的心灵，注定将会收获成功。

来看几则故事：

故事一：有一位贫困的妇女知道了哥尔德·史密斯博士伟大人格的事迹，并且知道他研究过生理学。于是，她给哥尔德·史密斯博士写了一封信，她希望博士能帮助自己的丈夫，她的丈夫早已失去了食欲，而且非常忧郁。哥尔德·史密斯博士答应帮助她，在和这个病人作了一次长谈后，他发现，疾病和贫穷包围着这对夫妇。于是，他就告诉这对夫妇，他们将在很短时间内听到他的回复，那时他会将他认为最有效的药品寄给他们。哥尔德·史密斯博士马上赶回了家，将几枚金币投进了一个木盒子里，并且贴上一个标签，上面写着："必要时使用。要有耐心，要有好心情。"

故事二：在美国南北战争的弗雷德里克堡战役中，很多的北方联邦军伤兵在战火纷飞的战场上躺了一天一夜。伤员那痛苦的呻吟声此起彼伏——"水，水，水……"但他们身边只有枪炮的轰鸣。最终，一个南方的士兵实在无法忍受伤兵们的哀吟，请求长官让他出去送水给这些伤员。长官对他说，如果现在出现在战场上，那将必定被炮弹击中。但对那名士兵来说，痛苦的伤员们的哀号已经占住了他的心灵，于是他冲了出去，背负着供水这项神圣的使命，在遍地的伤员与濒死之人间来回奔跑。双方军队的视线都被这个勇敢的战士所牵引。枪声依旧接连不断，他抱起一个个伤兵，慢慢地把他们的头抬起来，并将那清凉的水流进他们干裂的嘴唇里。这名士兵的行为震撼住了南方军队的士兵：为了敌人的生命，他竟然奋不顾身，他们怀着崇敬的心情暂时停止了进攻。随后，整个北方联邦军也停火了，这是近一个半小时的停战。在这段特殊的时间里，这个身着灰色军服的士兵不停地在整个战场上忙碌着，送水给那些口渴的、身体僵直、痉挛着的、双腿伤痕累累的士兵们，他将帆布包垫在伤兵的脑袋下，并在他们身上盖了大衣与毯子，就像盖在他自己的兄弟身上那样，十分地温柔。

故事三：戈登将军有无数的奖章，他一点都不在乎它们。但是，他却非常喜欢一块金色的奖章，这是一位外国皇后送给他的，上面刻着一句特殊的题词。然而，这块奖章突然消失了。没有人知道是怎么回事。很多年后，有一次偶然的机会，人们发现了它。原来是戈登将军抹掉了奖章上的题献，卖得了10英镑，并将这些钱匿名寄送给了一个难民收容所。这个难民救护所是专门帮助那些在曼彻斯特的饥荒中受损的农民走出困境的。

故事四：一个西班牙的摩尔人正在花园里散步，突然一个西班牙骑士闯了出来。这个骑士跪在他的面前，哀求他的帮助，他说他被一些人追赶，因为他刚刚误杀了一个摩尔人。于是，这个摩尔人就答应他，可以让他躲避在花园里的一间屋中至午夜时分。到了午夜时分，这个摩尔人打开了小屋的门，冷静地对他说："我惟一的儿子就是你白天所杀的那个人，但我已经承诺过，不会出卖你的。"然后，他将这个杀人凶手抱上一匹马，说："快趁着黑暗的掩护逃离这里吧！上帝是公正的，我没有违背我的诺言，我已听从了上帝的安排。"

上面这些故事所讲的看似都是一些最平常最普通的事情，然而它们的主人公们都有一个共同的地方——都一颗伟大而高贵的心灵。奥里森·马登说："最仁慈的心灵是人生最好的调剂品，它对坚硬而言是柔和，对难以克制而言是容忍，对冷酷的心灵而言是温暖，对厌世而言则是乐趣。"

像行驶在滚滚江河里的航船无法躲避浊流和漩涡一样，我们的心灵在现实的生活里也无法躲避庸俗的缠绕；曾经有多少燃烧着渴望卓越之火的灵魂，却在人生的岁月里被庸俗的浪花溅湿了理想的柴薪，窒息了进取的烈焰。然而，那些无论在任何境况下都不愿失去自己高贵心灵的追求者，却乘着永不沉没的生命方舟扬帆前进，任凭那庸俗的浊流在舟底暴涨翻卷，也只能将带那些沙尘埃土、腐枝败叶吞没。

高贵的心灵也许并不鄙视庸俗，就像雍容典雅的兰花不会鄙视善于献媚邀宠的月季，但高贵的心灵绝不会在庸俗的泥淖中沉沦。

高贵的心灵也许会在岁月里与庸俗乘坐同一班列车，就像美丽的天鹅与丑陋的野鸭，在迁徙的途中会在同一个湖泊里歇息，但细细地倾听那湖面上晚风送来的阵阵夜歌里，恐怕没有一个人会把天鹅动听的声音当成斯哑的鸭鸣。

高贵的心灵也许会与庸俗穿着同样色彩和款式的衣服，就像同一条藤上开放的争奇斗艳的花朵。但庸俗却如那随风飘落后陷于虚空的花儿，而高贵的心灵却是硕果累累。

高贵的心灵也许会常常会被庸俗所嘲笑，就像不修边幅的大学者常常会受到披金戴银、衣冠楚楚者的鄙视一样。但高贵的心灵不会去作任何寻求廉价赞美的努力，而是在庸俗的嘲笑里保持着自己的清醒和独立。

高贵的心灵之所以高贵，正是因为它虽被庸俗所包围或缠绕，但却不会被庸俗所污染。

高贵的心灵是永不沉没的人性的方舟，任凭庸俗的流水泛滥横溢，它永远都将保持住自己的高度。

拥有一颗高贵的心灵，是成功者共有的一大特点；拥有一颗高贵的心灵，是向往成功的人必须先要完成的任务。

快乐可铸就美好心灵

快乐着的人是幸福的。奥里森·马登认为，一个不懂得快乐的人永远处于悲观之中，永远不会有一颗美好的心灵，也终生会被成功拒之门外。也就是说，拥有美好心灵的前提之一是必须学会快乐，掌控快乐的秘诀。

悲观的人说："谁都不会拒绝快乐，然而并非谁都拥有快乐。"乐观的人却喜欢这样说："并非谁都拥有快乐，然而谁都不会拒绝快乐。"选择快乐的人身边总是不乏家人和朋友的温暖，他们不关心自己是否能跟得上富有的邻居的脚步，重要的是他们有一颗容易快乐的心灵。

一位弱冠少年去拜访一位年长智者。

他问："有什么秘诀让我成为一个自己快乐，也能让别人快乐的人呢？"

智者笑着望着他说："孩子，在你这个年龄有这样的愿望，真是很难得。很多比你年长许多的人，从他们问的问题本身就可以看出，不管给他们多少解释，都不可能让他们明白真正重要的道理。于是就让他们去吧。"

少年虔诚地听着，脸上没有流露出丝毫得意之色。

智者接着说："这样吧，我送给你四句话。第一句话是，把自己当成别人。你能说说这句话的含义吗？"

少年回答说:“是不是说。在我感到痛苦忧伤的时候,把自己当成别人,这样痛苦就自然轻了;当我欣喜若狂之时,把自己当成别人,那些狂喜也会变得平和一些?”

智者微微点头,接着说:“第二句话,把别人当成自己。”

少年沉思一会儿,说:“站在别人的位置想一想,这样就可以真正同情别人的不幸,理解别人的需求,并且在别人需要的时候给予适当的帮助?”

智者眼睛闪亮,继续说道:“第三句话,把别人当成别人。”

少年说:“这句话的意思是不是说,要充分的尊重每个人的独立性,在任何情况下都不可侵犯他人的核心领地?”

智者哈哈大笑:“很好,很好。第四句话是,把自己当成自己。这句话理解起来太难了,你留着以后慢慢品味吧。”

少年说:“这句话的含义,我一时是体会不出。但这四句话之间似有许多自相矛盾的地方,我用什么才能把它们统一起来呢?”

“很简单,用你一生的时间和经历。”

少年沉默了很久,然后叩首告别。

随着时光的脚步,少年变成了青年人,又变成了老人。再后来在他离开这个世界很久以后,人们都还时时提到他的名字。人们都说他是一位智者,因为他是一个快乐的人,而且也给每一个见过他的人带来了快乐。

是的,正如智者所言,快乐其实很简单,把自己当成别人;把别人当成自己;把别人当成别人;把自己当成自己……当我们在遭遇痛苦或者失败的时候不妨好好地揣摩一下这四句话,我们也许会在很短的时间内快乐起来,这就是快乐的秘诀。当然,这也就是铸就美好心灵的诀窍。

事实上,正如故事中的年轻人一样,关于快乐,研究者很多,最著名的一条应该是林肯说的,“你想要多快乐,就可以多快乐。”快乐不需要什么苛刻的条件,不需要什么雄厚的资本,只需要一种意识、一种心愿!如果你想要很多钱,或者很惊心动魄的爱情,怕是困难重重,因为暴富的机遇和条件实在难求,若要说爱也得有个具体的对象。但是快乐就简单多了,春暖花开时看见燕子可以快乐,雪花飘飞时见人摔跤也可以快乐(当然不是幸灾乐祸),快乐其实无处不在,无时不有。

也就是说,快乐是一种心理感受。要不要快乐由你自己决定。懂得快乐、善于快乐实在是一种智慧、一种气度、一种气魄。一般字典上对快乐下的定义多半是:觉得满足与幸福。德国哲学家康德则认为:“快乐是我们的需求得到了满足”。的确,快乐是一种美好的状况,也就是没有不好或痛苦的事情存在,你觉得个人及周围的世界都挺不错。

那么,我们应该该如何才能获得快乐呢?奥里森·马登为我们介绍几种获得快乐、放松心灵的方法。

顺其自然

好的感觉并不像人们想的那样只存在于头脑中,也表现在行为上。通常当人们在参加一些非常有趣的活动,达到忘我的程度时,快乐就会出现,因为这时他们已经忘记了时间,也忘记了一切忧愁。心理学家切斯特·米伊把这一现象称为“顺其自然”。匹兹堡大学医药中心的研究人员对23名忧郁者进行了长达一年的追踪调查。发现避免充满压力的生活,掌握疏导压力的技巧,有助于降低忧郁症的恶化。

信念力量

宾夕法尼亚州大学的心理学家塞理曼说,每个人都有“信念力量”,而懂得追求快乐的人就会利用它。“信念力量”会使你做出令别人感到奇怪的选择,但是你将会最终得到满足。加拿大医药协会期刊的一篇研究报告指出,小孩相信圣诞老人对健康有益,对病中的小孩尤其如此。圣诞老人不仅是送礼物的人,对病童来说,更代表一股具有正面意义的生活力量。

心底无私

当一个人心中只有权力、财富和地位时,母子、兄弟亲情已在其次,有钱、有势,但心中却只有私,只想要长久拥有这片江山,还要让子女接手这笔资产时,人不见得过得快乐。要快乐其实很简单,知足不贪、乐于工作、节制欲望、简单生活,再让自己有个健健康康的身体,自然就能快乐。

待人宽容

宽容和原谅别人的过错是维持人与人之间良好关系的基石，不仅如此，现在科学家预测宽容别人可以增强艾滋病病人的免疫系统。精神与机体健康的关系是生命医学最复杂的领域，在定量科学充斥所有科学领域的时代，精神的不可定量性难倒了所有的科学家，其实不需要科学研究，人人都知道，快乐的精神有益于人，而负性的情绪则有害于人。

其实，快乐就是这么简单，人生中的大成就、大辉煌不易得到，但是人生中寻常的赏心乐事却有很多，如一声赞美，一个微笑，一席盛宴，亲朋围坐……这都是我们可以享受到的。不要因为得不到人生的巨奖而烦恼，要懂得享受人生中简单快乐的小事。这样的小事随时可见，随时都有，人人都可以从中找到并享受到其中的快乐。

总而言之，快乐铸就美好心灵，想拥有美好心灵，必须先掌控快乐的秘诀。

爱心能锻造美好心灵

所谓爱心，是指同情怜悯的心态（有时还包括相应的一定行动）。正像奥里森·马登所说的："成功的人生并不是去追求永远无法满足的感官享受，而应当去追求整个人类的快乐。此外，再谈不上什么成功了。"而那些心中只有自己，从来没有一点爱心，从来不想到使自己的灵魂升华、不想为别人做些事情的人，是永远与成功无缘的。

爱心让你觉得被世界所需要，让你体现自己生命的价值。

曾经有一位教授问他的学生："怎样才是快乐的人生？"

一位学生抢先答道："是被尊重，被尊重的人生是最快乐的。"

教授马上回应："那样你的快乐就太依赖于别人了。"

“拥有爱情。”马上又有学生抢答。

教授笑言:“这样的想法太过天真。”

接着又陆续有人提出不同的答案,都被教授一一否决了。

最后,教授提出了自己的答案:“最快乐的人生就是你无时无刻不感到你被别人需要。”

是啊,被需要,因为被需要才能体现自己的价值,才能获取成功。如果你不被人需要,还谈何价值呢?而如何才能做到被需要呢?这就要我们用爱心去行动,在他人的心中留下你的影子,你将永远留在别人的心中,哪怕他不知道你的名字。只要你被需要,你就是快乐的,你的生命就是有价值的。

爱心能带给人类幸福,无论你是什么人,你的心灵远离了爱,那你就谈不上成功。要知道,爱能赋予人类一切,它带给我们的东西是十分珍贵的。一个简陋的小屋住进了一位有爱心的人,简陋的小屋就会变得比豪华的皇宫还要高贵;如果住在豪华宫殿的那些达官贵人没有爱心,那再豪华的宫殿也不过是“简陋”的小屋,根本不值得人们去赞叹。

爱心是要通过人的行为来体现的,只要它存在,人们就会看到。你可以没有天赋,但是你仍可以慷慨地把你的爱心化作善良仁爱的言行带给他人。你所做的这些爱心的举动不仅为别人带来了帮助和快乐,也使自己变得更完善、更美丽,这是别的任何事都替代不了的。

奥里森·马登认为,人要有爱心,一个没有爱心的人,心灵是残缺的,灵魂是肮脏的,是永远不会取得任何成功的,甚至在日常生活中也会遭遇失败。

许多年前,有一位老人站在河边,等待渡河。天气很冷,又没有桥或渡船,只好等有人过河时顺便过去。等待许久,终于来了一群骑马的人。老人眼看着第一个人过河,接着是第二个、第三个……最后,只剩下一名骑士。他骑过老人面前时,老人看着他的眼睛说:“先生,可不可以请你顺便载我过河?”

骑士毫不迟疑地说:“当然可以,上来吧!”

过河之后,老人下了马,骑士问他:“先生,为什么你刚才没有请前面几位载你过河,偏偏选中了我呢?"

老人安详地回答:"我发现他们的眼神没有丝毫爱,知道开口也没有用。但是我从你的眼神里看到同情、乐于助人的心意,就知道你一定愿意载我过河。"

骑士很谦虚地说:"非常谢谢你这么说。"说完,这个骑士便调转马头,骑向白宫。这位骑士就是闻名世界的托马斯·杰弗逊,美国第三任总统。

从这个小故事我们可以发现,托马斯·杰弗逊是一个多么善良的人!这样一个充满爱心的人,必定是有一颗高贵的心灵的人,他的成功是注定的。

或许有人会说,我一个人的努力奋斗也能够达到成功,不需要爱心,不需要别人的帮助,也不帮助别人。但是,请注意,最好的人格是建立在爱心之上的,这是人的行为准则,也是通往成功、幸福的必备的美好品质。

英国有一句格言:"人生一善念,善虽未为,而吉神已随之。"意思是说一个人只要产生一个爱心,即使还没有去付诸实践,吉祥之神已在陪伴着他了。这样才能追求内心的安静祥和,达到美好的境界。那些总是抱怨自己不幸的人,不要为沉重的欲望迷惑自己,不要总是看到还不曾拥有的东西,而要静下心来,放下心灵负担,仔细品味已经拥有的一切,学会欣赏自己的每一次成功,每一点拥有,就不难发现,自己竟会有那么多值得别人羡慕的地方,吉祥之神已在向你频频招手。

爱心是一把通往幸福和成功的金钥匙,有了这把钥匙,一切的艰难险阻都将让开,一切的心扉都将向你敞开。它就是拥有这样神奇的力量,帮助我们在工作和生活中走向成功。在你所做的任何一件事中,你都应注入这种强烈的爱心的力量,否则,你将很难取得成功。你如果不喜欢去帮助别人,那你的努力就不会有什么收获。无论你从事什么工作,无论命运把你安排在什么地方,如果你不把爱心融人到生活和工作中去,那你的一生都将是沉闷而失败的。

一个人为了聪明地选择死后的归宿,他分别参观了天堂和地狱。

他首先来到了地狱,看到所有的人都坐在餐桌旁,桌上摆满了各种美味。奇怪的是,他们全都面黄肌瘦,一个个无精打采。这人仔细一瞧才发现,原来餐桌上的人左臂都捆着一把叉,右臂捆把刀,刀和叉的把手长达4尺,掌握刀叉的人根本吃不到桌上的东西,因此他们只能眼睁睁看着食物挨饿。

这人又来到了天堂,发现所有的用餐工具和方式跟地狱一模一样。但这儿的人们却面色红润,而且到处都充满了欢歌笑语。这人感到非常奇怪,他们为什么不怕饥饿?他很快看出了答案,原来天堂的人从不把自己手上的食物喂给自己,而是愉快地递给他人吃,这样,谁都可以吃上美味的佳肴;而地狱的人只想着喂自己,所以就只能挨饿。

这就是爱心的神奇效应!没有爱心,注定只能承受失败和痛苦。

爱就是这样强大的力量,它能为不幸者提供避难所,它能让失败者重新爬起来,它能给失望者以新的希望。爱为在阴暗、沉闷中生活的人洒下灿烂阳光,爱为人生旅途中历经坎坷的弱者和受伤者铺平道路。爱就是这样感召着人们走向成功与幸福。

所以,从拥有一颗爱心出发吧。想想如何去为他人做点好事,然后,你就会找到好的资源,属于你自己的那部分是不会荒芜的。力量将从你这里产生。充分利用你所拥有的一切吧,你最终会取得成功的。

请试着拥有一颗爱心,这是拥有高贵心灵的前提和保证,这是打开成功之门的钥匙。

保持一颗年轻的心灵

我们永远无法阻止岁月带走我们的青春容颜,但是我们却可以永远有一颗年轻的心灵。可在现实生活中,对我们当中的一些人来说,在人还没有变老之前,心却先老了。此外,很多人都有一种心理定势。在年轻的时候,都以为自己45岁就一定老了,到50岁就日落西山了。我们的消极心理往往在加速自己的老化。

奥里森·马登说过:“你害怕什么事情,这些事情就会降临到你的头上。”有的人总是害怕变老，为变老做着准备，寻找着它的一点点蛛丝马迹，猜测着它的到来。于是，这样的人很快就变老了。

奥里森·马登曾经拜访过90岁高龄的奥利弗·霍尔姆斯，向他请教永葆青春的秘诀是什么？奥利弗·霍尔姆斯回答说，主要的原因是，“要保持愉快的态度，要对自己满意。我从来没有感到愿望得不到满足的痛苦。……躁动、野心、不满、忧虑，所有的这些都使皱纹过早地爬上了额头。皱纹不会出现在微笑的脸庞上。微笑是年轻的讯息，自我满足是年轻的源泉。”

一个人的生命从年轻到衰老，是无法抗拒的自然规律，如何能延缓衰老？如何保持年轻的心情？奥里森·马登给出了自己的方法：

多交朋友，摆脱孤独

每个人的内心都有一种归属感，会习惯的把自己视为社会的一员，并希望从团体中得到爱。研究发现人际交往有助于身心健康。当你真诚的关心别人帮助别人，无私奉献自己的一片爱心时，你会欣喜地发现，你获得的比你给予的更多。千万不要因为怕别人不高兴而把自己同他人隔绝开来。孤独只会使抑郁状态更加严重。

拒绝贪婪，珍惜现在

贪婪无度会消耗一个人的青春，缩短一个人的寿命。有的人沉浸在过去的痛苦生活中不能自拔，于是，皱纹过早地爬上了他的脸庞，他的眼睛失去了光彩，脚步失去了弹性，人生也就失去了意义。

增强自信，控制情绪

人在正常状态下是可以通过意志努力来消除不愉快情绪，并保持乐观心情的。一是有意识地获取成功的体验；二是不在乎别人对自己如何评价；三是善于发现自己的长处。知识是自信的源泉。要学会容忍，培养坚忍的毅力。用积极进取精神取代消极思想意识。把事情看透，心胸开阔，情绪就能保持稳定。

学会宣泄,摆脱压力

将不快以适当方式发泄出来,以减轻心理压力。要敢于把不愉快的事向知心朋友或亲人诉说。忧伤时哭泣、读诗词、写日记、看电影、听音乐都是常见的宣泄方式。节奏欢快的音乐能振奋人的情绪。不妨找一两个亲近的人、理解你的人,把心里的话全部倾吐出来。从心理健康角度而言,宣泄可以消除因挫折而带来的精神压力,可以减轻精神疲劳。

富有爱心,青春永驻

留住你的爱心,保持一份浪漫的心情。它能够抚平你脸上的皱纹。如果你的思想沐浴在爱的光芒中,如果你能够对芸芸众生播撒你的爱心,那么你将会充满活力。但是,如果你的心灵干枯了,如果你失去了同情和爱心,如果私欲和贪婪占据了你的心灵,你就会未老先衰。任岁月流逝,世事沧桑,一颗沐浴在爱意中的心灵青春永驻。

学会知足,知足常乐

我们需要学会知足。这种知足不是迟钝,而是一种从虚荣、狭隘、担忧和焦虑中的解脱。这些东西是我们成长的绊脚石。那些过分野心勃勃的人追逐着虚名、地位和个人的权势,却不想做一个高尚而有爱心的人。正是虚荣和野心损耗了我们的生命,使许许多多的人还没有到40岁就已经老态龙钟。简朴而知足的生活是最完满、最高尚和最有益的。

情绪转移,寻求升华

可以通过自己喜爱的集邮、写作、书法、美术、音乐、舞蹈、体育锻炼等方式,使情绪得以调适,情感得以升华。必要时求助于心理咨询。当人们遭遇到挫折不知所措时,不妨求助于心理咨询机构。心理医生会对你动之以情,晓之以理,导之以行,循循善诱,使你从“山穷水复疑无路”的困境中,步入“柳暗花明又一村”的境界。

热爱工作，永不停息

爱默生说：“我们不会去计算一个人的年龄，除非他没有任何值得我们注意的地方。岁月不能让我们变老，是我们的生活方式，是我们自己让我们变老。”工作让你的生命之树常青。一位著名的女演员说：“我永远不会变老，因为我喜欢自己的艺术。我全身心地投入到艺术当中，永远不会感到疲倦。当一个人幸福、充实和永不疲倦的时候，当他的精神永远年轻的时候，皱纹怎么会爬上他的额头呢？当我感到疲惫的时候，那不是我精神的疲惫，而是我身体的疲惫。”

有一个哲人说过“忘老则老不到，好乐则乐常来。”这句话说得很有道理，现在科学研究表明是，人的心理机能对人体的各个器官有着极其微妙的作用，它可能延缓机体的衰老过程，古人云：“壮心与身退，老病随年侵”。“人老心先老”说的就是人的心理机能与生理机能的辨证关系。延缓生理的衰老，就是要从心理消除衰老，就是“忘老”。“忘老”是一副妙方。

如何“忘老”？首先应该学会遗忘，忘掉逝去的岁月，忘掉过去的没有用的不开心的事，其次就是让自己“忙”起来，让自己有健康的爱好，因为有好的爱好，就会让人的精神上有了寄托，这样能保持好的心情，人闲则懒惰，人就会变得呆滞了。再次最重要的就是要保持年轻的心态，要时时想一些开心的事，对生活要充满新鲜感和乐趣，对周围的事物充满好奇心和求知欲，永远进取。“忘老”也就是告诉我们，思想的作用是巨大的。从来不要认为自己太老了。这样，我们的心就不会变老。

随时随地抛开坏心情

奥里森·马登认为，美好的心灵能让我们更客观地看待我们的世界、能更乐观地面对困境、能更积极地对待人生。美好的心灵不惧怕任何苦难。

但是塑造美好的心灵必须先要学会乐观、先要学会自我调控。

事实上，不管是谁都不可能万事如意，糟糕的事情一定会在不期然间降临，这个时侯，该如何保持好心情呢？奥里森·马登认为，心情的好坏是由自己决定的，良好的心态会让你笑口常开，在遇到不如意的事时，你要会换种角度想问题，让快乐始终陪伴自己。

一个贫困的乡村，居住着一对老夫妇，他们过着清贫的生活。

一天，他们想把家中惟一值点钱的一匹马拉到市场上去换点更有用的东西。老头牵着马去赶集了，他先与人换得一头母牛，又用母牛去换了一只羊，再用羊换来一只肥鹅，又把鹅换了母鸡，最后用母鸡换了别人的一口袋烂苹果。

在每次交换中，他都想给老伴一个惊喜。

当他扛着大袋子来到一家小酒店歇息时，遇上两个英国人。闲聊中他谈了自己赶集的经过，两个英国人听后哈哈大笑，说他回去准得挨老婆子一顿揍。老头子坚称绝对不会，英国人就用一袋金币打赌，二人于是一起回到老头子家中。

老太婆见老头子回来了，非常高兴，她兴奋地听着老头子讲赶集的经过。每听老头子讲到用一种东西换了另一种东西时，她都充满了对老头的钦佩。

她嘴里不时地说着：

“哦，我们有牛奶了！”

“羊奶也同样好喝。”

“哦，鹅毛多漂亮！”

“哦，我们有鸡蛋吃了。”

最后听到老头子背回一袋已经开始腐烂的苹果时，她同样不愠不恼，大声说：“我们今晚就可以吃到苹果馅饼了！”

结果，“倒霉的”英国人输掉了一袋金币。

这是一个很有意思的小故事。比起老头子的愚笨行为，故事中的老太婆的表现更是让人吃惊，他的心情一直都很好，不管老头子用一匹马换来换去，换到最后只换得一袋烂苹果，她都没有生气，反而会说：“我们今晚就可以吃到苹果馅饼了!”是的,就算你只能得到烂苹果又有什么关系?心情好才是最重要的。况且,一种好心情收获的是一个意想不到的惊喜,干嘛要让自己不高兴?我们不妨向这个老太婆多学习一点,不管遭遇什么样的苦难,保持情绪的高涨、保持性情的舒畅才是最重要的!

在我们的现实生活中,我们也会遭遇很多不幸,但是只要我们记住一点:保持心情好才是最重要的,我们就有一定能渡过任何难关。下面是奥里森·马登给出的一些驱逐坏心情的小秘诀,希望对大家会有所帮助。

学会倾诉

对付坏心情的最好方法也许就是把心里话说出来,尽管有时候周围可能并没有人在听你说话,但这并不重要。

听音乐

音乐对不好的心情有治疗作用,应当根据不同心情原则选择音乐。如果心情忧郁,就应选择快乐的音乐。这是改变心情的第一步,可以选用34小段音乐,逐步把原有的心情导向所要求的心情。

学会积极

当人们的想法消极或歪曲时,他们常常忧郁,应该认识到这一点,并学会改变,若能想到积极方面,就会使心情舒畅。

尽情发泄

大声哭喊,找个僻静的所在,尽情地大声哭喊。这种哭喊可使压抑心理得到尽情宣泄,同时,由不良情绪产生的毒素,也可“哭喊”出来。

运动

在各种改变心情的自助技术中,以耗氧运动最能消除坏心情。由于化学的和其他的各种变化,使运动可与提高情绪的药物相媲美,如跑步、骑自行车、快走、游泳和其他重复性特续运动,可以增加心率加速血液循环,改善身体对氧的利用。这种运动每次至少进行20分钟,每周进行35次。

颜色改变心情

就像维生素是身体的营养品一样,颜色也可以成为精神的营养品。为消除烦躁与愤怒,避免接触红色是有好处的,为了抗忧郁不要穿黑色、深蓝色等使心情沉闷颜色的衣服,也不要置身于这种颜色的环境之中。应该寻找温暖明亮积极的颜色,以使心情轻松。为减轻忧虑与紧张,应选择中性的颜色,以取得镇定、平静的效果。

人要懂得改变情绪,这样才能改变思想和行为。思想改变,情绪会跟着改变。人在心情不好的时候会不自觉地把坏心情抱得更紧;关门不跟人说话,噘着嘴生闷气,锁着眉头胡思乱想,结果心情更坏、更难过。所以,人要学会放下坏心情,拥抱好心情。

奥里森·马登认为,一个不善于调节自己心情的人是不可能有健康的心灵的。所以,想要拥有健康的心灵,我们必须先学会调节自己的心情。而想要拥有好心情,就得从原有的坏心情中解脱,从烦恼的死胡同中走出来。放下心情的包袱,好好检视清楚,看看哪些是事实,把它留下来,设法解决。哪些是垃圾,是给自己制造困扰的想法;把它扔掉,这就能应付自如,带来好心情了。

嫉妒是心灵的枷锁

莎士比亚说:“您要留心嫉妒啊,那是一个绿眼的妖魔!”

嫉妒的人是可恨的,他们不能容忍别人的快乐与优秀,会用各种手段去破坏别人的幸福,有的挖空心思采用流言蜚语进行中伤,有的采取卑劣手段恶意破坏;嫉妒的人又是可怜的,他们自卑、阴暗,他们享受不到阳光的美好,体会不了人生的乐趣,生活在他们的黑暗世界里;嫉妒的人是那么的可悲,“心灵的疾病”会扩散到身体各处,引起躯体上的不良反应,七病八疾不请自到,它是摧毁人性和健康的毒药。

奥里森·马登在自己的著作中曾经不止一次地对嫉妒的心理进行了严厉的批判。马登认为,嫉妒的人在嫉妒别人的同时也是在放弃自己,这种人永远不会成功。

嫉妒是人性的弱点之一,是一种比较复杂的心理,它包括焦虑、恐惧、悲哀、猜疑、羞耻、自咎、消沉、憎恶、敌意、怨恨、报复等不愉快的情绪。别人天生的身材、容貌和逐日显出来的聪明才智,可以成为嫉妒的对象;其他如荣誉、地位、成就、财产、威望等有关社会评价的各种因素,也都容易成为他们嫉妒的对象。嫉妒就像一道枷锁,会将一个人牢牢拴住,让人不但得不到任何好处,反而让自己跌进痛苦的世界中走不出来。正如巴尔扎克所说:“嫉妒者受到的痛苦比任何人遭受的痛苦更大,他自己的不幸和别人的幸福都使他痛苦万分。嫉妒心强的人,往往以恨人开始,以害己而告终。”

有一个人,有幸遇见了上帝。

上帝说:“现在我可以满足你任何的一个愿望,但前提就是你的邻居会得到双份的报酬。”

这个人高兴不已。但他细心一想:如果我得到两份田产,我邻居就会得到一份田产了;如果我要一箱金子,那邻居就会得到两箱金子了;更要命的就是如果我要一个绝色美女,那么那个那个要打一辈子光棍的家伙就同时有得到两个绝色美女……他想来想去总不知道提出什么要求才好,他实在不甘心被邻居白占便宜。

最后,这个人一咬牙:“哎,你挖我一只眼珠吧”。

这个小故事形象地告诉了我们嫉妒的可怕之处。心理学家认为,嫉妒是人类的一种普遍的情绪,它源于病态竞争,与个体的性格、文化背景、阅历、世界观关系密切。但是不管怎样,嫉妒心理都是一种破坏性因素,它对生活、人生、工作、事业都会产生消极的影响。正如德谟克利特所说:“嫉妒的人常自寻烦恼,这是他自己的敌人。”因此,无论是谁,如果想要成就大事或幸福生活,都必须摒弃嫉妒这一不良心态。

嫉妒心理的克服要掌握一定的方法。当嫉妒心理萌发时,或是有一定表现时,要能够积极主动地调整自己的意识和行动,从而控制自己的动机和感情。这就需要冷静地分析自己的想法和行为,同时客观地评价一下自己,从而找出问题所在。一个有道德的人,一个思想纯正的人,一个能积极进取的人,当他发现有人比自己做得好,比自己有能力时,从不去考虑别人是否超过了自己,或对别人心生不满,而是从别人的成绩中找出自己的差距所在,从而振作精神,向人家学习。这样,便有可能在一种积极进取的心理状态下,迸发出创造性,赶上或超过曾经比自己强的人,即古人说的见贤思齐,这样的态度才是一个人立于不败之地的正确心态。当认清了自己后,再评价别人,自然也就能够有所觉悟了。

下面具体介绍一些切实可行的克服嫉妒的方法:

正确认识法

嫉妒的产生往往是由于误解所引起的,即人家取得了成就,便误以为是对自己的否定,对自己是威胁,损害了自己的“面子”。其实,这只不过是一种主观臆想。一个人的成功不仅要靠自己的努力,更要靠别人的帮助,荣誉既是他的也是大家的,人们给予他赞美、荣誉,并没有损害自己。

攻击嫉妒法

当嫉妒心一经产生,就要立即把它打消掉,以免其作祟。这种方法,需要靠积极进取,使生活充实起来,以期取得成功。培根说过:“每一个埋头沉入自己事业的人,是没有工夫去嫉妒别人的。”

“想开些”消除法

“想开些”即乐观些。人生总有不如意之事,所谓“家家都有本难念的经”即是此理。当然,做到“想开些”,也不是一件容易的事,但随着时间的流逝,是可以改变个人的观点的。如果正处在愤怒、兴奋或消极的情态下,能较平静、客观地面对现实,是能达到克服嫉妒的目标的。

正确比较法

一般而言，嫉妒心理较多地产生于周围熟悉的年龄相仿、生活背景大致相同的人群中。因此，只有采取正确的比较方法，烦恼情绪就会少了。

自我驱除法

嫉妒是一种突出自我的情感表现方式。在这种心理支配下，一个人在待人处事时就常常以我为中心，无论什么事，首先考虑到的是自身的得失，因而引起一系列的不良后果。若出现嫉妒苗头时，即行自我约束，摆正自身位置，努力驱除妒忌心态，可能就会变得“心底无私天地宽”了。

总而言之，芸芸众生，大千世界，由于各人的机遇与境遇不同，人难免分出个三六九等，或飞黄腾达、意气风发，或穷困潦倒、默默无闻。对于他人的成功，可以羡慕，但不要嫉妒。羡慕，就是积蓄你自己大量的精力、时间、智慧去产生应该属于你范围内的积极心理，这会让一个人充满了向上的动力，从而促成自己的成功；不嫉妒，就是要洒脱和不甘于落后，给予他人真挚的祝福，对自己充满必胜的信心，这才是强者的风度。俗话说，“尺有所短，寸有所长”，每个人都有自己的长处和短处，与其嫉妒他人的长处，不如化“嫉妒”为动力，用自己的奋斗和努力去弥补自己的短外，从而消除与他人之间的距离，甚至超越他人。

保持平稳良好的情绪

对所有人来说，不良情绪是有害的，而平稳良好的情绪自然是有益的。奥里森·马登认为，要想拥有一颗美好心灵，就一定要注意自己的情绪，使其尽可能的保持平稳良好。

保罗·怀特是奥里森·马登的好友，也是美国当时有名的心脏病专家，他曾经建议奥里森·马登将注意保持稳定的情绪这一点写入其著作之中。

在保罗·怀特看来，之所以要平稳良好的情绪，原因有以下几点：

良好的情绪具有特殊的疗效

在人们对荷尔蒙 ACTH（荷尔蒙指 就是激素。ACTA 是指促肾上腺皮质激素，是维持肾上腺正常形态和功能的重要激素）还一无所知的日子里，怀特博士的一个病人通过亲身经历告诉了他们真相。她是个年轻的母亲，有两个未成年的孩子和一个爱酗酒、整天什么也不干的丈夫。这个女人得了可怕的风湿热，整日卧病在床，就这样维持了 3 年。她的医生说最多还有一年的时间，她就会离开这个世界了。

这个年轻的女人情绪极度低落，一点儿求生的愿望也没有。但是，突然发生了一件事，对于她的病来说，可谓是上天赐给的祝福。她丈夫不知什么原因离家出走了，留下这个可怜的母亲和两个孩子，甚至一点生活费也没有留给他们。正是这个突发事件将她从忧郁的阴影中解脱出来了。

当怀特博士去看她的时候，她很坚强地说："怀特医生，我一定要起床，我还要照顾、抚养我的两个孩子呢。"

怀特博士安慰她："亲爱的女士，我也希望你能尽快康复，可是你的心脏会受不了的。"怀特博士一直是她的医生，对她的心脏状况了如指掌，那么虚弱的一个人，心脏怎么能承受这么大的压力呢。只要是怀特医生看过的病人，他一般都能清楚地掌握病人的具体病况，这一点毋庸置疑。可是，这次怀特博士却低估了 ACTH 这种荷尔蒙产生的生理作用，当然在那个时候，人们还不知道 ACTH 是什么东西，能起什么作用。同时，怀特博士也低估了人类的情绪能刺激垂体，产生 ACTH 和正常荷尔蒙的可能性。不顾怀特医生的反对，年轻的母亲鼓起勇气，下定决心，充满着激情和兴奋，下床开始工作了。她靠着自己的努力又抚养了两个孩子 8 年，才离开这个世界。

经过几年的行医，任何一个细心的医生都能随口说出几个和上面的年轻母亲类似的故事。人们通常会在病人做完外科手术后，看到这样的例子。怀特博士所工作的医院里有一个外科医生对一个病情急剧恶化的病人施行了手术，这可是个难度极大的手术，他的同事最终从病魔手中夺下了这个男人的生命。手术过后的第三天,这位同事让怀特博士去看看这个病人,并告诉怀特博士,“他可是个快要死的人了。”

怀特博士看过他的病历卡,从治疗记录上看来,他确实病得很严重,离死亡可能只有一步之遥。怀特博士来到他的病房,这个病人还是有意识的,不过,仅此而已。

“你好,亨利,今天感觉怎么样?”怀特博士问道。

亨利优雅地微笑着,从他的眼神里,怀特博士能看出坚定并且充满信心的光辉。怀特博士真不知道这样的力量是怎样赋予到他身上的。尽管身体仍然十分虚弱,他仍真实而诚恳地回答:“我很好,过几天我就可以出院回家了。”

亨利的乐观精神确实起到了很大的作用,他康复了。如果他当时没有那么乐观、坚定,充满信心,怀特博士认为他肯定活不了几天的。

另一个令人震惊的病例发生在一个中年妇女身上。怀特博士永远也忘不了,她是因无法控制的大出血而住进医院的。她的病情非常严重,每次怀特博士到病房看到她时,都会以为她将不久于人世。然而,无论我什么时候问候她,她总是带着惯有的喜悦微笑和坚定的信心回答:“我很好,今天我还想坐起来呢。很快,我就可以回家了。”

有了这种比药物治疗还管用的精神疗法,她确实康复了。

良好情绪甚至能产生奇迹

在怀特博士所生活的时代,人们所掌握的有关的荷尔蒙知识还不完全,像碎片一样零零星星地散落在漫无边际的医学世界里,即便如此,这些零散的碎片也足以照亮许多看上去像是发生了奇迹的严重病例。当然,人们了解的荷尔蒙知识越多,对此掌握的越深,自然界的精彩之处也就会越来越明晰了。

用事例来说明上面的结论并非难事,这样的例子我们可以举出成千上万。在抗菌素还没有问世以前,曾经有个男人得了肾部感染。在 1934 年,这就已经是很严重的病了。病人的脾气一直很暴躁,充满着挑衅的火药味,惹人厌恶。他的身体每况愈下,种种迹象表明是他的情绪刺激了垂体,分泌出了过多的 ACTH。不久,伏都教(一种西非原始宗教)的一个治病术士治好了他的病。他使这个男人改变了原有的坏情绪,变得高兴、开心起来,好像换了个人一样。治病术士激发了他的热情,给了他希望和勇气。结果,这个病人的荷尔蒙分泌达到了平衡,并且产生了强大的抵抗力。

良好情绪的两种作用

千万不要忘记好的情绪会对人体产生两个作用。第一,好情绪能够替代使人饱受压力影响的坏情绪;第二,好情绪会令垂体受到影响,致使内分泌达到最佳平衡状态。我们通常用这样的方式来表达人体内分泌的这种最佳平衡状态:"嘿,我感觉好极了!"感觉好极了就是说自己没有什么身体上的、精神上的不适应症,这时,体内的各种分泌都已达到最佳平衡状态。然而,从各个方面看来,怀特博士认为第一个作用,也就是用好情绪来替代坏情绪以减少压力的影响则是十分重要的。

为什么不好好活着

你可能常会听人说:健康的生活中,有着乐观向上的情绪比其他任何东西都重要。每当我们感慨这些的时候,如何培养和处理我们的情绪便成为日常生活中最重要的事情。

迄今为止,我们知道的教育一般是指培养人们的智力和提高智商,这当然十分重要。但是,我们常会看到那些高智商的人尽管情绪上不怎么好,一样过着还算幸福的生活。如果有些什么不幸突然降临的话,可能那些拥有好情绪而智商相对偏低的人会生活得更加幸福。事实上,如果人们能正确对待的话,好情绪比高智商更容易得到认可。

对任何人来说,没有必要让坏情绪来影响破坏自己的生活。但是现实中,仍然有很多人会受坏情绪的影响。这主要是因为,几千年来,人们一直都忽略了对自己进行情绪控制的教育和培养。

↓第三章
卓越的性格决定伟大的成功

性格决定一个人的成败得失，决定一个人的前途命运。优良性格让人不管是在顺境还是在逆境中，都能坦然积极地面对，并且不懈努力，取得成功；不良性格会让人走尽弯路，受尽挫折，甚至在关键时刻毁掉一个人的一生，造成悲剧性的结局。

抓住性格的伟大力量

性格就是一个人的整体精神面貌。性格，在心理学中的解释是：一个区别于他人的，在不同环境中显现出来的、相对稳定的、影响人的外显和内隐性行为模式的心理特征的总和。

在日常的人际交往中，我们会发现，有的人行为举止、音容笑貌令人难以忘怀；而有的人则很难给别人留下什么印象。有的人虽曾见过一面，却给别人留下长久的回忆；而有的人尽管长期与别人相处，却从未在人们的心目中掀起波澜。出现这种现象的原因就是性格在起作用。一般来说，鲜明的、独特的性格容易给人以深刻的印象，而平淡的性格则很难给人留下什么印象。而这从某种意义上决定了一个人的社交水平和成功的机率。

奥里森·马登认为，大凡成功的人都有非常卓越的性格。从某种意义上讲,一个人的性格直接决定着他会不会取得成功。

人,自来到人间就带有自己独有的性格,性格是人的一生中都甩不掉的一个主题,它是一个很抽象的东西但又显而易见。举个例子来说,人就像是一碗鱼翅面,性格就是这碗面里的鱼翅,如果没了鱼翅,这碗鱼翅面还能说上是鱼翅面吗?如果人没了性格就等于失去了灵魂,失去了自我!而那些性格鲜明的人,往往更容易取得成功。

英国自由教会牧师兼作家亨利·德拉蒙德称,世界上最伟大的事物是一种充满仁爱的品质,如果这种说法是恰如其分的,那么,在人的性格中体现出来的爱,就是世界上最伟大的。而德拉蒙德自己一生的经历,本身就是非常伟大的。他的一生是闪耀着高贵个性 魅力的一生。

奥里森·马登专门研究过德拉蒙德,他这样介绍德拉蒙德:"如果你遇到他的时候,你会发现他举止优雅、衣着得体、高挑的身材、轻盈的体态,走起路来脚步轻快而有节奏,脸上露出迷人的笑容,看上去永远是快乐的神情、十分谦虚和自信。当你与他交谈的时候,你会发现,他对你谈的内容非常有兴趣。他会钓鱼和射击,他还会溜冰,精通许多运动项目,他经常打板球,他会不惜长途跋涉去看一场焰火表演或者一场足球赛。每一次你与他交谈时,他都会有新的故事、新的谜语或者新的笑话说给你听。在马路上,他拉着你去看两个顽皮儿童的恶作剧。在火车上,他给你讲最新的新闻;在一个乡村农舍避雨时,他介绍了一种新的游戏,没过5分钟人们就兴致勃勃地开始玩这个游戏了;在儿童乐园里,孩子们为他巧妙的魔术手法大声叫喊。当年龄还很小时,德拉蒙德有着男人般的气质;当成为一个男人时,他有着一颗孩子般的心灵。他被认识他的年轻人称为王子。"

奥里森·马登称赞他:"在交友方面,他有非凡的才能。"人们都非常尊敬德拉蒙德。有人说。在德拉蒙德死后,人们都会向他祈祷,祈求他那感化人们向善的力量,能够时时保佑他。

此外,奥里森·马登的好友马克拉仑也称赞道:"德拉蒙德有着超乎常人的影响力。这是一种神奇的魔力。确切地说,一般人通过言语和行为来影响他人,然而他却是通过鲜明的性格来影响他人的。"神经质而呆板的人遇到他,会感到无可适从,就像一个人认出一个魔术师而对他的魔力产生恐惧一样。而其他人一见到他就会被他吸引住。对他感到好奇,久久地追随着他,而不愿意离开,想像着梦想中的王子降临到了人间。

从奥里森·马登及其好友的描述中,我们可以清楚地了解到,亨利·德拉蒙德是一个多么有性格的人。我们虽然不曾与他会面,但是通过这些描述,我们似乎已经与这位著名作家有过一番会谈,似乎对他已经非常了解,这就是性格的非凡力量。从此我们也可以知道,像亨利·德拉蒙德这样性格鲜明的人,成功似乎是自然而然的事情。

说到这里,我们不仅要进一步追问:性格究竟是什么?答案似乎不像上面我们揭示得那么简单。从某种意义上讲,性格并不是一个人与另一个人相差的所有品质的总和,准确地说,性格是多种优秀品质在他身上的一种独特的融合。一个人即便在精神上具有很强大的力量。但没有一个平衡的心态,就很难拥有优秀的性格。

一般来讲,性格可以分为以下四种类型:

活泼型

人群中声音最大,情感外露,热情奔放,会寻找乐趣,会绘声绘色地描述细节,回味那些令人兴奋的细节。极富幽默感,只要他们在,就永远是欢声笑语。这类性格的人,其缺点在于,一旦遇到麻烦,他们就会消失得无影无踪。三分钟热度,像永远也长不大的孩子。爱享受。

完美型

深思熟虑,座右铭是:既然值得去做,就应该做到最好。因此他不在意做多快,但在意做得最好,他代表了工作的高标准。目标长远,天生艺术家,有条理,最喜欢做规划,敏感易受伤害。感情内向,过份自责,甚至自扰。易受情绪控制人。

力量型

最重视目标和成功。性格执著,目光所向,无坚不摧,他们在意工作的结果,对过程和情感不太关心。喜欢控制一切,有点霸道粗鲁和冷酷无情。

力量型的人情绪稳定，比较强势，不喜欢眼泪，不会说对不起，不喜欢受他人命令。

和平型

当完美型在想，力量型在做，活泼型在说的时候，和平型比任何人都低调，他在看。当活泼在尖叫，力量在攻击，完美在消沉，只有和平稳如磐石。他们对生活少有什么过高的要求，但有着良好的人际关系。他们似乎没主见，不愿负责，缺乏热情。不喜欢出风头，得过且过，平庸，懒惰。

需要我们注意的是，性格有优缺，但并没有好与坏，不同的性格和不同的策略与原则，在迈向成功的道路上也会有不同的选择。同时，没有一个人是100%的属于某一种类型。性格的扩展领域本来就是很开放的，每个人的性格里都自有一种“美”存在，不要只看到自己的性格弱点，去一味寻求所谓的完美。其实，只要不带偏见地深入看自己，总会找到自己性格中的优势。只要给自己的性格打开一片天地，就总会看到自己的性格将变得更丰富、更有魅力。不同性格的人都可以成功，关键是我们怎么去运用性格，怎样让我们去进入这个空间，怎样用好的方法让大家都能够得到成长和成功。每个人对成功的定义都不一样，真正的成功应该是全方位的，包括朋友、家庭、心灵、时间和金钱等，最终是精神上的东西。使你的身心得到升华，使之成为一个成功者。

最后，奥里森·马登认为，生活的矛盾、冲突大部分都源自我们的性格。性格决定命运。世事无常，人的性格也会随环境和际遇而改变。那么，一个人是否可以掌握自己的性格呢？俗话说“江山易改，本性难移”，但是世间唯一不变的定律就是“变”。当然此定律皆可用于你我本身。如果想要成功就必须从我们的性格入手，改掉我们性格中的消极部分，抓住我们性格中的积极部分，继而发扬性格的伟大力量从而铸就我们的成功。

好性格是成功的前提

良好的性格是我们本身所具有的财富,它让我们在错综复杂的人际关系网中游刃有余;良好的性格是我们内在散发的魅力,它让我们在坎坷的成功路上战无不胜。

公元前5世纪初,雅典西南的洛里安姆银矿场开采出一条价值连城的优质银矿脉,而且,在极短的时间之内,这个新矿层就产出了好几吨纯银。

正因为有了这个在洛里安姆矿场意外发现的"世界宝藏金银之泉",雅典才一跃成为地中海东部的海上霸主和希腊世界的领袖。不久,雅典还成为古典时期知识荟萃、艺术生辉的中心。一个宝藏的开掘、改变了雅典的历史,铸就了西方文明的辉煌。

发现一个矿藏,可以改变一个国家的命运;挖掘出良好的性格,可以改变一个人的一生。自然界有宝藏发掘的奇迹,人本身也有内在的宝藏——良好的性格。

奥里森·马登认为,人们通过改变自己的性格,从而就能改变自己的命运。这个改变关系到每个人的成长与快乐。人人都可以获得幸福和快乐,人人都可以走向成功,获得的途径就是从改变自已的性格开始。我们每个人的命运都不是老天注定的,性格也不是天生的。良好的性格是后天经过不断的锤炼与打磨形成的。自然状态下的铁矿石几乎毫无用处,但是,如果把它放入熔炉铸造,然后进一步提纯,再进行锤炼和高温冶炼,放入一个流筒模型之中,它就可以制成优良的器具。性格也一样,只有不停地打磨,克服不良的性格,实现性格优化的转变,才能发挥它的作用,才能帮助自己获得成功。

也许有人因为自己文凭太低而消沉,哀叹生不逢时。但每个人都有一个大脑,只要意志不倒,我们就会成功。成功意味着赢得尊敬,成功意味着胜利,成功意味着最大限度地实现自我价值。但成功不是某些人的专利,只要你有强烈的成功意识，只要你态度积极、坚忍不拔，只要你信心十足、有崇高而坚定的信念，只要你能够发挥你的性格优势，即使你是一个小人物，你也能成功。成功并不偏爱某一特殊人群，成功对任何人都是平等的。

约翰·梅杰被称为英国的"平民首相"。这位笔锋犀利的政治家是白手起家的一个典型。他是一位杂技师的儿子，16 岁时就离开了学校。他曾因算术不及格未能当上公共汽车售票员，饱尝了失业之苦。但这并没有压垮年轻的梅杰，这位能力非凡、具有坚强信心的小伙子终于靠自己的努力摆脱了困境。经过外交大臣、财政大臣等 8 个政府职务的锻炼，他终于当上了首相，登上了英国的权力之巅。有趣的是，他也是英国唯一领取过失业救济金的首相。

类似的例子比比皆是。比尔·盖茨不愿继续读完他的大学，他要干自己感兴趣的事，他成功了，他成了世界的首富。高尔基说得好，社会是一所大学。当我们融人社会，当我们积极思考这个社会，当我们为自己在这个社会找到座标后，我们就有成功的可能。

有句俗话说得很好，三百六十行，行行出状元，成功的道路千万条，就看自己选择哪条。每个人都是一座金矿，每个人都有无比巨大的潜能，而挖掘者就是自己。人生的命运就掌握在自己的手中，人生成功与否由自己决定。如果明白了这个道理，我们就不会因为自己是一个穷人、是一个下层人物而怨天尤人、牢骚满腹或愤愤不平，就不会受自卑困扰、懒与行动而坐以待毙了。下定决心，奋斗、拼搏、勇往直前，成功就属于自己。

当然，每个人性格中其实都有优点和缺点。如果整天抓着自己的缺点不放，那么你将会越来越弱。我们应该学会强调自己的优势，这样，你就将越来越自信和成功。

很多人把自己性格上的弱点当成自己不能成功的借口，拒绝跳出自己编制的网，也就永远走不出失败的沼泽。要知道，我们每个人都能成功，都能快乐和幸福。但是我们必须学会突出自己的优势，学会将普遍意义上的缺点变成优点，加上自己的努力和智慧，成功就在眼前。

总之，好性格是成功的前提，从自己的性格中发现人生的大财富是我们每个人必须具备的能力。

执著坚定终究会成功

性格决定命运。在性格中，一种性格有其矛盾对立的两面性，又有其矛盾对立的统一性。比如：忠诚与虚伪，老实与狡猾，文明与粗陋，顽强与懦弱，稳重与轻浮，冷静与急躁，勇敢与胆怯，耿直与圆滑，开朗与狭隘，谦逊与骄傲等等从根本上都是对立的，但有时又是统一的，又是相互转化的。如果一个人在其性格上拥有前者，他的命运在正常情况下应该不会很差；如果一个人在其性格上只拥有后者，他的命运在在正常情况下应该不会很好；如果一个人在其性格上能在两者之间对立统一，有机结合，灵活把握，因人因事因时准确发挥运用，很可能在任何时候，在任何情况下他就能从容对待，游刃有余，命运会很好，成功也会更容易取得。

一般来说，只具有某种性格的一方面，就会出现性格的偏执；只具有多种性格中的某一种，其性格是不完善的。对于性格，可以上升到世界观与方法论上来认识。对人，对事的态度实际上是世界观的反映；对人，对事在行为上是方法论的表现。不同的性格决定不同的命运。每个人的性格的不同，决定了他们命运的千差万别，有什么样的性格就有什么样的命运。

奥里森·马登认为，对成功最有益的性格是执著与坚定。轻易得到的会轻易失去，刻骨铭心的记忆来自于刻骨铭心的追求。生活中的每件事都是那么艰难吃力，难遂人愿。成功不会随便屈服于你的选择，而只是我们学会执著，坚定地追求我们的目标，我们才可能成功。

一个农场主在巡视自家的粮仓时，不小心将一只非常名贵的金表掉了。农场主独自一个人在粮仓里找了很久，却一无所获，最后他只好在门口贴了一张公告，请周围的人们来帮忙寻找，如果找到将有重金相报。

面对赏金的诱惑，农场周围的人们都来帮忙寻找。可是，粮仓实在太大了，粮仓里的粮食堆积成山，要想从翻寻出金表简直太难了！

帮忙的人们忙了一整天，都一无所获地离开了粮仓，大家还一路抱怨粮仓太大了,金表太小了。最后,只剩下了一个穿着破旧衣服的小男孩在粮仓里努力寻找。此时,他已经一天没有吃饭。天黑了,小男孩依旧在粮仓中搜寻那块金表。

寂静的粮仓中只有小男孩和堆积如山的粮食。寂静中,小男孩突然听到了微弱的"滴答、滴答"声。"滴答"声在寂静的粮仓中显得格外清晰。最后,小男孩寻找滴答声找到了金表,也得到农场主承诺的重赏。

成功其实很简单,只要比别人多一点执着的精神,当别人放弃时,成功者依然坚持着,直到最后。成功就像是遗失在粮仓中金表,它已经存在,我们也知道的存在,只是有的人执着地寻找下去,而有人放弃了。放弃了寻找,我们就永远找不到成功;而选择了继续寻找,我们终会听到那寂静中清晰的"滴答"声。想获得成功并不难,只要执着一点!与小男孩一样,美国历史上最伟大的总统林肯也是凭借自己执著的性格赢得成功的。以下是林肯的部分简历:

22 岁,生意失败;

23 岁,竞选州议员失败;

24 岁,生意再次失败;

25 岁,当选州议员;

29 岁,竞选州议长失败;

34 岁,竞选国会议员失败;

37 岁,当选国会议员;

39 岁,国会议员连任失败;

46 岁,竞选参议员失败;

47 岁,竞选副总统失败;

49 岁,竞选参议员再次失败;

51 岁,当选美国总统。

1832 年,林肯失业了,这显然使他很伤心,但他下决心要当政治家,当州议员。糟糕的是,他竞选失败了。在一年里遭受两次打击,这对他来说无疑是痛苦的。他着手自己开办企业,可一年不到,这家企业又倒闭了。在以后的 17 年间,他不得不为偿还企业倒闭时所欠的债务而到处奔波,历尽磨难。

他再一次决定参加竞选州议员，这次他成功了。他内心萌发了一丝希望，认为自己的生活有了转机："可能我可以成功了！"第二年，即 1835 年，他订婚了，但离结婚还差几个月的时候，未婚妻不幸去世。这对他精神上的打击实在太大了，他心力交瘁数月卧床不起。1836 年，他得了神经衰弱症。1838 年他觉得身体状况良好，于是决定竞选州议会议长，可他又失败了。1843 年，他再次参加竞选美国国会议员，但这次仍然没有成功。

1846 年，他又一次参加竞选国会议员，最后终于当选了。两年任期很快过去了，他决定要争取连任。他认为自己作为国会议员表现是出色的，相信选民会继续选举他。但结果很遗憾，他落选了。因为这次竞选他赔了一大笔钱，他申请当本州的土地官员。但州政府把他的申请退了回来，上面指出："作本州的土地官员要求有卓越的才能和超常的智力，你的申请未能满足这些要求。"

然而，他没有服输。1854 年，他竞选参议员，但还是失败了；两年后他竞选美国副总统提名，结果被对手击败；又过了两年，他再一次竞选参议员，结果又是失败了。

然而，林肯这时候已经不知道失败是什么了！他想终有一天自己会成功的，上帝不会和他这样一个人开一生的玩笑。果然，54 岁那年，林肯成功当选美国总统。

在林肯大半生的奋斗和进取中，有九次失败，只有三次成功，而第三次成功就是当选为美国的第十六届总统。屡次的失败并没有动摇他坚定的信念，而是起到了激励和鞭策的作用。如果林肯在性格上是个安于现状、唯唯诺诺、优柔寡断、不堪一击的人，那么他根本就当不了总统，黑奴还要很久之后才能得到解放。

成功的机遇其实就在眼前，只要我们有敢闯敢拼、勇于尝试和坚强的性格，我们就能把机遇握在手中。马克思曾对林肯做出这样的评价："一位达到了伟大境界而仍然保持自己优良品质的罕有的人。"林肯之所以会受到马克思如此高的评价，之所以会成为美国人乃至全世界人民敬仰的偶像，不是上帝给他的指引，而是源自他的毅力和坚强的性格。可见，性格决定命运，有什么样的性格，就会有什么样的命运！这句话一点不错！

自卑消极会阻碍成功

德国哲学家黑格尔说:“自卑往往伴随着懈怠。”自卑,除了消磨一个人的雄心、意志,使他自暴自弃、悲观泄气之外,恐怕不会有什么好作用。奥里森·马登曾在自己的著作中,忠告年轻人,生活、事业都还刚刚起步,人生之路还漫长,即便起步时迟缓了一些,或走了点弯路,成绩一时不如人,也远不足以决定一个人的一生。好比一个优秀的长跑运动员,刚起跑时,比别人慢了一些,并不要紧,只要他攒足劲,加加油,照样可以赶上、超过前面的人,甚至可能拿金牌。当然,看到许多同龄人比自己强,毕竟是一件令人惭愧的事。冷静地反思一下造成自己落后的原因也是必要的。

奥里森·马登成功学认为,有自卑心理的人大致有以下几个特点:

一是不能正确评价自己,常常觉得自己一无是处,往往无端地夸大自己的缺点,觉得自己没有出息,认为自己缺乏特长,毫无价值。总觉得自己的运气不好,事事不如意,别人处处和自己作对。

二是很难有知心朋友,因为自卑者不能正确认识自己,对自己的认识完全建立在别人的评价上,所以对别人的评价异常敏感。常常担心别人嘲笑自己。别人说自己好,便自鸣得意;别人说自己不好,便生气,情绪也开始低落,常为一句不经意的话或一件小事怨恨别人,因此和别人的关系很难维持很久。此外,由于自卑者的自尊心过强,稍遇刺激就会受到伤害,因此为了保护脆弱的自尊心,自卑者常常自我封闭,很少与人交往。

三是心胸狭窄易发怒,自卑感常常是在和别人相比较,觉得自己不如别人时产生的。自卑者常在别人面前发牢骚,心理也长期处于消极紧张状态,动不动就大发脾气,然后又陷入深深的自责之中。

自卑,可以说是一种性格上的缺陷。表现为对自己的能力、品质评价过低,同时可伴有一些特殊的情绪体现,诸如害羞、不安、内疚、忧郁、失望等。

奥里森·马登认为,经常遭受失败和挫折,是产生自卑心理的根本原因。一个人经常遭到失败和挫折,其自信心就会日益减弱,自卑感就会日益严重。自卑的产生会抹杀掉一个人的自信心,本来有足够的能力去完成学业或工作任务,却因怀疑自己而失败,显得处处不行,处处不如别人。由于自卑的情绪影响到了生活和工作,所以给人的心理、生活带来的不良影响亦很大。

马特恩曾是一个很消极的人,多年前的一个晚上,他散步到纽约长岛的一处草地上,计划在那里自杀。生命对他已无任何意义可言,生活中已无任何希望。他随身带了一瓶毒药,一口喝尽,躺在那儿等死。

第二天,他睁开眼睛,看到月光皎洁的夜空,十分惊异。他想不通自己为什么会没死。他开始认为,这是上帝的意思,上帝希望他活下来,因为另有任务给他。

他突然间重新有了生存的渴望。他感谢上帝的恩赐,让他活下去,并且下定决心,一定要活下去,要以帮助他人为职责。马特恩成了一位了不起的人物,他把帮助他人当作自己生命的全部使命。

其实,正如这个故事告诉我们的一样,自卑消极?还是积极面对一切?其实只是转眼之间的事情。只要我们用积极的眼光来看问题,我们就不会自卑。那么,具体来讲,怎样才能从自卑的束缚下解脱出来呢?

全面了解自己,正确评价自己

你不妨将自己的兴趣、嗜好、能力和特长全部列出来,哪怕是很细微的东西也不要忽略。你会发现你有很多优点,并且对自己的弱项和遭到失败的地方持理智和客观的态度,既不自欺欺人,又不将其看得过于严重,而是以积极的态度应对现实,这样自卑便失去了温床。

转移注意力

不要老关注自己的弱项和失败,而应将注意力和精力转移到自己最感兴趣,也最擅长的事情上去,从中获得的乐趣与成就感将强化你的自信,驱散自卑的阴影,从而缓解你的心理压力和紧张。

对自己的自卑进行心理分析

这种方法可在心理医生的帮助下进行。具体作法是通过自由联想和对早期经历的回忆,分析找出导致自卑心态的深层原因。并让自己明白自卑情结是因为某些早期经历而形成的,它深入到了潜意识,一直影响着自己的心态。实际上自己现在的自卑感是建立在虚幻的基础上的,是没有必要的。这样就可以从根本上瓦解自卑情结。

用行动证明自己的能力与价值

其实,看一个人有没有价值,根本用不着进行什么深奥的思考,也用不着问别人,有人需要你,你就有价值,你能做事,你就有价值。因此,你可以先选择一件自己最有把握也有意义的事情去做,做成之后,再去找一个目标。这样,每一次成功都将强化你的自信心,弱化你的自卑感,一连串的成功则会使你的自信心趋于稳固。

从另一个方面弥补自己的弱点

每个人都有多方面的才能,社会的需要和分工更是万象纷呈。一个人这方面有缺陷,可以从另一方面谋求发展。只要有了积极心态,就可以扬长避短,把自己的某种缺陷转化为自强不息的推动力量,也许你的缺陷不但不会成为你的障碍,反而会成为你成功的条件。因为它促使你更加专心地关注自己选择的发展方向,促使你获得超出常人的发展,最终成为超越缺陷的卓越人士。

从成功的回忆中建立成功的自我形象

当你怀疑自己的能力并为自卑感所困扰的时候,你不妨从过去的成功经历中吸取氧分,来滋润你的信心。不要沉溺于对失败经历的回忆,把失败的意象从你脑海中赶出去,因为那是你不友好的来访者。失败决不是你的主要方面,而是你偶然存在的消极面,是你心智不集中时开的小差。你应该多强调自己成功的一面。一连串的成功,贯穿起来就构成一个成功者形象。

它强烈地向你暗示,你是具有决策力和行动力的,你能导演成功的人生。

总而言之,严重的自卑感会扼杀一个人的聪明才智,它还可以形成恶性循环:由于自卑感严重,对于想做的事不敢去做或者做起来缩手缩脚,没有魄力。自卑者的性格决定了他们做事的方式,会让他们错过很多良机,从而很难实现自己的愿望。要想获得成功,我们就必须摈弃自卑。

优柔寡断会错失良机

在我们的生活中,有很多这样的人:他们遇事犹犹豫豫,拿不定主意。总是徘徊在取舍之间,无法定夺。这样就会使本该得到的东西,轻而易举地失去了;本该舍去的东西,却又耗费了许多精力。而时机是不等人的。在人生的许多时候,只有及时抓住机遇,竭尽全力地去努力,才能取得成功。正所谓"花开堪折直须折,莫待无花空折枝。"如若不然,则会失去良机。

人们之所以优柔寡断,因为他们总希望做出正确的选择,他们以为通过推迟选择便可以避免犯错误,从而避免忧虑。所以,要消除优柔寡断,你不要将各种可能的结果都用对与错、好与坏,甚至最好与最坏来衡量。

两个猎人去打猎,路上遇到了一只大雁,于是两个猎人同时拉弓搭箭,准备射杀大雁。

这时猎人甲突然说:"喂,我们射下来后该怎么吃?是煮了吃,还是蒸了吃?"

猎人乙说:"当然是煮了吃。"

猎人甲不同意煮,说还是蒸了吃好。

两个人争来争去,虽然明知彼此建议的优缺点,但就是作不了决定,一直没有达成一致。终于,前面来了一个砍柴的村夫,于是两个人征询村夫的意见,村夫听完说,这个很好办,一半拿来煮,一半拿来蒸,不就可以了。两个猎人感觉这个主意不错,决定就这么办。

于是两人再次拉弓搭箭，可是大雁早已飞走了。

猎人犯了议而不决、拖沓等待的错误，在如何吃的问题上，花了太多的时间和精力，最终失去了猎杀大雁的最佳时机。没有了猎杀的过程，当然就没有了怎么吃的结果；没有快速地行动，当然就没有最后的成功。

就像例子中的猎人一样，优柔寡断的人无一不是消极被动的，他们做事习惯了犹豫，对于自己完全失去自信，所以在比较重要的事件面前，他们总没有决断。有些素质、人品及机遇都很好的人，就因为犹豫的性格，把自己的一生都给毁了。

威廉·沃特说过："如果一个人永远徘徊于两件事之间，对自己先做哪一件犹豫不决，他将会一件事情都做不成。如果一个人原本做了决定，但在听到自己朋友的反对意见时犹豫动摇、举棋不定——在一种意见和另一种意见、这个计划和那个计划之间跳来跳去，像墙头草一样摇摆不定，每一阵微风都能影响他，那么，这样的人肯定是性格软弱、没有主见的人，他在任何事情上都只能是一无所成，无论是举足轻重的大事还是微不足道的小事，概莫能外。他不是在一切事情上积极进取，而是宁愿在原地踏步，或者说干脆倒退。"

成功的机遇要靠自己去探索、去把握、去牢牢地抓住；要想成功，就要敢于冒险，敢于失败。奥里森·马登认为，快速制订计划并迅速行动是一种修养，不要等到万事俱备以后才去做。因为如果要等所有条件都具备以后才去做，那就只能永远等待下去。

优柔寡断的人，就像一个贪婪而不自量力的家伙，显得可爱而又愚蠢，可恨而又可怜。我们必须要将"人生就是有得必有失"的道理，明确到自己的具体行动上。人的精力是有限的，不可能在每一个方面都做到最好。而最明智的方法就是不要优柔寡断，要快速作出决定。放开优柔寡断的双手，你会收获更多。

成功须突破性格陷阱

现实生活中,每个人都有自己的长处,也会有自己的缺陷。如果对这些缺陷采取视而不见的态度,那么缺陷将长期存在,绝不会自动消失,而且常常会成为交往过程中绕不过去的"陷阱",使我们在和他人交往时举步维艰。只有正视缺陷,并不断加以弥补和修正,才会跳过这些"陷阱",使自己的交往能力逐渐增强。

奥里森·马登认为,一个人在追求成功的路上,先要避免自己性格上的缺陷,走出"性格陷阱",否则的话,长期陷入自己的性格陷阱之中,永远不会成功。以下是阻碍人们成功的最常见的"性格陷阱":

性格陷阱一:心胸狭窄

作为一个人,首先要学会宽宏大度,即使真的认为别人有什么做得不对的地方,也完全不必疑神疑鬼地胡乱猜疑,大可以直接提出来,这样会有更多消除误会的机会。

性格陷阱二:没有主见

要能够正确地对待别人的建议,在听取别人建议的基础上通过自己的理性分析再做出决策,这样就不会盲目地相信别人,成功的机会也就会多很多。

性格陷阱三:刚愎自用

能力强的人往往容易成功,但是能力强的人又常常容易过分自信。对于能力比较强的年轻人,要注意多听取别人的不同意见,尤其是当大家都反对时,一定要冷静下来,仔细思考,千万不要固执己见。

性格陷阱四:死要面子

如今的社会是能力加机遇的社会,死要面子并不是什么明智的举动,这种性格上的问题无疑会让成功一次次地从面前溜走而后悔莫及。

性格陷阱五:患得患失

作任何一件事情,任何一项选择,都会有所得有所失,这是一个起码的道理。所以认定了目标,就要义无反顾地跨步前进,万万不可瞻前顾后,患得患失,以致丧失机遇,悔之晚矣。

性格陷阱六:骄傲自负

这种人只关心个人的需要,在人际交往中表现得目中无人。高兴时海阔天空,不高兴时则不分场合乱发脾气,全然不考虑别人的情绪。另外,与别人初识时往往过于亲密,讲一些不该讲的活,反而会使人出于心理防卫而与之疏远。人外有人,社会上有才能的人比比皆是,我们不能因为自己某一方面有点小才就自以为是,目中无人。眼中没有别人,自然会被别人所讨厌。

性格陷阱七:多疑

有些人疑神疑鬼,对别人缺乏应有的信任。遇到别人三五成群地交谈,就怀疑是议论自己,说自己坏话;看到好友与其他人要好,就醋意大发……多疑可以说是友谊之树的蛀虫,是交往之路的绊脚石。要做到不多疑,就要有宽广的心胸,“厚德载物,雅量容人”。我们立身处事,既要有识别清浊的慧眼,也要有清浊并容的雅量。一个人要想创造一番事业,不能总是疑神疑鬼,要有恢宏的气度。能容天下人,才能为天下人所容。

性格陷阱八:腼腆

性格上腼腆的人,在交往中固然也有其可爱的一面,但缺乏交往,对个人的成长进步是不利的。要学会交往,必须首先认识到交往的益处,看到交往的重要性。从生理、心理、社会及个人发展等方面考虑，增加与别人的交往至少有以下四大好处：一是开阔视野。二是互相激励。三是健全心理。四是“架桥铺路”。多个熟人多座桥、多个朋友多条路。在人生的旅途上，谁都离不开别人的帮助，只有通过交往，才能认识更多的人，才能与更多的人结下友谊，才能帮助别人并得到更多人的帮助。当然，只知道交往的重要性还是不够的，还要大胆实践，经常总结，这样才能不断提高交往能力。

奥里森·马登认为，突破性格陷阱需要我们不断的接受新鲜的事务，紧紧把握住时代的脉搏，改变自己故有的、阻碍人生发展的、不利于进步的性格，冲破原有思想的约束，形成更加适应社会发展需要的性格；突破一元思维模式，寻求多元思维模式，这样才能在日新月异的的社会中，更快的接受新的信息和思想。当然我们在追求性格突破的时候，也不能把原有的好的方面从中剔除，不能因为增强了沟通能力，而开始弄虚作假。而是在诚实守信的基础上，锻炼自己的沟通能力，增加相互的信任，这才是完善的健全的性格。

奥里森·马登始终相信，活跃的思维方式，才能使人不断的进步，不断的提高自己的能力，创造辉煌的人生；健全的性格，是人生成功的有利保证，也是实现健康人生的前提条件。突破性格的局限，让自己做的更好，让完善、健康的性格支撑健康、成功的人生，这才正确的做法。

学会优化自己的性格

我们知道，几乎所有人的性格都不是至善至美的。在这种情况下，我们要想成功，要想获得好性格，要想避免性格中的“陷阱”给我们的成功带来的威胁。我们就必须要学会优化自己的性格。奥里森·马登认为，每个人的性格都不是一成不变的，我们可以通过各种途径，优化自己的性格，使我们的性格更完善，更有益于我们成功。

当然,奥里森·马登也承认,性格的优化并不是一朝一夕的事情,正如性格的形成需要一个漫长的过程一样,它的优化也需要一个漫长的过程。优良性格的形成需要一个长期渐进的过程,不良性格的克服也需要长期不懈努力。性格是一种相当稳定的个性特征,这种稳定性特点决定了性格的形成和转化只能是一个缓慢的渐进过程。无论是克服不良性格也好,还是塑造优良性格也好,都必须坚持循序渐进。

性格优化的标准

1、为性格加入硬度。

谁能以不屈的精神对待生活中的不幸,谁就最终能克服不幸。

2、平和并富于进取。

当今社会日益激烈的竞争需要我们有平和的心态和积极进取的精神。竞争就是实力的较量、进取步伐的较量,它会无情地把一切懒惰的人、不思进取的人、无所作为的人统统抛在后面。竞争使无为者屈辱,使无能者恐慌,使无所事事者茫然失措。所以,如果没有良好的性格做铺垫,就不会以一颗平和的心去面对竞争。成功永远是属于拥有平和心和进取心的人。

3、寻找开放美。

在开放的社会里,开放性格是适应时代变化、追求个人发展的重要条件。善于交际,是开放性格的外在表现;敞开心扉,则是开放性格的内在表现。人们在性格上要追求和时代相适应的开放美。人之相知,贵在知心。敞开心扉,坦诚相见,不要使自己的城府太深,不要人为地造成人与人之间的隔膜,不要扯断人与人之间的感情纽带。性格开放,就是要向不同的观念开放,向异己的人开放,这才是成功的可靠保证。

4、成熟的自我修养。

成熟的自我修养是培养优良性格的首要标准,也是个人掌控自身心态的必备能力,它是指为了培养优良性格而进行的自觉的性格转化和行为控制的活动。每个人不管长大以后性格多么坚强,取得了多么伟大的成就,但是在他童年时期的性格必定是孩子式的、不稳定的。他们的优良性格,主要是在后天实践过程中加强自我修养的结果。自我修养在个人性格发展的过程中起着很大的作用,只有通过自我修养,才能有效地把握自己性格的发展方向。

优化性格的方法

1、改正认知偏差。

由于受不良环境影响,有些人会产生一些错误的认知。要想改变不良性格,必须改变自己不正确的认知。具体的方法可以多参加有意义的集体活动,充分感受生活;多看些进步的书籍和伟人、哲人传记,看看他们成功史和为人处世之道。这对自己性格的改变会有帮助。

2、试着去帮助别人,从中体验乐趣。

不良性格的人往往以自我为中心,他们对人冷漠,一般不愿参与人际交往,生活在自我的小天地里。要想改变这样的性格,平常可以主动去帮助别人,因为人人都需要关怀,你去帮助别人,同样,别人也会主动来帮助你。同时,在这种帮助中,能体现自身的价值,心情改善了,对人的看法和态度也会随之改变,从而有利于性格的改善。

3、不要总用阴暗的心理去看待别人。

很多人喜欢用戒备的眼观看人,尤其是一些上过当或受过挫折的人,对他人总存在一种提防心理,凡事总是往坏处想,这种人疑心重、心胸狭隘、办事优柔寡断。事实上,相信他人是成功的基础,每个成功人士身边总有一大群帮助他的人。因此,我们要正确地看待别人,看待我们共同生活的社会。

4、加强道德修养。

有的人已经形成了某种不良的性格特征,例如懒惰、孤僻、自卑、胆小等,必须进行"性格改造"。人的性格虽有一定的稳定性,但它又是可变的,只要自己下决心去改,是能产生明显效果的,懒汉可以成为勤奋者,悲观失望的人也可以成为乐观活泼的人。方法一是提高文化水平,二是加强道德修养。有文化、有道德的人就有较强的理智感,就能以正确的态度去对待现实生活,有助于形成良好的性格特征。

5、培养健康情绪。

一个人偶尔心情不好,不致于影响性格,若长期心情不好,对性格就会有影响。如常年累月爱生气、为一点小事而激动的人，就容易形成暴躁、易怒、神经过敏、冲动、沮丧等性格特征，这是一种异常情绪化的性格。因此，要培养健康性格，就要乐观地生活，要胸怀开朗，始终保持愉快的生活体验。

6、与人和谐相处。

兴趣广、爱交际的人会从别人身上学到许多知识，培养出多种才能，有益于性格的形成和发展。但是，与品德不良的人交往，也会沾染不良的习惯。因此，要正确识别和评价周围的人和事，不要与坏人混在一起，更不要加入不健康的小团体中。人与人之间要互敬、互爱、互谅、互让，善意地评价人，热情地帮助人，克己奉公，助人为乐，努力搞好人与人之间的关系。长此以往，性格就能得到和谐发展。

7、进行自我锻炼、自我改造。

人本身具备一个自我调节的系统，一切客观的环境因素都要通过主观的自我调节起作用，每个人都在以不同的程度、不同的速度和方式塑造着自我，包括塑造自己的性格。随着一个人的认识能力的相对成熟，随着一个人独立性和自主性的发展，其性格的发展也从被动的外部控制逐渐向自我控制转化。如果每一个人都意识到这一变化、促进这一变化，自觉地确立性格锻炼的目标，不断进行自我改造，就能完善自己的性格特征。

8、取人之长，补己之短。

每个人的性格特征中都有好的因素，也有不良的特征。要善于正确地自我评估，辩证地对待自己的优缺点，好的地方使之进一步巩固，不足的地方努力改造，取人长，补己短，有则改之，无则加勉。久而久之，就能使不良性格特征得到克服和消除，良好性格特征得到培养和发展。

最后还要强调，性格是在环境、教育等各种内外因素长期作用下逐步形成的。克服一种不良性格，必须进行长期、不懈的努力。忽视性格缓慢的渐变过程，想使不良性格在短时间内一下子来个转变，有时虽然从表面上看也能奏效，但实际上这种转变很不稳固，转变快，反复也快。因此，我们不能把性格修养看成是经过努力就能立竿见影的事，不能因为不良性格暂时在行为上消失了，就认为改变性格的任务已经完成了。必须老老实实地把性格改变看作一个相当长的过程，进行持续努力，求得性格逐步的、缓慢的，然而却是稳固的和扎扎实实的转变。

不管怎样,我们要记住,我们每个人的性格都有好的一面,也有不好的一面,关键是我们怎么去运用性格。我们应该努力学习、借鉴成功者的经验,努力向成功型性格靠拢,这样每一种性格的人就都可以取得成功。

锻造你的卓越的性格

性格是人的一种特点,一般来讲,只不过是对人、对事的态度和行为方式上所表现出来的心理而已,但它却影响人们的一生,决定着人的命运。性格反映出人的精神状态,性格还包括人的品德、情感、动机、态度、价值观、需要、兴趣等方面。性格决定着习惯动作,决定着习惯性思维,决定着你的宽容度,决定着你的目标和梦想。

日常生活中,有人用摇头点头表示对事物的看法,这种人往往自信过度,以至于发展成唯我独尊的心态。边说边笑的人,会使对方感到很好亲近,有人情味,人缘也就好。在和人交谈时,注视着对方,认真倾听对方的言谈,眼睛随着对方的手势转动,这是一种既尊重别人又虚心好学的人。

性格的自我修养,是指个人为了培养优良性格而进行的自觉的性格转化和行为控制的活动。奥里森·马登认为,自我修养是培养优良性格的必要途径,又是个人掌握自己、控制自己的必备能力。

常言到江山易改,禀性难移。这个禀性大都和性格近意,但是禀性是天赋的,性格是逐渐形成的,虽然禀性也决定着性格的差异,然而性格的可塑性和可移性是存在的。任何性格特征都不是天生的,大的走向都是在环境和习惯下熏陶出来的,这就存在性格可塑性的空间。当意识到性格的缺陷,外向型和内向型也可以互相互补,这就是性格的可移性。可移性的难度要比可塑性大,困难的是,习惯的心理和行为是不容易转换成很不习惯的心理和行为,很多成功人士都有这方面的体会。如果一个人的性格有很大的可塑性和可移性,那么他向成功迈进的机会就更多了。生活把有的有棱角的性格磨练的没有棱角,而把没有棱角的性格磨练的又有了棱角。

奥里森·马登在他的著作中曾讲过这么一件事情。

每年12月1日,纽约洛克菲勒中心前面的广场,都会举办一个为圣诞树点灯的仪式。

硕大的圣诞树无比完美,据说它们都是从宾夕法尼亚州的千万棵巨大的杉树中挑选出来的。

一位画家,深深地被圣诞树的美丽、璀灿吸引了,他带领着自己所有的学生去写生。

"你以为那巨大的圣诞树原本就是那样完美吗?"一个中年女性神秘地笑道。

画家很奇怪:"千挑万选,还能不完美吗?"

"多好的树都有缺陷,都会缺枝少叶,我丈夫在那里当木工,是他用其他枝叶补上去,这些圣诞树才能这样完美啊!"

画家恍然大悟:一切完美都源自修补。世上的每个人无论他多伟大、多著名,都不过是那样一棵需要不断修补的树……

其实一个人的性格不也正是如此吗?

使用同一种材料,一个人可能会建成宫殿,一个人可能会筑成茅舍,一个人可能会建成仓库,一个人可能会建成别墅。同样是红砖和水泥,建筑师可以把它们建造成不同的东西。人的良好性格也在于自我创造,不经过一番努力,良好的性格也不会自发地形成。它需要经过不断的自我审视、自我约束、自我节制的训练。正是这种不断的努力,才会使人感到振奋,令人心旷神怡。

著名科学家富兰克林,早在年轻的时候就下决心克服一切坏的性格倾向、习惯或伙伴的引诱。为此,他给自己制定了一项包括13个项目在内的性格修养计划:节制、静默、守秩序、果断、俭约、勤勉、真诚、公平、稳健、整洁、宁静、坚贞和谦逊。同时,为了监督自己逐条执行这些项目,他把这13项内容记录在小本子上,画出7行空格,每晚都做一番自省功夫:如果白天犯了某一种过失,就在相应的空格里记上一个黑点。

就这样,富兰克林持之以恒,通过长年累月的自我反省,终于让这些代表性格缺陷的黑点逐渐消失了。富兰克林晚年撰写自传时，还特别谈起青年时代培养良好性格的过程，认为自己取得的成绩应当归功于自我修养。

自我修养在个人性格的发展过程中起着很大的作用，它是教育的补充力量，也是良好性格的发展方向。玉不琢，不成器。一个人的性格，不经过认真的自我修养，不可能自然而然地达到优良高尚的境界。伟人也罢，庸人也罢，任何人的优良性格都是在后天实践活动过程中，不断进行自我修养的结果。

具体来讲，我们可以通过以下一些方法来磨练和锻造自己的性格。

第一，确立明确的目标。坚强的意志和明确的目标是分不开的，如果目标明确，就可以在不断的克服困难中使意志得到磨炼。

第二，做自己不感兴趣但有意义的事情。现实生活中有很多有意义的事自己不感兴趣，但要强迫自己去做好，这是十分必要的，因为这正是磨炼意志的好机会。

第三，加强自我管理和约束。因为磨炼意志的过程是一个艰苦的过程，若不能有效的管理自己，就难以收到预期的效果。

第四，从小事做起，从现在做起。从小事做起，可以养成良好的习惯，会增强磨砺意志的信心和决心。

总之，只要我们不懈努力，我们一定可以锻造出好性格，锻造出帮助我们成功的好性格。

↓第四章
优秀的品质是成功的基础

优秀的品质是一件非常宝贵的东西，比宝石、黄金、皇冠、王国都要宝贵，而训练优良品质所付出的劳动则是世界上最高贵的劳动。

优秀的品质孕育成功

做人处世要具备优秀的品质，这将在很大程度上决定我们是否成功。俗话说得好，“外在是内心世界的反映”，内心没有的东西就无法显露出来。内在有了，外在自然也就能表现出来了。只有心灵的杰出，行为才能杰出；心灵的美好，气质才会美好，所以，人的气质、能力甚至成功在很大程度上是由内在的品质决定的。

奥里森·马登认为，一个具有优秀品质的人在任何条件环境下，都会最终超越他的同类。外部环境只能使他追求成功的过程变长，但无法阻止他最终获得成功。成功源于强烈的期盼，孕育于痛苦的挣扎，是寻找自我并最中超越自我的结果。地位可以卑微，但是心灵必须高贵，品质必须优秀。有了高贵的心灵才会有优秀的品质，有了优秀的品质，我们才可能获得成功。

在美国佛罗里达州有一名杰出的青年叫杰克，这位青年不但事业上做出了巨大的成功,成为众多年轻人的楷模,同时对社会、对社区做出了许多贡献,受到了大众的敬重。为什么这样一位年青人会拥有如此优秀的品质并做出如此巨大的成就呢？一时在美国成为了讨论的热点。

有位记者专程登门采访了这位杰出的青年杰克,杰克并没有讲述多少动人的伟大理念,而是小心翼翼地拿出了自己珍藏多年的一个精美的小镜框,镜框中间镶着一条美丽的蓝丝带,他告诉记者,是这条蓝丝带一直激励着自己,并向记者讲述了这条蓝丝带的故事……这条蓝丝带是杰克的父亲传给他的,父亲还是一个小伙子的时候是一家小旅馆的服务生,有一天傍晚旅馆来了一对年迈的夫妇,可是旅馆早已客满,找不到任何一个空房间,小伙子想尽了一切办法还是没有找到一个空房间给这对年迈的夫妇,小伙子很不忍心地把这个结果告诉了这对年迈的夫妇,看着这对夫妇无奈而失望的眼神,小伙子突然想起了什么,告诉这对夫妇“请等一等,让我再想想办法!”片刻之后父亲回来了,告诉他们已经找到了一间房子,请这对夫妇过去看看是否满意！老夫妇看到房间很小,但是很整洁,显然是刚收拾过的样子,非常满意！第二天早上,老夫妇到前台去结账付费的时候,却被告之他们不需要为这间房间付费,因为这间房间是小伙子用自己的宿舍临时改建的,而他自己却在沙发上度过了一夜。老夫妇听后非常感动,说什么都要酬谢这位可敬的小伙子,小伙子怎么都不肯接受。最后老夫妇提出了一个折衷的方案,要留下一根蓝色的小丝带给这位小伙子作纪念,以表彰他的真诚、爱心与付出,小伙子收下了。

几个月后,小伙子收到了一封来自美国乔治亚州的邀请信,邀请他出席一个重要的会议,邀请信是美国著名的希尔顿饭店老板发出,那对年迈的夫妇其实就是全美最著名的希尔顿饭店的老板,他们邀请这位可敬的小伙子去担任希尔顿饭店的首任 CEO！杰克告诉记者,这是父亲留给他的最珍贵的礼物,是她——蓝丝带一直激励着自己不断付出,不断进取。

相信这个故事能给我们很多的启示,事实上,杰克的父亲正是因为自己的优异的品质获得了希尔顿饭店的老板的青睐,从而得以担任希尔顿饭店的 CEO,而杰克也正是从父亲那里继承了这样的优秀的品质才在自己的事业上取得巨大的成功的。可见,优秀的品质的确能孕育巨大的成功!

无论何时何地,人们都喜欢结交具有优秀品质的人,排斥品行恶劣的家伙。拥有美好品行的所有原则都包含在这句话里:举止优雅招人喜爱,行为粗鲁令人厌恶。我们总是情不自禁地被一个乐善好施者所吸引——因为他总能寄予同情,给人安慰,尽其所能,帮人摆脱困境。另一方面,我们鄙视唾弃另外一种人,他们时时处心积虑想从你那儿得到什么,他们会在公共汽车或音乐厅里左挤右扛,为的是能在别人前面找到最好的位子,他们总去抢最舒服的座位,他们总是坐在餐桌上最容易伸手夹菜的位置。无论在餐厅,还是在旅馆,他们总是目无旁人,抢占位置,让别人在他们后面排队等候。

而一种优秀的品质有时会给你带来最大的益处,比如使你在第一次见面时给人留下良好的印象,或者是当你去接近一个多年就认识但关系泛泛的潜在顾客时,不表现出任何冒犯之意,不引起任何心理上的不快,相反,还要对对方抱有良好的意愿,这些行为本身就是一种极大的成就。更为重要的是,这会给你带来可观的收益。

当与一个有优秀品质的人接触时,他会挖掘出你身上存在的许多潜能,让你拥有你以前想都不敢想的能力。你因此可以独自去说你从不敢说的话,去做你从不敢做的事。这时候,谁会说他没有感觉到自己的能力在飞速提高,自己的才智在慢慢增长,自己的优势在不断增强呢?演说家的激情往往来自于听众,而他又把这种激情反馈给听众,激起他们更高的热情。但是,这种情形不同于一个化学家在实验室里把不同的化学药品混合即可得到强大的能量,演说家获得的激情不可能来自于观众中的某个个人。正是在双方的交流与融合中才产生了新的思想、新的力量。

奥里森·马登认为,成功最终属于具有优秀品质的人,这个观点不容置疑!那么,具体来讲,什么是优秀的品质?我们应该具有那些优秀的品质呢?奥里森·马登认为,一个想要成功的人必须具备的优秀品质有很多,但是并不是每个人都能成为完人,以下是每一个想要成功的人必须修炼的最基本的八大优秀品质:

保持谦虚

最傲慢的人也是最无知的人。奥里森·马登认识一些国家的总统和首相,他发现,尽管他们身边的一些人可能非常傲慢,可他们本人却从不这样。

奥里森·马登由此得出，一个人越是有地位，就越会懂得谦虚，而这也越会赢得人们的尊重。

锻炼自己的口才

大多数成功者都能够清楚地表达他们的想法和感受，激励自己的团队。而要做到这一切，锻炼自己的口才是一个不错的选择。长期坚持锻炼自己的口才，做到这一点，并不难。

百分之百的诚信

诚信与成功之间的关系，犹如山与水之间的关系。山的厚重与坚韧象征了人与人之间的信任与依靠，诚信就是山一般的品质。水的流动与冲力象征了人对自己的生活采取一种灵活与坚持的生活态度，成功就是对水一般品质的报偿。诚信与勤奋是成功的基石，一个人，不管是想成为仁者还是智者，都需要处理好诚信与成功的关系。记住一句话，“造物所忌者巧，万类相感以诚”。

学会良好的社交技巧

良好的社交技巧是社会交往的手段，掌握良好的社交技巧不仅能扩大我们的交际范围，更能让我们收获更好的交际效益，提升我们的人际交往的规格。真诚对待别人、微笑、记住别人的名字、做一个好的听众并鼓励别人谈谈他们自己、谈论别人感兴趣的话题、让别人感到自己的重要性……这些是最基本的交际技巧，我们必须掌握。

学会最得体的社交礼仪

社交礼仪是指人们在人际交往过程中所具备的基本素质，交际能力等。社交在当今社会人际交往中发挥的作用愈显重要。通过社交，人们可以沟通心灵，建立深厚友谊，取得支持与帮助；通过社交，人们可以互通信息，共享资源，对取得事业成功大有获益。随着人们相互合作、相互交往的机会日趋增多，如何学会尊重自己、尊重他人，应对自如，凸显个人魅力，这对于我们的成功是非常重要的。

总是让自己打扮得最得体

这是展示自信和对别人表示尊敬的一种方式。

多结交给人灵感并充满爱心的朋友

如果你周围总是些无聊、吝啬、冷酷的人，那么你也有可能变成这样的人。

修养比金钱更有价值，因为金钱无法买来修养

修养包含了四项内容：外表、声音、举止、言谈。

总而言之，优秀的品质有一种内在的魅力，这种魅力永恒持久，不易消逝，让人难以拒绝。没有人会去嗤笑具有这种魅力的人。因为他们焕发出了耀眼的光芒，消除了所有的偏见。无论你有多忙，有多焦虑不安，或是痛恨别人的打搅，面对这种具有令人愉悦品质的人，你都无法转过脸去拒绝，它将帮助你取得伟大的成功！

勇气使成功成为必然

人生成败全系在一个“勇”字，你能否做到勇者无畏呢？

大凡成功的人，都是智勇双全的人。歌德说：“你若失去了财富，你只失去了一点；你若失去了荣誉，你就失去了许多；你若失去了勇气，就把一切都失去了。”“智者不惑，勇者不惧，诚者有信，仁者无敌。”勇敢的人，是无所畏惧的。俗话说的好，“机不可失，时不再来。”只有勇敢的人才能抓住机遇，勇获成功。这也是奥里森·马登成功学着重强调的一点。

世界上许多伟大的成功者都属于那些敢想、敢做的人，而有些人虽然智力超群，才华横溢，但却因瞻前顾后，不知取舍而终无所获。我们常听说，天才、运气、机会、智慧是成功的关键因素,但更多的人失败是因为有三件事没有做到位,即:缺乏敢想的勇气,缺少敢做的能力,没有敢于承担成败的决心。成功是一种挑战自我的过程,对我们来说,需要有更大的胆量、更快地速度、更奇的招数才能脱颖而出,掌握先机。这就是说,敢想、敢做是我们必须遵循的成功法则。

敢 想

成功伴随敢想而来,敢想为成功扬帆起航,敢想的人,头脑长在自己的肩上;敢想的人,从不钻牛角尖;敢想的人,随时都在追寻目标,准备前进。当然,敢想不是妄想,不是瞎想,不是空想。一个没有腿的人企图跑过世界冠军,可能吗?

敢 做

敢想还要敢做,十个想法不如一个行动。在成功当中,敢做倾向于一种谋略。能不能把一件事做成功,关键看使用什么方法和技巧,只要有特殊的套路、明确地实施方案和清晰的目的,一切按计划运作,成功就指日可待。

勇气有着巨大的力量。它是成功一个很重要的因素。勇气的力量妙不可言。它能挖掘出人们想象不到的潜能。就像一个登山运动员到了一个没有退路的地方,这时的他有权选择吗?根本没有!唯一能使自己生存的只有一条路——前进。我们都认为,一个人精神上的安慰比在物质上的享受更重要。尤其是在体育对抗中所显示出的力量更是出人意料的,其实,这跟平常大人们说的"越缩越冷"的道理一样。如果越勇猛地往前撞,勇敢往前走,受到的伤害反而会越少,就像先有自信才能创造奇迹。需要注意的是,勇敢并不代表着轻率、鲁莽。

或许你认为凡事小心为好,但很多时候,正是因为想得太多,谨慎的太多,而变得不敢做得太多,失去的太多。过后,你才发现机会就像一条鱼,很滑。当它来时,你一把抓住了,它就是你的。否则,一瞬间的功夫,就已从你身旁擦过。所以,勇敢能使你得到很多,甚至让你一生受益。

生活中,真正的成功者不会把自己和周围的事物隔开,他们充满热情地关注着生活,正像奥里森·马登所说:“要热爱生活,感谢生活给予的赏赐,任何时候都不临阵逃脱,要尽力去超越自己,这样,你就会发现你的能力大大超出你的想象,你就会成为生活中的‘冠军’”。

奥里森·马登成功学告诉人们,人生的紧要处,也就那么几步,比拼的不是财力物力,而是勇气和胆量。最勇敢的人,是披荆斩棘的人,也是无私无畏、不怕被钉在十字架上的人。谁想吃果仁,谁就必须砸开坚壳。连坚壳都不能砸开的人,只能被称为懒汉与懦夫,决不会是成功者。其实我们每个人其实都具备成功的潜质,只是我们其中很多人没有勇气前行,没有勇气迈出成功的第一步罢了。

冷静保证你稳步前行

冷静,是一种心态,也是一种素质,一种思想,更是一种境界,一种品行。冷静,是智慧的修养,更是理性、豁达的深刻感悟。冷静,会给你带来成功与高品质生活的享受。一个人只有具备了冷静的性格,才能遇事不乱,稳中取胜,这是至理!这也就是告诉我们,为人处事,要冷静!做任何事情都要“先了解你要做什么,然后再去做。”这也就是说,万事应三思而后行。这对行事容易草率的人来说,是很有效的品质忠告。冷静处事,我们才能提升我们的办事效率,我们才能更容易成功。

一位美国空军飞行员说:“二次大战期间,我单独担任 F6 战斗机的驾驶。头一次任务是轰炸、扫射东京湾。从航空母舰起飞后,一直保持高空飞行,然后再以俯冲的姿态滑至目的地 300 英尺上空执行任务。然而,正当我以雷霆万钧的姿态俯冲时,飞机左翼被敌机击中,顿时翻转过来,并急速下坠。等我明白过来时,我发现海洋竟然在我的头顶。你知道是什么东西救我一命的吗?我接受训练的期间,教官会一再叮咛说,在紧急状况中要沉着应付,切勿轻举妄动。飞机下坠时,我就只记得这么一句话,因此,我什么机器都没有乱动,我只是静静地想,静静地等候把飞机拉起来的最佳时机和位置。最后,我果然幸运地脱险了。假如我当时顺着本能的求生反应，未待最佳时机就胡乱操作，必定会使飞机更快下坠而葬身大海。”

最后，这位飞行员再次强调说，“一直到现在，我还记得教官那句话：不要轻举妄动而自乱脚步；要冷静地思考，抓着最佳的反应时机。”

事实上，奥里森·马登也认为，一个人只要充分地相信自己，沉着冷静的对问题进行大胆的探索与构想，就一定能将腐朽化为神奇，把不可能化为可能。

保持冷静头脑不仅有助于我们克服和阻止急躁性格的弱点来缠绕自身，并且还有助于将急躁“冷却”下去，变得冷静。一个人有了冷静的性格，就能做事不慌乱，就能轻松地解决很多难题。

奥里森·马登的著作中讲过这么一件事情：

住在新墨西哥州阿布魁克市的泰德·考丝太太，好几年前曾为财务问题而烦恼不已。她有一位多病的母亲住在布鲁克林，为了顾人照顾母亲的起居她背上了沉重的经济负担。

为了摆脱这一不利的局面，考丝太太一时不知该如何作决定，“我取来一些纸张，然后开始分析。”考丝太太描述道，“我先让自己冷静下来，然后把母亲的收入——如有价证券、叔父给她的补助等等一一列出来，然后再列出所有开支。没多久，我便发现母亲在衣、食方面的花费极少，但那栋拥有十一间房的住所，却得花一大笔钱来维持——光是每月的电费就得二三十块钱。再加上各种杂项开支和税金，还有保险费等等，为数十分可观。当我见到这些白纸黑字的证据，便知道事情该如何处理了——那房子必须解决掉。

“从另一方面来看，母亲的身体愈来愈坏，我担心这时移动她可能不太妥当。她一直希望能在那栋房子度过余生，我也愿意尽可能成全她的愿望。于是.我去拜访一位医师朋友，请他给我一些意见。这位医师认识一名经营私人疗养院的妇人。地点离我们住的地方只有三分钟路程。”

这件事处理的结果，对每个人都十分理想。考丝太太母亲受到极好的照顾。

不错，在许多情况之下，立即行动是必要的，但一个人成大事的比例往往视其对问题“诊断”的正确度而定。有些人一面对危难之事，就开始抓耳挠腮，狂躁发怒，结果自然不会有好的结果。相反，有些人却能临危不乱，沉着冷静地应对一切危机。这就是成功者与失败者的性格界限之一。狂躁的性格常能使人毁于一旦,在通常的状况下,大部分人都能控制自己的性格,也能做出正确的决定。但是,一旦事态紧急,他们就自乱脚步,而无法把持自己。

科学研究表明,“冷静状态”能使那些由于过度紧张、兴奋引起的脑细胞机能紊乱得以恢复正常,你若处于惊慌失措心烦意乱的状态,就别指望能用理性思考问题,因为任何恐慌都会使歪曲的事实和虚构的想象乘隙而入,使你无法根据实际情况作出正确的判断。当你平静下来,再看不幸和烦恼时,你也许会觉得它实际上并没有什么了不起,正视自己和现实就会发现,所有的恐怖与烦恼只是你的感觉和想象,并不一定是事实的全部,实际情形往往比你想象的好得多。人所陷于的困境往往来源于自身,对自己和现实有一个全面正确的认识,是在突变面前保持情绪稳定的前提之一。当你处于困境时,被暴怒、恐惧、嫉妒、怨恨等失常情绪所包围时,不仅要压制他们,更重要的是千万不可感情用事,随意做出决定,要多想想别人能渡过难关,我为什么不能冷静应变,调动自己的巨大潜能去应付突变呢?

心情舒畅是冷静应变的前提,也是它的结果。但在不幸和烦恼面前,怎样才能使身心舒畅呢?奥里森·马登认为,行之有效的办法不外乎是:尽情地从事自己的本职工作和培养广泛的业余爱好,暂时忘却一切,尽情享受娱乐的快感。只要你多给人们以真诚的爱和关心,用赞赏的心情和善意的言行对待身边的人和事,你就会得到同样的回报,要学会宽恕那些曾经伤害过你的人,别对过去的事耿耿于怀。宽恕,能帮助我们弥合心灵的创伤,相信自己的情感,千万不要言不由衷,行不由己,任何勉强、压抑和扭曲自己情感的做法只能加剧自己的苦恼。

在人生旅途中,挫折与逆境是难以避免的。但只要学会冷静,那么,就会有所收获。以冷静面对社会,有利于人的反思,把逆境化顺境;以冷静面对生活,有利于苦与乐的洗练,可以享受美好的人生;以冷静面对他人,有利于善与恶的辨认,可以亲君子远小人;以冷静面对名利,有利于陶冶情操;以冷静面对坎坷,有利于磨练意志。冷静,可使人变得大度、理智、聪明和愉悦。在现实生活中,冷静是处世的诀窍,是打开成功大门的一把金钥匙。让我们从现在开始学着拥有这把钥匙吧!

诚信是成功的助推器

诚信是人的基本道德品质之一。一个诚信的人首先是一个诚实待己的人,一个敢于面对自我真实面目的人。这样的人能全面客观的审视自我,既不妄自尊大、自欺欺人,也不会妄自菲薄、自我贬低。俗话说"知己知彼,百战不殆"。对自己的情况了然于心,就已经成功了一半。因为只有那些全面把握自己优点和缺点的人,才能真正了解自我成功的可能性和局限性,既不会因为他人的赞誉或阿谀奉承忘乎所以,也不会因为别人的否定或自己的一次失败就气馁。这样的人往往会在别人惊奇的目光中从小成功走向大成功。这就是诚信所具有的特殊人格力量。拥有诚信品质的人总能看到他人看不到的事实,总能达到别人达不到的成功。可见,具备了诚信的品质,就有可能把成功握在手中。

奥里森·马登认为,成功人士不可缺少的一个重要的品质就是诚信!因为一个人很难靠孤军奋斗获得成功。获得他人的帮助、支持和理解,是成功路上的必然经历。而具备诚信品质的人,能最大限度地得到别人的帮助。从这一意义上说,诚信是走向成功的重要条件。事实上,很多闻名世界的取得过卓越成功的人,正是因为他们有了诚信,成功才随之到来。

1835年,摩根成为"伊特纳火灾保险公司"的股东。不久,有一家在伊接受保险业务的公司发生了火灾,如果按照保险规定,完全付清赔偿金,用特纳保险公司就会破产,因此股东们纷纷要求退股。

按照规章制度,摩根也可以要求退股,可是,他认为信誉比金钱重要。于是,他四处筹款,甚至卖掉了自己的房产,低价收购了所有要求退股的股份,然后将赔偿金如数返还给了投保的客户。

这无疑是一种高效率广告,一时间,伊持纳火灾保险公司声名大振,很少有人不知道这家公司的。

几乎已经身无分文的摩根就这样成了这家保险公司的"法人"。可是保险公司已面临破产,难以为继,无奈之中,他打出广告:“凡是再参加伊特纳火灾保险公司的客户,保险金一律加倍收取。”不料客户却蜂拥而至,伊持纳火灾保险公司也从此崛起。正是这次经历使得摩根开始走向了成功之路。

由此可见,诚信的力量真是不可估量!

“诚”是指诚实,“信”是指守信,合起来的意思是说,诚实正直,言而有信。诚是信的基础与前提。只有诚信于心,才能言行一致。自古以来,无论是西方还是东方,任何社会都把诚信作为美德加以推崇,诚实守信的人总能优先赢得别人的赞赏或认可。因此,诚信能为个体在社会中获得成功奠定坚实的基础。

奥里森·马登认为,作为一个单独的个体,我们不必去崇拜别人的成功,也不用去畏惧自己的失败,只要学会真诚,我们就能最大程度地把握自己的命运。

诚信能使你在与人交往中,展现出巨大的人格魅力。中国的孔子一贯主张人与人之间的交往要遵守诚信的原则。他说,“人而无信,不知其可也”。意思是说,人生在世,总要与别人交往,那么就不可避免地有一个取信于人的问题。要取信于人,就要真心诚意,表里如一,毫无矫揉造作地待人处世。那种“逢人只讲三分话,不可全抛一片心”的人生哲学,只能拉大与别人的心理距离,难以得到别人的理解和帮助。

另外,守信是人格确立的重要途径,也是人与人之间交往得以继续的前提。没有人愿意与不讲信用的人交往,只要欺骗别人一次,就很可能永远失去了别人的信任,更谈不上别人对你的帮助。当别人知道你不可靠时,你的机会就消失殆尽。客户不会喜欢与一个经常行骗的人做生意;领导不放心把一项重要的工作交给一个不值得信赖的人;朋友也不愿意与一个虚伪的人合作……尽管你有满腔成功的热望和满腹的才华,若失去了别人的信赖,你就再也没有施展才华的机会。

奥里森·马登曾经在多个场合提醒青年人:若要成功,就该把创造信誉作为自己生命里最重要的事情,不断地向别人证明你是一个可靠的人,一个值得信赖的人。人们只有相信了你,才会去相信你的观点、思想或产品。一个人拥有了诚信,就会赢得更多的朋友,更多的合作者和更多施展自己才华的机会。

那么,我们要如何才能做到真诚?具体怎样做才能算得上是诚信呢?

首先,要做到真诚,不能在外表上用功夫。说话表情和技巧虽好,而你的内心不诚，至多成为“巧言令色”的人罢了。对方如不是糊涂之辈，定会看出你的虚伪，因为内心不诚，凭你巧言令色，终有若干破绽，一旦给对方看出，人家怎么还会信任你呢？相反，内心真诚，即使拙于辞令，拙于表情，却能体现出你的真实感情，效力更大，只要对方对你素无误会，你的真诚，必能感人。

其次，与人交往切不可用欺骗手段，欺骗也许能得一时之利，却不能维持长久。如果你有过欺骗的行为，即使你某一次真的是有诚意，仍会被认为是另一种姿态的虚伪。因此，做人千万不可有任何欺骗的行为。也许你曾遇过这种人，你以诚相待，他却以“诡”回报，于是，你便对诚信的效用发生了怀疑。其实，真诚的力量是绝对的，之所以会发生例外，只是由于你的真诚不足以打动对方的心。对一切你要“反求诸己”，不必“求诸于人”，这是用真诚打动人的惟一原则。

要想使自己成为真诚的人，首先要锻炼自己在小事上做到完全诚实。当你不便讲真话时，不要编造小小的谎言，不要去重复那些不真实的流言蜚语。

这些看起来是微不足道的，但是当你真正在寻求真诚并且开始发现它的时候，它本身的力量就会使你着迷。最终，你会明白，几乎任何一件有价值的事，都包含有它本身的不容违背的真诚的内涵。如果你追求它并且发现了它的真谛，你就一定能使自己进一步完善。

平时没有树立讲诚信的好品格，到关键时刻你的话就引不起足够的重视。诚信是一种长期投资，持久地坚持这个原则，迟早会给你带来丰厚的收益。

总之，想成功就先要做一个讲诚信的人，因为诚信是成功的助推器。

宽容是最优秀的品质

关于宽容，奥里森·马登有非常精辟的论述，他说：“迁怒别人只能给自己的人际交往带来障碍，对排除困难没有好处。受到伤害的人必须有时间处理自己的愤怒，认清自己对整个事件所负的责任以及拒绝宽恕会带来的后果。而学会宽容，一切问题都会自动解决！”

事实上,宽容不仅是爱心的体现,而且是思想境界的极高升华,是一种博大高尚的境界。表面上看,它只是一种放弃报复的决定,这种观点似乎有些消极,但真正的宽容却是一种需要巨大精神力量支持的积极行为。宽容更是一种必不可少的优秀品质,一种正确的自我意识的体现。一个人只有正确地认识自己,才会有宽容的胸怀。宽容得到的收益是人际关系的协调和适应。

托尔斯泰虽然很有名,又出身贵族,却喜欢和平民百姓在一起,与他们交朋友,从不摆大作家的架子。

一次,他长途旅行时,路过一个小火车站。他想到车站上走走,便来到月台上。这时,一列客车正要开动,汽笛已经拉响了。托尔斯泰正在月台上慢慢走着,忽然,一位女士从列车车窗冲他直喊:“老头儿!老头儿!快替我到候车室把我的手提包取来,我忘记提过来了。”

原来,这位女士见托尔斯泰衣着简朴,还沾了不少尘土,把他当作车站的搬运工了。

托尔斯泰急忙跑进候车室拿来提包,递给了这位女士。

女士感激地说:“谢谢啦!”随手递给托尔斯泰一枚硬币,“这是赏给你的。”

托尔斯泰接过硬币,瞧了瞧,装进了口袋。

正巧,女士身边有个旅客认出了这个风尘仆仆的“搬运工”,就大声对女士叫道:“太太,您知道您赏钱给谁了吗?他就是列夫·托尔斯泰呀!”

“啊!老天爷呀!”女士惊呼起来,“我这是在干什么事呀!”她对托尔斯泰急切地解释说:“托尔斯泰先生!托尔斯泰先生!看在上帝的面儿上,请别计较!请把硬币还给我吧,我怎么会给您小费,多不好意思!我这是干出什么事来啦。”

“太太,您干吗这么激动?”托尔斯泰平静地说,“您又没做什么坏事!这个硬币是我挣来的,我得收下。”

汽笛再次长鸣,列车缓缓开动,带走了那位惶惑不安的女士。

托尔斯泰微笑着,目送列车远去,又继续他的旅行了。

明显,在托尔斯泰这里,宽容成了一种至高无上的精神品质。

在现实生活中,我们会遭遇很多困难与挫折,我们如果想真正很好地处理挫折、困难，消解心里对于别人的仇恨，我们就必须先学会宽容。有一位成功的商人，他在总结一生的成功经验时，只说了一句话：严于律已，宽以待人。而由此可见，宽容也是事业成功的保障。

美国第三任总统杰佛逊与第二任总统亚当斯从交恶到和解，就是一个生动的例子。杰佛逊在就任前夕，到白宫去想告诉亚当斯，说他希望针锋相对的竞选活动并没有破坏他们之间的友情，但杰佛逊还未来得及开口，亚当斯就咆哮起来，“是你把我赶走的！”二人的友情自此破裂，中止交往达11年之久。直到后来杰佛逊的几个邻居探访亚当斯，这个坚强的老人仍在诉说那件难堪的往事，但接着冲口而说出：“我一向都喜欢杰佛逊，现在仍然喜欢他。”邻居把这话传给了杰佛逊。杰佛逊也不计前嫌，他主动请了一位彼此皆熟的朋友传话，让亚当斯也知道了他的真实心理。后来亚当斯回了一封信给他，两人从此开始了美国历史上也许是最伟大的书信往来。

与这两位总统一样，美国历史上另一位著名的总统林肯也是一个非常宽容的人，他的宽容为他赢得了非常好的人缘和支持率。

林肯在竞选总统前夕在参议院演说时，遭到一个参议员的羞辱，那参议员说：“林肯先生，在你开始演讲之前，我希望你记住自己是个鞋匠的儿子。”

“我非常感谢你使我记起了我的父亲，他已经过世了，我一定记住你的忠告，我知道我做总统无法像我父亲做鞋匠那样做得好……”那位参议员无言以对。

林肯转过头来，对那个傲慢的议员说：“据我所知，我的父亲以前也为你的家人做过鞋子，如果你的鞋子不合脚，我可以帮你改正它。虽然我不是伟大的鞋匠，但我从小就跟我的父亲学会了做鞋子的技术。”

然后，他又对所有的参议员说：“对参议院的任何人都一样，如果你们穿的那双鞋是我父亲做的，而他们需要修理或改善，我一定尽可能的帮忙。但有一点可以肯定，我父亲的手艺是无人能比的。”

说到这里，所有的嘲笑化作了真诚的掌声。

有人批评林肯总统对待政敌的宽容态度：“你为什么试图让他们变成朋友呢？你应该想办法打击他们，消灭他们才对。”

“我们难道不是在消灭政敌吗？当我们成为朋友时，政敌就不存在了。”林肯总统温和地说。

这就是林肯总统消灭政敌的方法,用宽容,将敌人变成朋友。

林肯两度被选为美国总统。今天,在以林肯名字命名的纪念馆的墙壁上刻着的是这样的一段话:“对任何人不怀恶意;对一切人宽大仁爱;坚持正义,因为上帝使我们懂得正义;让我们继续努力去完成我们正在从事的事业;包扎我们国家的伤口。”

从某种意义上讲,宽容不是对原则问题的一种让步,而是对他人的一些非原则性的缺点和过失的一种宽容和谅解。林肯很好地意识到了宽容的本质,在他看来,宽容是解决问题的手段和技巧。

林肯的做法可以给我们带来很多的启示。可能有人认为,宽容看起来是一件很矛盾的事,但我们想一下,如果不宽容而去伤害,那就只能导致冤冤相报的恶性循环,那么就会出现“冤冤相报何时了”的后果。同时,不肯宽容别人的人往往使自己吃苦,他们会因此失眠、肠胃不适,甚至还会引心理疾病。然而一旦宽容别人之后,他们就会超越一次巨大的挫折——一种可以称为再生的心灵净化过程。当然,受到伤害的人必须有时间处理自己的愤怒,认清楚自己对整个事件所负的责任以及拒绝宽恕会带来的后果,然后宽容才能发挥最好的功效。

意志力让你永不放弃

意志力是指人们为达到既定目的而自觉努力的程度。人在意志力的表现过程中会受到兴趣、情绪情感的影响。由于人的生活经历、文化素养、道德修养、思想方法和价值观念诸方面存在的差异形成了人对某一事物所持的态度、行为的不同。奥里森·马登这样说:“从某种意义上说,意志力通常是指我们全部的精神生活,而正是这种精神生活在引导着我们行为的方方面面。”

要成功必须有坚强不屈的意志品质。奥里森·马登认为,没有意志力的人永远不会拥抱成功。因为,人的意志力的力量是无穷的,一切困难它都可以克服，不论要有多么长的时间，付出多大的代价，无坚不摧的意志力终能帮助人达到自己的目的。

有一天，某个农夫的一头驴子，不小心掉进一口枯井里，农夫绞尽脑汁想办法救出驴子，但几个小时过去了，驴子还在井里痛苦地哀嚎着。

最后，这位农夫决定放弃，他想这头驴子年纪大了，不值得大费周章去把它救出来，不过无论如何，这口井还是得填起来。于是农夫便请来左邻右舍帮忙一起将井中的驴子埋了，以免除它的痛苦。

农夫的邻居们人手一把铲子，开始将泥土铲进枯井中。当这头驴子了解到自己的处境时，刚开始嚎叫得很凄惨。但出人意料的是，一会儿之后这头驴子就安静下来了。农夫好奇地探头往井底一看，出现在眼前的景象令他大吃一惊：

当铲进井里的泥土落在驴子的背部时，驴子的反应令人称奇——它将泥土抖落在一旁，然后站到铲进的泥土堆上面！

就这样，驴子将大家铲倒在它身上的泥土全数抖落在井底，然后再站上去。很快地，这只驴子便得意地上升到井口，然后在众人惊讶的表情中快步地跑开了！

很多人把这个故事命名为“一头驴的意志”，这个名字很好地概括了这个小故事的最本质的意义。驴子凭借自己对生命的渴望、凭借自己的生存意志，解救了自己。这是一种伟大的求生力量，更是一种卓越的生命品质。事实上，就如驴子的情况，在生命的旅程中，有时候我们难免会陷入“枯井”里，会有各式各样的“泥沙”倾倒在我们身上，而想要从这些“枯井”脱困的秘诀就是：凭借顽强的意志，将身上的“泥沙”抖落掉，然后站到上面去！

相信，一头驴能做到的努力，我们也不会落后。

意志力是一种非常神奇的力量，看不着、摸不着，然而它却能在我们最需要的时候爆发，给我们以巨大的力量，帮助我们战胜困难！尤其是我们在面对巨大困难的时候。

能控制自己的意志力的人，会具有推动社会的伟大力量。这种巨大的力量可以实现他的期待，达到他的目标。如果一个人的意志力像钻石一样坚固，并以这种意志力引导自己奋力向前，那么一切困难，都会迎刃而解。

史蒂芬·霍金是当代享有盛誉的伟人之一，被称为在世的最伟大的科学家，当今的爱因斯坦。他在统一20世纪物理学的两大基础理论——爱因斯坦的相对论和普朗克的量子论方面走出了重要一步。1989年，他获得英国爵士荣誉称号，他还是英国皇家学会学员和美国科学院外籍院士。

霍金的魅力不仅在于他是一个充满传奇色彩的物理天才，也因为他是一个令人折服的生活强者。他不断求索的科学精神和勇敢顽强的人格力量深深地吸引了每一个知道他的人。

霍金出生于1942年1月8日，曾先后毕业于牛津大学和剑桥大学三一学院，并获剑桥大学哲学博士学位。在大学学习后期，开始患"肌肉萎缩性脊髓侧索硬化症"（运动神经疾病），半身不遂。他克服身患残疾的种种困难，于1965年进入剑桥大学冈维尔和凯厄斯学院任研究员。这个时期，他在研究宇宙起源问题上，创立了宇宙之始是"无限密度的一点"的著名理论。1969年起，他开始任冈维尔和凯厄斯学院科高级研究员。1972－1975年先后在剑桥大学天文研究所、应用数学和理论物理学部进行研究工作，1975－1977年任重力物理学高级讲师，1977－1979年任教授，1979年起任卢卡斯讲座数学教授。其间，1974年当选为皇家学会最年轻的会员。1974－1975年为美国加利福尼亚理工学院费尔柴尔德讲座功勋学者。1978年获世界理论物理研究的最高奖爱因斯坦奖。霍金的成名始于对黑洞的研究成果。在爱因斯坦之后融合了20世纪另一个伟大理论——量子理论，他认为，宇宙是有限的，但无法找到边际，这如同地球表面有限但无法找到边际一样；时间也是有开始的，大约始于150亿到200亿年前。1988年，他获得了沃尔夫物理学奖。

1985年霍金丧失语言能力，表达思想唯一的工具是一台电脑声音合成器。他用仅能活动的几个手指操纵一个特制的鼠标器在电脑屏幕上选择字母、单词来造句，然后通过电脑播放声音，通常制造一个句子要5、6分钟，为了合成一个小时的录音演讲要准备10天。1988年写成科普著作《时间简史》，至1995年10月该书发行量已超过2500万册，译成几十种语言。

霍金的成功得益于他顽强的意志，没有顽强的生命意志，他成就不了自己的人生。作为局外人，从霍金的经历，我们也能感受到坚强意志的神奇效应。如果霍金是一个没有坚强意志力的人，那么，人类将会失去一位伟大的科学家，这将是难以估量的损失。

那么，我们应该如何培养自己的意志力呢？

奥里森·马登指出，坚强的意志不是一夜间突然产生的，它在逐渐积累的过程中一步步地形成。中间还会不可避免地遇到挫折和失败，必须找出使自己斗志涣散的原因，才能有针对性地解决。

当然，磨炼意志也有最简单的方法。早在1915年，心理学家博伊德·巴雷特曾经提出一套锻炼意志的方法。其中包括从椅子上起身和坐下30次，把一盒火柴全部倒出来，然后一根一根地装回盒子里。他认为，这些练习可以增强意志力，以便日后去面对更严重更困难的挑战。巴雷特的具体建议似乎有些过时，但他的思路去给人以启发。例如，你可以事先安排星期天上午要干的事情，并下决心不办好就不吃午饭；你可以计划用一个星期的业余时间读完一本书，读不完就不睡觉；你可以坚持每天早晨6点钟准时起床，如果有一次做不到就在炎炎的烈日下罚站自己30分钟或者围绕楼栋跑十圈等等。实践证明，每一次成功都将会使意志力进一步增强，如果你用顽强的意志克服了一种不良习惯，那么就能获取战胜另一种不良习惯的信心。

谦虚是成功的奠基石

人生有限，精力有限，这就注定了学贯古今、识穷天下对任何一个人来讲都毫无实现之可能，也就是说每一个人都存在无知和不足，那么，虚心、不自满就应该成为人们的一种共同心态，也就是说，人人都要谦虚。

谦虚是一种美德，是成功的基石，是成功者持续成功的保障。一个人是否谦虚，是能衡量出他品格高下的。有些人，做一点好事，取得一点成绩，就像母鸡下蛋一样，大嚷大叫，惟恐别人不知道。然而，也有些人，即便取得了惊人的成就，也不声不响，像登山队员似的，登上一座山峰，又朝更高的山峰攀登了。

奥里森·马登在其著作中明确指出，我们只有学会谦虚，我们才能取得更大的进步和更大的成功。这是自古以来已经被无数名人证明的真理。

有一天,苏格拉底的弟子聚在一块聊天,一个出身富有的学生对其他同学夸耀他家在雅典城附近有一片很大很大的庄园。

苏格拉底在一旁不动声色的拿出了一张地图,对这个学生说:“麻烦你指给我看,亚细亚在哪里?”

“这一大片都是。”学生说。

“很好,那么,希腊在哪里?”

学生好不容易在地图上找出一小块地方来,但和亚细亚相比,实在是小多了。

“雅典在哪里?”

学生指着一个小点说:“好像是在这儿”。

“现在,请你指一下你那块很大很大的土地。”

学生满头大汗。他的田地在地图上连个影子都没有。

苏格拉底,不但才华横溢著作等身,而且广招门生奖掖后进,运用著名的启发谈话启迪青年智慧。每当人们赞叹他的学识渊博,智慧超群的时候,他总谦逊地说:“我唯一知道的就是我自己的无知。”

被人们称颂为“力学之父”的牛顿发现了万有引力定律,在热学上,他确定了冷却定律。在数学上,他提出了“流数法”,建立了二项定理,和莱布尼兹几乎同时创立了微积分学,开辟了数学上的一个新纪元。他是一位有多方面成就的伟大科学家,然而他非常谦逊。对于自己的成功,他谦虚地说:“如果我见的比别人要远一点,那是因为我站在巨人的肩上的缘故。”他还对人说:“我只像一个海滨玩耍的小孩子,有时很高兴地拾着一颗光滑美丽的石子儿,真理的大海还是没有发现。”

扬名于世的音乐大师贝多芬,谦虚地说自己“只学会了几个音符”。

科学巨匠爱因斯坦说自己“真像小孩一样的幼稚”。

法国化学家安德烈在取得了巨大的科研成就后,当选为英国皇家学会会员,欧文斯学院专门为他设立了有机化学的新教授职位,格拉斯大学选他为名誉博士,这许多荣誉丝毫没有改变他的谦虚为人。安德烈逝世后,英国皇家学会在悼文中称他“是世界上最谦虚的人。”

美国伟大的物理学家富兰克林,一生勤于创造发明,赢得过不下一百个学位和头衔；但他的墓碑上，却刻着他生前为自己撰写的几个简单文字：印刷工富兰克林之墓。

克雷洛夫是俄国18世纪伟大的寓言作家，他的寓言写得既多又好。有一次，他的一位朋友夸赞说："你的书写得真好，一版销完又印一版，比谁的都印得多。"克雷洛夫却这样回答："不，不是我的书写得好，是因为我的书是给孩子们读的，谁都知道，孩子们是容易弄坏书的，所以版次多一些。"

如果大多数人们都认识不到自己的无知和不足，或者是认识到了但仍然固步自封、自以为是，谦虚便显得弥足珍贵。由于各种各样的原因，自人类进入文明社会以来，谦虚的人总是少一些，不谦虚的人总是多一些，所以谦虚就成为了人类社会的一种传统美德。这也说明要做到谦虚并不是一件很容易的事。做到谦虚需要有大智慧。

做到谦虚的前提是自知，要知己所知、知己所不知、知己所长、知己所短，因为唯有自知之后方能虚心、不自满。不能自知是愚昧，自知却不愿意加以完善和提高则是自弃。谦虚更深的涵义是知己无知后不耻下问的处处努力学习，知己不足后精益求精的积极改进，这就需要正确的看待自己、尊重自己，正确的看待他人、尊重他人。因为只有正确的看待自己、尊重自己，才能坦然的承认自己的无知和不足，而不会不懂装懂，自取其辱；只有正确的看待他人、尊重他人，才能发现他人的长处和优点，得到他人真诚的帮助。

内心固执己见，自命不凡，在人前却刻意做出一副很虚心的样子，这不是谦虚是虚伪；总是自惭自责、自怨自艾，对自己全无一点信心，遇事处处逃避，这不是谦虚是自卑。

做一个谦虚的人，就要保持一颗平静的心，无论是身居高位还是地位卑微，无论是名家巨匠还是初学少年，闻道有先后、术业有专攻，尺有所短、寸有所长，没有任何一个人能在每一个方面都超过别人。

做一个谦虚的人，就要保持一颗坦荡的心，既不因自身的长处而骄傲、不因自身的短处而气馁，也不因别人的优点而妒忌、不因别人的不足而嘲笑，十全十美的人在世间从来不曾出现过。

做一个谦虚的人，就要保持一颗进取的心，知识的海洋浩瀚无边，虽然即使穷尽毕生精力也只能掬起一朵浪花，但在不断自我超越的过程中，人生会变得更加充实，自身价值会不断得到提升。

谦虚，不仅仅是一种优秀品格，更是一种推动人类共同进步的伟大力量

责任感帮助我们成功

责任感是一个人能够立足于社会、获得事业成功与家庭幸福的至关重要的人格品质。奥里森·马登认为：“一个人若是没有热情，他将一事无成，而热情的基点正是责任感。”一位成功的企业家也曾说过，一个人必须有责任感，不管你做什么，做一天就得做好一天，这种责任感会在以后的路上给你以很大的帮助。

奥里森·马登还指出，保持自己的责任感是一个人最起码的品质。一个人的责任感体现在许多方面，比如自己能独立判断、选择并接受其相应的后果，不怨天尤人；做事善始善终，注重效果，而不敷衍了事，马虎草率；不推卸自己对社会、家庭及他人的义务；做事不可以自我为中心，心中有他人等等。

责任感是最能把我们的潜在能量激发出来的东西。从来没有承担过责任的人，是决不会有任何的作为的。有许多身体强健的青年，却处在十分卑微、受人管束的地位，他们之所以老是处于这样的地位，那是因为，他们从来没有勇于承担重大责任的时刻，这就无法激发他们潜藏着的内在力量。于是，他们只是依照着人家所规划的去做，从不想别出心裁，来表现自己的才能。

责任从本质上说，是一种与生俱来的使命，责任就是对自己所负使命的忠诚和信守，责任就是人性的升华，当一个人虔诚地对待工作和生活时，他必然能感受到责任所带来的力量，只有那些勇于承担责任的人，才能出色地完成工作，才有可能被赋予更多的使命，一个缺乏责任感的人，或者一个不负责任的人，首先失去的是社会对自己的基本认可，其次失去了别人对自己的信任和尊重，最终也将失去了自身的信誉和尊严。

在波涛汹涌的大海上，一艘轮船不幸失事。大副带着幸存的9名水手跳上了救生艇，在海面上漫无目标地漂流。10天过去了，大家依然看不到一丝获

救的希望。大副守护着仅存的半壶水,不许那9个人碰它一下——有水就有活下去的希冀,没有了水,大家就再也难以撑下去了。大副是救生艇上惟一带枪的人,他用枪口对着那9个随时都有可能疯狂地冲上来抢水的水手,任凭他们对着自己咒骂咆哮。

在这9个人当中,最凶悍的是一个秃顶的家伙。他把双眼眯成一道缝,威胁地盯着大副,用他那沙哑的破嗓子奚落他道:"你为什么还不认输?你无法坚持下去了!"说着,他猛地蹿上来,伸手去抢壶。大副毫不客气地用枪对准了他的胸膛。秃顶叹一口气,乖乖地坐下了。

为了保护这半壶维系着生命之希冀的淡水,大副已是两天两夜没有合眼了。他告诉自己一定要挺住,否则,秃顶他们会用鲁莽的举动亲手把所有落难者推进死亡的深渊。然而,干渴和困倦折磨得他再也撑不下去了,他握枪的手一点点软下去,软下去……惶急中,他居然把枪塞给了离他最近的秃顶,断断续续地说:"请你……接替我。"然后就脸朝下跌进了船舱。

十多个小时过去了,黎明时分,大副醒了过来,他听到耳畔有个沙哑的声音说:"来,喝口水。"———是秃顶!

秃顶一只手拿着淡水壶,另一只手稳稳地握住枪对着其余8个越发疯狂的水手。看到大副满脸疑惑,秃顶略显局促地说:"你说过,让我接替你,对吗?"

九个人,半瓶水,他们在大海上漂流了三天两夜,最后他们终于获救。

是什么挽救了这九个人的生命?我们可以毫不犹豫地说:"是责任感!"是大副的责任感,是秃顶的责任感。试想一下,如果大副不勇于承担起保护那半瓶水的责任,如果秃顶不能接受大副交付给他的责任,那么船上会发生什么状况?他们还能活着走出那一片茫茫的大海吗?不能!这时候,责任感是伟大的!它的力量更是伟大的!

奥里森·马登认为,应付困难和创造事业需要独立进取的性格,而这种性格只有在重大的责任的重担下才会激发出来。在我们每个人的身体里都潜伏着的巨大能力,能否会被释放出来完全取决于你所处的环境的强大责任感。没有这种责任感,即使有再大的雄心壮志,你的斗志也未必会被激发出来。

承担责任需要有广阔的胸怀,在很多时候,承担责任无异于承担风险,有时甚至要蒙受委屈,承担责任还需要有顾全大局的“弃我”精神做支撑。

做人是要讲责任感的。承担责任,还要有承担责任的勇气和能力。君子敏于行,讷于言,少说多干,讲求实效,把责任看做重于泰山,以大无畏的精神承担责任,履行责任,这才是做人的根本。

没有责任感很难取得伟大的成功。所以说,做一个勇于承担责任的人吧,如果你是一个正在期待成功的人!

进取心创造成功机遇

奥里森·马登曾经聘任了一个年轻小姐为自己的助手,她的工作就是听马登口述,然后记录内容,及专门替他阅读、分类及回复他的大部分私人信件。马登给她的报酬和其他从事类似工作的人大体相同。

一次,奥里森·马登口述了一句格言,并让她用打字机打下来。这句格言是:“注意,你惟一的限制就是在你的脑海中为自己所设立的那个限制。”然而,令马登没有想到的是,当那位小姐拿着打好的纸张交给自己时,她说:“你的格言很有价值,它使我产生了一个想法。”

说实话,这件事并没有引起奥里森·马登的足够重视,但是自从那天起,那位小姐开始在用完晚餐后回到办公室做一些根本不是她分内的事,也没有任何报酬的工作。并且她开始把写好的回信送到奥里森·马登的办公桌。她已经把马登回信的风格研究得非常清楚了,每封信都回复得和马登一样好,有时甚至比奥里森·马登自己写得更好。后来,马登的私人秘书因故不得不辞掉工作,马登在考虑找一个人来替补他的秘书职位时,他本能地想起了那位年轻的助手。事实上在马登还没有给予她这个职位之前,她就已经接收了这个职位。这是因为她在自己的额外时间且没有任何报酬的情况下对自己加以训练,终于使自己具备了出任马登属下人员中最好的职位的资格,这就是那句格言的作用。

更有趣的情形还在后面,那位年轻小姐的办事效率实在太高,不可避免地被其他一些人所注意，都愿意为她提供一个很好的职位并且附带特别高的薪水来聘任她，这使得马登不得不提高她的薪水，因而那位年轻小姐的薪水已经比她来时高出了四倍。马登只能这样做，因为这位小姐的身价现在不能和往昔相比了，最重要的是她使自己对奥里森·马登的价值增大了，失去她这个助手将会是一大损失。

探究这位小姐成功的原因，就是她自身所具有的那种强烈的进取心。这种强烈的进取心除了使她的薪水一次次提高外，还给她带来了一个莫大的好处：正是她自身已经具备了进取心，才使她所做的一切工作都不是在命令驱使下的被动行为，而是积极主动地去做。所以她工作时不会感到那种被动的、不得已的感觉，而是表现出一种非常愉悦的感觉，她的工作已经不是原来意义上的工作了，而已经成为一个极为有趣的游戏，她充满兴致地去玩。她经常第一个来到办公室，而且在其他同事一听到下班的铃声就离开办公室时，她还留在办公室里，但是给人的感觉却是她的工作时间反而比其他工作人员要短。对于特别喜欢分内工作的人来说，工作常常是一种享受。

不管你处于社会的哪一个行业，每天都应该使自己获得一个机会，使自己能够在本职工作之外，做一些对别人有意义的事。在你主动做这些事时要明白，你的目的并不是为了获得金钱，而是想获得更加强烈的进取心，强烈的进取心是使你在选择的终身事业中有所建树的一种优良品德。

贝斯和盖斯勒曾经是费城一家电视公司的制作人，他们发现录影片比影片本身具有更好的市场适应性，虽然他们并非一流的制作专家，但他们决定合伙组建自己的公司。

于是他们开始了自己的事业生涯，由于他们无法制作一流的节目，故决定提供一些其他有价值的服务，如他们提供最好的设备和空间给其他制作公司使用。虽然他们很早就进入这一行，但是他们仍然面临竞争，为了扩大市场占有率，他们不惜冒风险与可能没有付款能力的人签约，经过一段时间，他们发现效果不错。

贝斯和盖斯勒没有满足于眼前的业绩，而是积极进取，进一步寻找新的利润增长点。他们知道，他们的客户同样必须满足自己的客户，因而除了提供设备和空间之外，他们还提供一些最新技术，以帮助他们的客户解决难题。盖斯勒在接受奥里森·马登的《成功》杂志采访时说:“我们告诉客户他们可能想都没有想到的技术,他们得到好评,而我们得到付款。”

贝斯和盖斯勒的公司主营业务是制作表演节目,除此之外,他们还为录影技术人员提供培训讲座,为一些公司,像IBM、花旗银行等提供公司内部通讯服务,也就是为位于纽约、洛杉矶等不同城市的人员连线,以便为他们召开的电视会议服务。

贝斯和盖斯勒并非是最先洞察到视讯系统在未来市场上会拥有一片天空的人,但由于他们采取行动、制定计划、承担风险和提供他人没有提供的服务的进取心,因此使得他们开创了一个新兴行业,并由此获得了巨大成功。

艾美是一家公司的营销企划人员,她发现该公司视为失败的一项产品——白雪洗发液,是一种价格低廉而且不含添加剂的洗发液,这种洗发液没有华丽的包装,但却能吸引很在意价格的消费者。于是她决定再次为“白雪”全力以赴,并将市场开拓计划书呈递给管理层,告诉他们“白雪”的价值所在,最后经理接受了她的提议,而“白雪”最后也成为该公司销售得最好的洗发液。由于“白雪”销售成功,艾美成为该公司一家子公司的负责人。后来她又研创了一系列新的护发产品,并积极开拓市场,这些产品最后也都获得了巨大的成功。

积极的进取心使艾美获得认同、进步和选择工作的机会。如今艾美已成为布瑞尔集团的执行副总裁,该集团所从事的正是市场行销服务,她不断地以她的个人进取心为公司引进更多更好的产品,所以她的成功与她的不懈追求是分不开的。她的公司同样了解她愿意提供超过她应该提供的服务,哈佛商业学校也颁给她“马克思和柯恩卓越零售奖学金”,而《美金和意识》杂志则称许她为“前100名商业职业妇女”之一。

通过这些事例,我们不难看见,个人进取心的确是获取成功的最重要的品质之一。

中篇

抓住机遇，勇获成功

第五章 让目标达到沸点

第六章 别让成功的机遇从你边溜走

第七章 你的职业就是你的雕塑

第八章 积极的心态是成功的前提

↓第五章
让目标达到沸点

一个人想要获取成功，就必须把自己的所有才能都集中在一个绝不会动摇的目标上，而且，还要具有那种不成功、毋宁死的坚韧决心。

梦想是成功者的行囊

有一个人生充满失败的人对奥里森·马登吹嘘说，他只对自己一个错误不感到后悔，那就是建造空中楼阁。

奥里森·马登指出，这个人之所以终生充满失败，就是因为他没有在年轻的时候练就本领，没有花费力气为自己的“楼阁”打好基础，而并不是他有建造空中楼阁的梦想。

现实生活中，有些人非常蔑视做梦的人，喜欢贬低建造空中楼阁的行为。可事实上，人类历史上所有重要的成就几乎都是做出这些成就的人先在脑海之中有一个空想的目标的。

奥里森·马登指出，如果你有一个梦想并且正在努力给予这个梦想以坚实的基础，那么，你所走的路就一定是有意义的。

奥里森·马登还在《奋力向前》一书中这样写道：一个人，他可以一无所有，但不能没有梦想；一个人若想成功，首先要明确自己最爱的是什么，最渴望的是什么，梦想做什么。谁也不能没有远大梦想便干成大事。梦想是一切成就的驱动器。正是这一品质将成功者与苦干家、个性威严者与生性懦弱者区别开来。这辈子干什么、成为什么样的人、取得什么成就，在很大程度上取决于你的梦想。

的确，梦想是最伟大的目标，梦想不高远，你的人生目标也就不会伟大，你的人生舞台就不会广大。当然，光有梦想还不够，还要通过实干为自己实现梦想，但无论这么说，梦想都是成功的第一步，

有两位年轻人，一个叫柏波罗，一个叫布鲁诺，他们是堂兄弟，都是不甘于贫穷的人。他们住在新泽西的一个大村子里。

他们两人常常谈论，在某一天通过某种方式，让自己可以成为村里最富有的人。他们都很聪明而且勤奋，他们所需要的只是机会。

有一天，机会来了。村里决定要雇用两个人把附近河里的水运到村广场的蓄水池里去。村长把这份工作交给了柏波罗和布鲁诺。

两个人各抓起两只水桶奔向河边开始了他们辛勤的工作。当一天结束时，他们把村广场的蓄水池装满了。村长按每桶水一分钱付钱给他们。

"我们的梦想终于实现了！"布鲁诺大喊着，"我简直不敢相信我们的好运气。"

但柏波罗却不是这样想的，他认为这并不算是梦想的实现，只能说是梦想的一个契机。

他的背又酸又痛，用来提那重重的水桶的手也起了泡。他害怕每天早上起来都要去做同样的工作。于是他发誓要想出更好的办法，来将河里的水运到村里来。

"布鲁诺，我有一个计划，"第二天早上，当他们抓起水桶去河边时柏波罗说道，"一个桶水才1分钱的报酬，却要这样辛苦地来回提水，我们不如修一条管道，将水从河里引进村里去吧。"

布鲁诺愣住了。

"一条管道？谁听说过这样的事？"布鲁诺大声地嚷道，"柏波罗，我们拥有一份很棒的工作。我一天可以提100桶水，一天就是1元钱！我已经是富

人了！一个星期后,我就可以买双新鞋。一个月后,我就可以买一头牛。6个月后,我还可以盖一间新房子。我们有全镇最好的工作。我们这辈子都不用愁了！放弃你的管道幻想吧。”

柏波罗不是一个容易气馁的人,他耐心地向他最好的朋友解释这个计划,可惜的是,这并不能改变布鲁诺的想法。于是柏波罗决定,即使自己一个人也要实现这个计划,他将一部分白天的时间用来提桶运水,用另一部分时间以及周未的时间来建造他的管道。他知道,要在像岩石般坚硬的土壤中挖出一条管道是多么艰难的事。因为它的薪酬是根据运水的桶数来支付的。他知道在开始的时候,自己的收入会下降。他也知道,要等上 1 年,2 年,甚至更多的时间,他的管道才能产生可观的效益。但是他坚信,只要自己能够坚持下去,他的梦想会实现,于是他全力以赴地去做了。

不久,布鲁诺和其他村民就开始嘲笑柏波罗了,称他为“管道建造者柏波罗”。布鲁诺挣到的钱比柏波罗的多一倍,并常向柏波罗炫耀他新买的东西。他买了一头毛驴,配上全新的皮鞍,拴在了他新盖的两层楼旁。

他还买了亮闪闪的新衣服,在饭馆里吃着可口的食物。村民尊敬地称他为布鲁诺先生。他常坐在酒吧里,掏钱请大家喝酒,而人们则为他所讲的笑话高声大笑。

当布鲁诺晚上和周未在吊床上悠然自得时,柏波罗却还在继续挖他的管道。头几个月里,柏波罗的努力没有多大的进展。他工作得很辛苦——比布鲁诺的工作更辛苦,因为柏波罗晚上、周未也还在工作。

但柏波罗不断地提醒自己,实现明天的梦想是建立在今天的牺牲上面的。一天一天过去了,他继续地挖,一次只能挖 1 英寸。

1 英寸又 1 英寸……成为 1 英尺。他一边挥动凿子,打进岩石般坚硬的土壤中,一边重复这句话。1 英寸又 1 英寸……成为 1 英尺,然后 10 英尺,……20 英尺……100 英尺……

“短期的痛苦带来长期的回报。”每天的工作完成后,筋疲力尽的柏波罗跌跌撞撞地回到他那简陋的小屋时,他总是这样提醒自己,自己是在为梦想而努力。他通过设定每天的目标来衡量自己的工作成效。他这样一直坚持下来,因为他知道,终有一天,回报将大超过此时的付出。

每当他入睡前,耳边尽是酒馆中村民的嘲笑声。“目光要牢牢地盯在回报上。”他一遍又一遍的重复这句话。

就这样一天天,一月月地过去了。有一天,柏波罗意识到他的管道已经完成了一半了,这也意味着他只需提桶走一半路程了。又一天天,一月月地过去了,柏波罗继续建造着自己的建造管道。终于,完工的日期越来越近了。

在他休息的时候,柏波罗看到他的老朋友布鲁诺还在费力地运水。布鲁诺的背驮得更厉害了,并由于长期的劳累,步伐也开始变慢了。布鲁诺显得很生气,闷闷不乐,好像是为他自己注定一辈子要运水而愤恨的样子。

他在吊床上的时间减少了,却花更多的时间泡在酒吧里。当布鲁诺进来时,酒吧的老顾客们都窃窃私语:“提桶人布鲁诺来了。”当镇上的醉汉模仿布鲁诺弓腰驮背的姿势和他拖着脚走路的样子时,他们都咯咯地大笑。布鲁诺不再请大家喝酒了,也不再讲笑话了。他宁愿独自坐在漆黑的角落晨,被一堆空酒瓶所包围,他已经没有了梦想,也没有了生活的动力。

最后,柏波罗的重大时刻终于来了——管道完工了!村民们簇拥着来看水从管道中流到水槽里!现在村子里有源源不断的新鲜水了。附近其他村子里有人也都纷纷地搬到这个村子中来了,于是这个村子就发展和繁荣起来了。

管道一完工,柏波罗就再也不用提水桶了。无论他是否工作,水都一直源源不断地流入。他吃饭时,水在流入。他睡觉时,水在流入。当他周未去玩时,水还在流入。流入村子里的水越多,流入柏波罗口袋里的钱也就越多。

这是个美国版的愚公移山的故事。我们为许多人缺乏远见而感到悲哀。但现实令我们又不得不承认,大多数人是生活在一个“提桶”的世界里,只有一小部分人敢做建造管道的梦。你是谁?提桶者还是管道建造者?梦想在这其中起了重要的作用

梦想是支撑我们自身追求的一种精神力量,也是我们日益进取的动力源泉。对于任何一个想要成功的人来说,拥有梦想都是迈向成功的第一步。且不说拿破仑的那句旷世名言,“不想当将军的士兵不是好救死士兵”,就说

我们平日常见的那句曾长时间停留在央视屏幕上的广告词："心有多大，舞台就有多大"也激励了芸芸众生。

然而，很多人还是一生碌碌无为，或者许多年来一直处在一种停滞不前的状态，究其原因，答案在于：是否拥有梦想？拥有梦想之后是否把它付诸实践之中？梦想不同于空想，空想家只是在白天做梦而已，并不付诸于行动。真正的梦想，无论大小，无论高下，最终都一定要用成果来兑现，否则最多只是一个令人遗憾的、但对这个世界没有任何意义的愿望的表达，甚至只是一大通大话而已。

拥有梦想，然后再勇于实践，在这个美丽的世界里有很多是我们可以梦想得到而且是能够得到的。请相信，我们有实现自己梦想的权利，也有实现自己梦想的能力。

如何制订合适的目标

哥伦布在探险时，在每天的航海日志的末尾都写着同样的一句话："今天我们继续前进！"这句话看似平凡，其实却豪放无比，其中蕴含着的伟大的目标和决心。

英国首相丘吉尔是一位有名的演讲家。他的最后一次演讲是在一所大学的结业典礼上，这次演讲大约只持续了 2 分钟，在这 2 分钟内，他只讲了两句话："坚持到底，永不放弃！坚持到底，永不放弃！"而就是这两分钟、两句话，却成为历史上最有名的演讲之一。

有一位老太太，在 70 岁时开始学习登山，不怕年事已高，不畏登山艰难，在以后的日子里奋勇前行，终于在 95 岁高龄之际登上了日本的富士山，并打破了登上富士山的最高年龄记录，她就是胡达·克鲁斯老太太。

看，目标的力量就是如此之神奇！

对于一个想成功的人来说，奥里森·马登认为，必须把你的所有才能集中在一个绝不动摇的目标上，还要有那种不成功、便成仁的坚韧决心。

有了目标也就有了人生追求的高度,而人一旦有了追求,成功也就不再遥远。每个人都应该有一个能够让自己信服且为之奋斗的目标,这个目标并不一定是个确定的值,而是自己设定的在将来的某个时间点要达到的成就。

对现状来说,目标总是很遥远的。但是如果你懂得如何看待,它便不再可怕,而会成为你奋斗的发动机及人生导航。当你明确了你的人生目标,你要懂得将它分解,这样,你就不需要天天想这那个离你遥远的总目标而沮丧,而只是想着离你现在最近的那个目标,就象游戏过关一样,一关一关的过了,随着时间的推移,实现你的人生目标一定是水到渠成。当你明确了你的人生目标,你便找到了人生的主流,也就是找到了奋斗的方向。你便会明白:做什么事情是重要的,什么事情是不重要的;什么样的知识是你必须掌握的,什么样的知识你不掌握也没关系。

那么,应该如何制定目标呢?

奥里森·马登认为,制定任何目标的时候,首先要确定的是:我想制定的这样一个目标是否真的现实呢?

这也就是说,制定一个现实的目标非常重要,这是最终可能成功的根本保障。很多人之所以失败,实际上是注定的——因为他们的目标首先是不现实的。如果希望能够保证目标是现实的,那么就要尊重现实、遵守常识。

在制定目标之前,我们该做什么?

一、评估自己的长处和短处。

我们每个人都有自己独特的技能、天赋和能力。在当今分工非常细的市场经济社会里,每个人擅长于某一领域,而不是样样精通。根据个人情况,请做个表,列出您自己喜欢做的事情和你的长处所在。同样,通过列表,你可以找出自己不是很喜欢做的事情和你的弱项。找出你的短处与发现你的长处同等重要,因为你可以基于自己的长处和短处做两种选择:一是努力去提高长处,充分发挥你的优势;二是放弃那些对你不擅长的技能要求很高的职业。因为这样做无疑是自己给自己制造苦难。

二、找出自己的职业机会和威胁。

我们知道，不同的行业(包括这些行业里不同的公司)都面临不同的外部机会和威胁，所以找出这些外界因素将助您成功地找到一份适合自己的工作，对你求职是非常重要的，因为这些机会和威胁会影响你的第一份工作和今后的职业发展。如果公司处于一个常受到外界不利因素影响的行业里，很自然，这个公司能提供的职业机会将是很少的，而且没有职业升迁的机会。相反的，充满了许多积极的外界因素的行业将为求职者提供广阔的职业前景。请列出您感兴趣的一两个行业(比如说，保健、金融服务或者电信)，然后认真地评估这些行业所面临的机会和威胁。

如何制定适合自己的目标?

一、目标要切实可行

制定一个切实可行的目标非常重要，这是最终可能成功的根本保障。不现实的目标，非常可怕，只会让你好高骛远，到最后竹篮打水一场空。举个不太恰当的例子，我们常常看到有些人宣称:“我要一个月内减肥减掉20斤!”可是这样的目标基本上是不现实的。你可以节食一个月，甚至依靠减肥药去消除食欲，然后确实一个月内减掉了二十斤，但是这是无效的，因为任何人都做不到常年节食。因此，没有多久就肯定坚持不下去了，然后就开始体重反弹，最终，曾经制定的目标不仅没有达成，甚至可能会出现比原先还差的情况。

二、目标必须是可衡量的

目标必须是能量化的，可测定的，这样才能循序渐进。同时，目标要量力而行，可给自己树立一个切合实际的总目标，然后，再给自己树立分目标，分目标是为总目标服务的，分目标容易实现，这能提高你的自信心，会增加你战胜困难的勇气。

三、目标要具体

你用一块磁石朝着一些铁屑试试看。当你把磁力那一端对准铁屑的方向，好些铁屑立刻就会被吸附过来;当你把磁铁从这个定点移开，其磁力就随着距离和方向的偏差而退减。一块磁石绝无可能向两个不同的方向发散磁力，而必须对准一个确定的目标。

目标必须明确而具体。目标在开始的时候,就应是一幅清晰、简明、有待追求的画面。当那幅画面成长扩大,或发展到使人着魔的程度时,就被人的潜意识接受。从那一刻起,我们会身不由己地被牵扯着、引导着,为实现心底的那幅画面而努力不已。这就是我们所说的:明确的目标是成功的基础。如果你制定的目标确实是现实的,那么成功就有了一定的保障。

四、把目标写下来。

把自己已经确定好的、确定是现实的并且已经相当具体的目标用纸笔写下来是很重要的一件事情。千万不要以为自己知道就可以了。每个人都有不同程度的惰性——这是人类的基因所决定的,甚至不是大脑可以控制的。我们的惰性几乎可能以任何形式发作,所以必须让目标变得醒目,以便随时提醒自己。

拥有明确的主导目标

奥里森·马登认为,实现目标并没有多少秘诀,但如果真的要给实现目标找个诀窍的话,那就是拥有一个明确的主导目标。一个人要想成功,首先就是要制定一个明确的主导目标,这个目标统领着其他的目标——一个居高临下、势在必行的最高原则,要求绝对的承认和执行,绝对不能出现任何的不服从。在有了主导目标之后,可以再根据情况制定分期目标,一步步走好每一段路,一步步向主导目标迈进。这样做的话,要获得成功就并不是一件很难的事情了。

比赛尔是西撒哈拉沙漠中的一颗明珠,每年有数以万计的旅游者来到这儿。可是在肯·莱文发现它之前,这里还只是一个封闭而落后的地方。这儿的人没有一个走出过大漠,据说不是他们不愿离开这块贫瘠的土地,而是尝试过很多次都没有走出去。

肯·莱文当然不相信这种说法。他用手语向这儿的人问原因,结果每个人的回答都一样:从这儿无论向哪个方向走,最后都还是转回出发的地方。为了证实这种说法,他做了一次试验,从比塞尔村向北走,结果三天半就走了出来。

比塞尔人为什么走不出来呢?肯·莱文非常纳闷,最后他只得雇一个比塞尔人,让他带路,看看到底是为什么?他们带了半个月的水,牵了两只骆驼,肯·莱文收起指南针等现代设备,只拄一根木棍跟在后面。

十天过去了,他们走了大约八百英里的路程,第十一天的早晨,他们果然又回到了比塞尔。这一次肯·莱文终于明白了,比塞尔人之所以走不出大漠,是因为他们根本就不认识北斗星。在一望无际的沙漠里,一个人如果凭着感觉往前走,他往往会走出许多大小不一的圆圈,最后的足迹十有八九是一把卷尺的形状。比塞尔村处在浩瀚的沙漠中间,方圆上千公里没有一点参照物,若不认识北斗星又没有指南针,想走出沙漠,确实是不可能的。

肯·莱文在离开比塞尔时,带了一位叫阿古特尔的青年,就是上次和他合作的人。他告诉这位青年,只要你白天休息,夜晚朝着北面那颗星走,就能走出沙漠。阿古特尔照着去做,三天之后果然来到了大漠的边缘。阿古特尔因此成为比塞尔的开拓者,他的铜像被竖在小城的中央。铜像的底座上刻着一行字:新生活是从选定方向开始的。

这个小故事告诉我们,就像比赛尔当地的人们不知道北斗星所以才走不出沙漠一样,如果我们的人生没有明确的主导目标,我们也只能永远站在原地转圈。只有设定了明确的目标,我们的人生旅程才会清晰不盲目,我们才不会虚度光阴。

心理学家曾经做过这样一个实验:

组织三组人,让他们分别向着10公里以外的三个村子进发。

第一组的人既不知道村庄的名字,也不知道路程有多远,只告诉他们跟着向导走就行了。刚走出两三公里,就开始有人叫苦;走到一半的时候,有人几乎愤怒了,他们抱怨为什么要走这么远,何时才能走到头,有人甚至坐在路边不愿走了;越往后,他们的情绪就越低落。

第二组的人知道村庄的名字和路程有多远,但路边没有里程碑,只能凭经验来估计行程的时间和距离。走到一半的时候,大多数人想知道已经走了多远,比较有经验的人说:“大概走了一半的路程。”于是,大家又簇拥着继续往前走。当走到全程的四分之三的时候，大家情绪开始低落，觉得疲惫不堪，而路程似乎还有很长。当有人说："快到了！""快到了！"大家又振作起来，加快了行进的步伐。

第三组的人不仅知道村子的名字、路程、，而且公路旁每一公里都有一块里程碑，人们便走边看里程碑，每缩短一公里大家便有一小阵的快乐。行进中他们用歌声和笑声来消除疲劳，情绪一直很高涨，所以很快就到达了目的地。

心理学家得出了这样的结论：当人们的行动有了明确目标的时候，并能把行动与目标不断地加以对照，进而清楚的知道自己的行进速度与目标之间的距离，时人们行动的动机就会得到维持和加强，就会自觉地克服一切困难，努力到达目标。

正像奥里森·马登所说的，积极而明确的主导目标所带来的力量将会改变一个人的一生，彻底地改变一个懒惰无能、胸无大志、游手好闲、一无是处的人。就好像他身体内的某种神圣力量开始起了作用一样。这种力量就像爱情的力量，可以把一个不修边幅、性格粗暴的人变成一个整洁的、温柔的、非凡的人。

当一个明确而又坚定的主导目标在一个人体内苏醒的时候，这个人就会焕然一新，就会创造出奇迹，不信，你试试！

让你的目标达到沸点

不怕事难干，就怕心不专，不能始终如一地坚持下去。有目标也有实现目标的实力，不等于你就能实现目标。如果你不能专心致"志"，用钻木取火的精神使你的目标达到沸点，那么任何目标都不可能成功实现。

奥里森·马登在其著作中做过这样一个形象的比喻：要使水变为蒸汽，一定要把水烧到华氏 212 度。200 度的温度，水不能化为蒸汽，再加热到华氏 210 度，也仍然不能。而只有到 212 度，才能发出蒸汽来，这样才能推动机器，使火车获得前进的动力。至于温水是不能推动任何东西的。很多人想用微温的水或用将沸的水来推动火车，但他们会感到很惊奇，火车为什么老是停着不动？正如温水不能推动火车一样，如果用冷淡散漫的态度对待目标，也肯定不会实现目标。每一个人不但要有适合自己的目标，而且还应该具有专注的精神，使自己的目标趋于坚定。如果没有这种精神，就像永远达不到沸点的水一样，不可能推动奔向目的地的"火车"。

作为一个成功学大师，奥里森·马登认识很多看起来在事业上很积极进取的人，但是奥里森·马登发现，在某一天，他们就会因为别的事情而放弃了自己的事业。他们总是在想自己是否找到了正确的位置或者自己的能力在哪里才能得到最大的发挥。他们缺乏专注的精神，一旦遇到困难就会失去信心，或者一听到其他人在别的行业取得成功时，就会沮丧万分，想知道自己在那一个行业是不是也会做的很好。如果一个人失去了对目标的专注，总是轻而易举地放弃目标，那么可以肯定这个人很难真正的找到属于自己的位置。

拉马克 1744 年 8 月 1 日生于法国毕加底，他是兄弟姊妹 11 人中最小的一个，最受父母宠爱。拉马克的父亲希望他长大后当个牧师，就送他到神学院读书，后来由于德法战争爆发，拉马克当了兵。他因病退伍后，爱上了气象学，想自学当个气象学家，于是整天仰首望着多变的天空。

后来，拉马克在银行里找到了工作，想当个金融家。很快的，拉马克又爱上了音乐，整天拉小提琴，想成为一个音乐家。这时，他的一位哥哥劝他当医生，拉马克学医四年，可是对医学没有多大兴趣。正在这时，24 岁的拉马克在植物园散步时遇上了法国著名的思想家、哲学家、文学家卢梭，卢梭很喜欢拉马克，常带他到自己的研究室里去。在那里这位"朝三暮四"的青年深深地被科学迷住了。从此，拉马克花了整整 11 年的时间，系统地研究了植物学，写出了名著《法国植物志》。拉马克 35 岁时，当上了法国植物标本馆的管理员。

当拉马克 50 岁的时候，开始研究动物学。此后，他为动物学费了 35 年时间。也就是说，拉马克从 24 岁起，用 26 年时间研究植物学，35 年时间研究动物学，成了一位著名的生物学家。他是最早提出生物进化论的科学家。

由拉马克的经历我们不难看出专心与坚持的重要性。目标就是如此，如果你的目标不专或不能坚持，这样弄一点，那样弄一点，既想做生意，又想去读书还想找个女朋友，这样怎么能弄得好？怎么能实现梦想呢？

奥里森·马登指出，很多人往往不缺少宏图壮志，而缺少的是始终如一的专注和勇于坚持决心。认准一件事情，坚持下去，永不言弃，你就会有意想不到的收获。当然，坚持理想也不能盲目进行。以下是在确定了明确的目标之后，坚持目标的几大步骤：

步骤1：告诉自己，一定要实现目标

当制定好目标以后，一定要想拥有自信，要树立全神贯注信念。唯有专注于自己的目标，并切实去做才能实现目标。很多经验证明，对目标的自信是迈向成功的第一步。

步骤2：要做最好的准备

凡事做好准备是实现目标的重要因素。因为准备的充分，所以你才会信心十足，才会有机会战胜对手。

步骤3：重心放在你最大的长处上

有大成就的人，知道把精力放在最擅长的地方。当你集中精神在你能表现最好的事情上时，你会觉得信心增强。

步骤4：从错误和失败中吸取教训

唯一避免犯错误的方法是什么都不做，有些错误确实会造成严重影响，但是没有错误，没有失败就无法成就伟大事业。聪明的人会从失败中学到教训。愚者是一再失败，却不能从其中获得任何教训。

步骤5：放弃逃避的念头方能产生信心

缺乏信心的人终日与恐怖结伴为邻，自我肯定的机会也就渺茫。有一句名言说得好：现实中的恐惧，远比不上想象中的恐惧那么可怕。大多数人在遇到困难时，大都考虑事物本身的困难程度，如此产生了恐怖感。但是一旦着手解决时，就会发现事情其实比想象中的要容易且顺利得多。

步骤6：要确实遵守自己为目标所订下的约束

这是实现目标的一个重要步骤，也是所有步骤中最简单且最具有效果的。这里指的约束，泛指包含你的工作、经济、健康等各种问题。当你自己做了某种程度的约束后再遵守这种约束时，你会发现由于实践导致了自我信赖，这种自我信赖是你已经开始坦然面对自己的实证，此时，实现目标的信心当然也会跟着而来。随着时间的推移根深蒂固地成为你的勇气与力量。

总而言之，实现目标之路，贵在专注与坚持。谁能始终如一地专注，坚持到底，谁就能实现目标。在无边无际的沙漠中，只有坚持的人，才能找到绿洲，取得水源，进而获得生机。“为山九仞，功亏一篑”。成功路上有险滩、有风浪，但请记住：成功是专注与坚持的结晶。无论那虚掩的成功之门有多远，坚持就是胜利！

不为自己找任何借口

奥里森·马登在研究了大量成功者的案例之后发现，具有成功素质的人不会寻找任何接口来推脱责任。他们努力工作，从不自怨自艾，而是始终为了实现自己的目标奋力向前。他们不会等待机会完成目标，而是创造机会实现目标。那些成天找借口的人，认为自己之所以无法实现目标，是因为缺乏机会，这事实上暴露了他们最大的一个弱点——缺乏效率。

那些失败者总是为自己找借口。如果你去问问他们失败的原因，他们总是会说，自己不具备别人那样的机会，没有人愿意帮助他，也没有人能推他一把。他们还会说机会已经被别人抢光了……

奥里森·马登指出,总在为自己找借口的人永远没有机会,即使有,他也把握不住,更别提实现目标了。

在西点军队,学员遇到军官问话,只能有四种回答:

1. 报告长官,是

2. 报告长官,不是

3. 报告长官,没有任何借口

4. 报告长官,我不知道

除了四个"标准答案"之外,如果有任何额外的字句,长官立刻又会问:"你的四个回答是什么?"这个时候新学员也只能回答:"'报告长官,是';'报告长官,不是';'报告长官,没有任何借口';'报告长官,我不知道'。"除此之外,不能多说一个字。

学员可能会觉得这个制度不尽公平。例如学长问:"你的皮鞋这样算擦亮了吗?"你当然希望为自己辩解,脑中浮现出"报告学长,排队的时候有位同学不小心撞到了我。"但是你只能有四种回答,别无其他选择。

西点这样训练学员的讲话习惯,不只是为他们个人,更重要的是因为学员的成功或失败,决定于他们是否完全了解长官所下达的命令和要求。听完所有的简报、讲解,做过该做的练习之后,接下来的责任完全落在学员身上。上级派学员去做一件事,是期望他圆满完成任务。这才是重点所在。表现不达到十全十美,是没有任何借口的。

在有限的时间内要实现自己的目标,我们就没有时间为做不好的事情找借口,没有时间文过饰非,任何人都应该把握每一分每一秒抓紧时间去实现目标。

西点的训练让学员明白,长官只要结果,而不是要为什么没有完成任务的解释。这是为了让每一位学员懂得:失误是没有任何借口的。

在走访了多家大企业之后,奥里森·马登发现,那些效率不高的员工总是有很多借口。上班迟到了,会有"路上堵车"、"手表停了"或者"家务事太多"的借口;销量不及格,会有"产品太偏"、"质量不好"、"广告太少"的借口;工作没有完成会有借口,工作落后了也会有借口。只要细心去找,借口总会有的。有许多员工不再是想方设法去争取完成任务,而是把大量的时间和精力放在如何寻找一个更合适的借口上。

那些喜欢发牢骚、抱怨的人曾经也都有过不错的目标甚至梦想,却始终无法实现。为什么呢? 因为他们总是在为自己找借口,以至于没有时间去服从执行。而成功者不善于也不需要编制任何借口,因为他们能为自己的行为和目标负责,也能承受自己努力的成果。

借口总是在人们的耳旁窃窃私语,告诉自己因为某原因而不能做某事,久而久之我们甚至会潜意识地认为这是“理智的声音”。假如你也有此类情况,那么请你做一个实验,每当你使用“理由”一词时,请用“借口”来替代它,也许你会发现自己再也无法心安理得了。

一个人在面临挑战时,总会为自己未能实现某种目标找出无数个理由。正确的做法是,像西点学员一样,抛弃所有的借口,找出解决问题的方法。

西点学员们并不见得有超凡的能力,但却有超凡的心态。他们能够积极主动地抓住并创造机遇,而不是一遇到困难就逃避退缩,为自己寻找借口。如果他们这样做的话,是不可能取得成功的。

出身于西点的将军布莱德雷(西点23届学员)说:“习惯性拖延的人常常也是制造诸多借口与托辞的专家。如果你存心拖延、逃避,你自己就会找出成千上万个理由来辩解为什么不能够把事情完成。”

事实上,把事情“太困难、太无头绪、太麻烦、太花费时间”等种种理由合理化,确实要比相信“只要我们足够努力、勤奋,就能完成任何事”的信念要容易多了,但如果你经常为自己找借口,你就不能实现任何目标,这对整个人生的成功也会产生毁灭性的影响。

如果你常常发现,自己会为没做或没完成的某些事而制造借口与托辞,或想出成百上千个理由为事情未能照计划实施而辩白、解释,那么,你最好是假设把自己放在军队中,想一想找借口会给自己带来什么样的后果。

目标须靠行动去实现

有了明确的目标,你不可能完全求助于他人去帮助你实现。因此,你自己的木材还得你自己来砍,你自己喝的水一定要你自己来挑。同样,你自己确定的目标也必须由你自己来付诸行动才行。

奥里森·马登的成功学深刻地揭示出“化目标为成功”的必然性和可能性,它也同样告诉了你所必须采取的具体步骤。

行动是成功之母。你可以界定你的人生目标,并认真制定各个时期的目标,但如果你不行动,还是会一事无成。

如果你不行动,可以在这里为你设想了一下后果,比如说,你计划去欧洲旅游。

为此,你为自己制定了一个十分详细的旅行计划,花了几个月的时间来阅读自己所能找到的有关欧洲各国的各种材料——法国、德国、意大利等国家的历史、地理、哲学、文化、艺术……

你还研究了整个欧洲的地图,仔细研读了一些旅游指南,并为此准备了旅行的必需品(比如药品什么的),并制定了详细的日程表,而且最后也已经预订了最早开往英国的船票。

总之,可以说是万事俱备只欠东风了。大约1个月后,也就是你预定回国的日子之后的某日,你在大街上碰到一位要好的朋友。

朋友问:“欧洲旅游有何观感?”

毫无疑问,如果你不是自欺欺人地大讲一番梦中的欧洲之行,你肯定回答:“哎呀,我压根儿就没去!”

或许,你还会说一通自我解嘲似的这原因那原因。

而你肯定想不到,朋友在听了你一通这样那样的原因后,已经对你这个人的品性与人生态度了然于胸;或许,已经对你的为人处事的能力大打折扣了。

试想,如果有什么事业,朋友还敢和你合作吗?

因为事实上,与其说你是一个思想者,还不如说你是一个只知空想的人。

当然,但愿这只是我们在这里对你可能的一种设想。因此,你必须牢记:没有行动的人只是在作白日梦。

冥思苦想,谋划如何有所成就,是好事情,但这并不能代替行动和实践。

目标实现的过程是循序渐进的过程,没有经过许多曲折而成功的例子几乎没有一个。

当我们"迂回前进"时,并没有改变原来的目标,只是选择另一条道路而已,目的地是不变的。

规定一个固定的日期,一定要在这个日期之前把你要求的事情做好——没有时间表,你的船永远不会"泊岸"。

拟定一个实现目标的可行计划,马上行动——你要习惯"行动",不能够再耽于"空想",即"现在就做"!

在你的有生之年,当"现在就做"的提示从你的潜意识闪现到你的意识中,而要你做应该做的事情时,立刻投人以适当的行动,这是一种能使你成功的良好习惯。

这种良好的习惯是事业成功的有效途径,它影响到日常生活及事业的每个方面。它可以迅速完成应做的但你不喜欢做的事,它能使你在面对不愉快的问题时,不至拖延,也能帮助你做你想做的事,它能帮助你抓住那些宝贵的、一经失去便永远追不回的时机。

深受奥里森·马登影响的另一位成功学大师拿破仑·希尔在将目标变为现实这方面为我们做出了良好榜样。

1908年,年轻的希尔在田纳西州一家杂志社工作,同时又在上大学。由于他在工作上的杰出表现,被杂志社派去访问伟大的钢铁制造家安德鲁·卡耐基。卡耐基十分欣赏这位积极向上、精力充沛、有闯劲、有毅力、理智与感情相平衡的年轻人,他对希尔说:"我向你挑战,我要你用20年的时间,专门用在研究美国人的成功哲学上,然后提出一个答案。但除了写介绍信为你引荐这些人,我不会对你做出任何经济支持,你肯接受吗?"年轻的希尔信任自己的直觉,勇敢地承诺"接受!"以致数年后,希尔博士在他的一次演讲中说:“试想,全国最富有的人要我为他工作20年而不给我一丁点薪酬。如果是你,你会对这建议说YES还是NO?如果识‘时务’者,面对这样一个‘荒谬’的建议,肯定会推辞的,可我没有这样干。”

在卡耐基对希尔的挑战中包括了明确的目标——研究美国人的成功哲学,以及达到目标时限——20年。长谈之后,在卡耐基的引荐下,希尔遍访当时美国最富有的500多位杰出人物,对他们的成功之道进行了长期研究,终于在1928年,他完成并出版了专著《成功定律》一书。1908年开始,到1928年完成,正好是20年。《成功定律》这本书震撼了全世界,激发了千千万万的人发财或成名之路。

立刻行动吧!制定目标,变目标为现实,你就会发现你离成功已越来越近。

目标不要太过于完美

我们的生活中总是存在很多烦恼、无奈与不公,但是很多人又在不停地追求完美的目标,希望以此得到幸福。其实仔细琢磨,幸福与完美并没有本质的关系,很多时候完美甚至会是阻碍我们幸福的绊脚石。

奥里森·马登曾为自己的学生讲述过这样一个寓言:一个圆的一部分圆弧被切去了,它希望自己是一个完美的圆,因此就四处寻找它遗失的那一部分,但因为它不是一个完整的圆,所以只能慢慢滚动,由此她得以沿途欣赏花草的芬芳、阳光的明媚,并与蚯蚓娓娓而谈。

途中它也发现了许多圆遗失的部分,但没有一片能与自己相匹配,因此它不得不继续寻找。有一天,圆找到了自己遗失的那部分,与自己相配得天衣无缝。它高兴极了,因为它又是个完美的圆。它又开始飞快的滚动,快得连花都看不清楚,更不用说与蚯蚓谈话了。它发现在快速滚动中世界整个变了样,许多美好的东西都失去了,于是它又停了下来,将千辛万苦找回的那一部分丢在路旁,然后慢慢地滚动着行走。

奥里森·马登认为这个寓言揭示了这样一个道理:有缺憾时拼命追求完美,而一旦拥有了完美的一切,反而没有梦想,没有渴望,没有奋斗的激情与快乐。

有一个成语是:白璧无瑕。洁白晶莹的玉,通体透明,没有一点瑕疵,确实是够美的,可惜的是,世上这样的玉却是罕见的。

不知道是在哪个远古的时代,曾经出现过凤凰。后来凤凰再度出现,于是乎,无论是天上的飞禽,还是地上的走兽,都立刻簇拥到凤凰的周围。它们惊异于凤凰的美丽,全都直瞪着两眼凝视着凤凰,羡慕她的如梦如幻的美。但随着时间的推移,终于那些最聪明、最慎重的动物便开始用同情的目光审视凤凰了。它们惋惜地说:"完美的凤凰啊!她的命也真够苦的,既没有情侣,也没有朋友,她永远体会不到爱或者被爱的快乐!"

人也是如此,如果过于完美,就会让别人敬而远之,因而也就没有了朋友。

不能容忍美丽的事物有所缺憾,是大多数人的一种普遍心态。追求尽善尽美对大多数人来说是是理所当然的事。但他们从未想过,正是这种似乎无关紧要的态度,给他们的生活带来了巨大的压力。

如果进一步分析,渴望完美是出于一种自我保护的需要。安全感是人的最基本需要之一。假如一个人缺乏自信,生活上屡遭挫折,那么他的安全感就受到了伤害。这种伤害需要通过其他途径来加以补偿。

心理学研究证明,试图达到完美境界的人与他们可能获得成功的机会,恰恰成反比。追求完美给人们带来莫大的焦虑、沮丧和压抑。事情刚开始,他们在担心着失败,生怕干得不够漂亮而辗转不安,这就妨碍了他们全力以赴去取得成功。而一旦遭到失败,他们就会异常灰心,想尽快从失败的境遇中逃避开去。他们没有从失败中获取任何教训,而只是想设法让自己避免尴尬的场面。

具有这种性格的人,在日常生活中通常带有以下特点:

(1)神经非常紧张,以致于连一般的工作都不能胜任。

(2)不愿冒险,生怕任何微小的瑕疵损害了自己的形象。

(3)不能尝试任何新的东西。

(4)对自己诸多苛求,毫无生活乐趣。

(5)总是发现有些事未臻完美,于是精神总是得不到放松,无法休息。

(6)对别人也吹毛求疵,人际关系无法协调,得不到别人的合作与帮助。

很显然,背负着如此沉重的精神包袱,不用说在事业上谋求成功,而且在自尊心、家庭问题、人际关系等方面,也不可能取得满意的效果。他们抱着一种不正确和不合逻辑的态度对待生活和工作,他们永远无法让自己感到满足,每天都是焦灼不安的。

只求完美,害怕失败,只能使我们处于瘫痪的境地。如何从追求尽善尽美的诱惑中摆脱出来?奥里森·马登给出的建议是:

对自己的潜能有个正确的估计

既不要自视太高,更不必要过于自卑。有一分热发一分光。你如果事事要求完美,这种心理本身就会成为你做事的障碍。不要在自己的短处上去与人竞争,而是要在自己长处上培养起自尊、自豪和学习的兴趣。

重新认识"失败"和"瑕疵"

一次乃至多次的失败并不能说明一个人价值的大小。仔细想一下,如果从不经历失败,我们能真正认识生活的真谛吗?我们也许一无所知,沾沾自喜于愚蠢的无知中。因为成功仅仅只能坚定期望的信念,而失败则给了我们独一无二的宝贵的经验。

人只有经受住失败的考验才能达到成功的巅峰,亡羊补牢,犹为未晚。更不必要为了一件事未做到尽善尽美的程度而自怨自艾。没有"瑕疵"的事物是不存在的,盲目地追求一个虚幻的境界只能是劳而无功。我们不妨问一问:"我们真的能做到尽善尽美吗?"既然不行,我们就应该尽快放弃这种想法。

请你为自己确定一个短期的目标

寻找一件自己完全有能力做好的事,然后去把它做好。这样你的心情就会轻松自如,办事也会较有信心,感到自己更有创造力和更有成效。实际上，你不追求出类拔萃，而只是希望表现良好时，你会出乎意料地取得最佳的成绩。

目标切合实际的好处不仅于此，它还为你提供了一个新的起点，能使你循序渐进地摘取事业上的桂冠。同时你的生活也会因此而丰富起来，变得富有色彩，充满了人情味，并不像你原来所想的那样黯淡。

↓第六章
别让成功的机遇从你边溜走

成功的机遇只属于那些能够发现机遇、抓住机遇乃至创造机遇的人。能否抓住机遇完全取决于你自己。

成功要善于抓住机遇

下面奥里森·马登在著作中记述过的两件事。

第一件:有一位著名的纽约律师,当他年轻时,还只是一名来自乡下的穷小子。一天,他看到一家商店门外挂着“招聘侍者”的广告,他立即揭下这份广告,大着胆子走近商店找到店主,店主愤怒地责问他为何揭下自己的广告,“因为你已经用不着了,”小伙子充满自信地说,“这份工作我干了。”结果他拿到了这份工作。

第二件:与上面这个故事类似。有一个勇敢无畏的探险家摘下了世界的告示——“寻找发现北极之人”,他认为这是一个难得的机遇和挑战,所以决定接受这份工作。他坚信,如果说这个世界上还有一个人能找到北极,那这个人就是他。结果他真的找到了北极,他就是著名的探险家皮尔里。

奥里森·马登通过这两件事情得出一个结论,只有勇敢的抓住机遇,才能有取得成功的可能。

人生充满机遇,而且,机遇对每个人来说都是公平的,只是有些人抓住了，有些人抓不住；有些人发现了，有些人却茫然不知；有些人在不断创造机遇，而有些人则在苦等机遇。

你不要以为机遇会像一个到你家里来的客人，他在你门前敲着门，等待你开门把他迎接进来，恰恰相反，机遇是一件不可捉摸的活宝，无影无形，无声无息，倘若你不用苦干的精神，努力去寻求它，也许永远遇不着它。机遇如偶尔吹过你耳际的风，如偶尔划破天际的流星，是那么地令人捉摸不透，是那么地了无声息，但它又是确确实实地存在。

世界著名喜剧大师卓别林在一次母亲参加演出时，由于母亲嗓子突然哑了，她只得离开舞台，舞台总监决定让卓别林上场，而仅有五岁的卓别林毫不怯场，面对着满场的观众，镇定自若，毫不拘束，迎来了全场的喝彩。

正是由于他把握住了这次偶然的机会，卓别林以后才能走上艺术道路，最终成为家喻户晓的世界喜剧大师。

的确，成功的秘诀就是当机遇来临时，要毫不犹豫地立刻抓住它。那么，机遇在哪里？我们如何才能抓住机遇呢？

奥里森·马登列举了一系列的正反两面的事例，从中我们或许能得出一些启示：

波斯商人阿里·哈法德以一半的价钱卖掉了自己位于印第斯河岸的肥沃农场，随后环游全球寻找钻石。饥饿难耐、衣不遮体的哈法德最终在绝望之中死在异乡。而同时，在他所卖掉的农场（也就是著名的戈尔康达钻矿）下面发现了大量的钻石。

德国化学家凯库勒是个勤学的人。有一天，他做了一个梦，梦到有一条蛇自己咬住了自己的尾巴，形成了一个圆环，这时他猛然醒来，回想刚才做的梦，立刻与他正在研究的苯分子的结构联想起来。经过仔细的研究与推敲，终于发现了苯分子的结构是圆环状的。凯库勒做的梦对他来说是个机遇，而这个机遇的到来是那么的寻常和容易被人所忽视，可是凯库勒却及时发现并抓住了这个机遇，正是因为这点，使他走向了成功。

宾夕法尼亚州的一位农场主以 833 美元的价格卖掉了他的农场，他与在加拿大发现煤油的侄子一起去了加拿大。有一天，买下这片农场的人正在用流经农场的河水喂牛，结果，他在河面上发现了一些流淌着的浮垢。他的这一发现导致了一个巨大油田的发掘。一位地理学家曾经说,宾夕法尼亚这片油田的价值可达10亿美元。

19世纪40年代早期,瑞士移民萨特船长从一个加里弗尼亚人手里买了一块土地,这块土地位于现在的萨克拉曼多城东北部几英里处,他在这里的美洲河沿岸的科罗纳建了一家锯木厂。在锯木厂用来排水的一个小水沟边,萨特手下一个名叫马歇尔的工人在泥土中发现了一些黄色闪光的东西。他捡了一些,洗干净之后带回了房间。当晚,工人们收工之后,马歇尔对他们说:"我想,我可能发现了一个金矿。"就是这样一个发现,引发了1848年的淘金热。大批的人群从美国各地涌到金门。把这块土地卖给萨特船长的那个人可能做梦也没有想到他把一个金矿卖给了萨特。他卖掉了自己的土地,跋山涉水去寻找更好的机会,但他一无所获。而在他们出卖的这块土地上采出了大约价值4000万美元的黄金。这块土地后来的一位拥有者每15分钟就会得到价值120美元的黄金,并且持续了多年。

机遇在哪里？我们如何才能抓住机遇？读了以上的一些例子,我们似乎应该明白,机遇其实就在我们的身边,就在我们的手里,就在我们的脚下！

爱迪生在铁路卖报时开创了自己的事业;卡内基在电报局工作时发现了钻石矿;沃纳梅克在费城的大街上走向成功;马歇尔·菲尔德在马萨诸塞匹兹堡的一个小商店里工作时第一次发现了钻石矿;塞勒斯·迈考密克通过在谷物加工厂工作发明了收割机;儒勒·凡尔纳之所以会走上文学之路,除了他对文学的喜爱,更重要的是因为他抓住了与大仲马戏剧性相遇的偶然机会……这些成功的事例都证明了机遇其实就在我们身边。

机遇就在我们的手里,只是能牢牢把他抓在手里的人太少了,所以成功只是属于那些能牢牢把握机遇的少数人。

居里夫人说得好:"弱者等待时机,强者创造时机"。一个人的成功有偶然的机会,但偶然机会的被发现、被抓住与被充分利用,却又绝不是偶然的。

许多人不仅善于抓住机遇,更善长创造机遇,他们总是在努力,总是在奋斗,开始时他们是在追寻机遇,而一旦当他们自身的实力积累到一定程度时,机遇便会自动登门拜访。而且,随着他们自身才能的不断提高,其所面临的发展机遇也会机应地有质和量的提高。可以说,没有他们这些主观的努力，就不会有那么多的良好的机遇。从这个角度上来说，机遇是那些有准备的人创造出来的，是对其努力的一种肯定和回报。

机遇诚然很重要，可是我们也不能像守株待兔那样坐等机遇的到来。因为机遇毕竟是外因，是偶然的。要知道，没有什么东西可以凭空从天而降。决定成功的真正因素，还是要靠我们自己本身的知识与能力，只有自己的知识与能力达到一定的程度了，当我们再次遇到机遇时，我们才可以稳稳得抓住它，让它变成促使我们成功的催化剂！

面对机遇要当机立断

莎士比亚说过："时间不是金钱，不是任何可以失而复得的物质。你一旦把它轻易失去，它就永远同你无情地分别。最可怕的事情是：它离开你时，还从你身上窃去了最珍贵的财产——青春和生命！"从另一个角度来讲，这句话就是在告诉我们，面对机遇，要抓住时机，毫不犹豫地做出决断。

奥里森·马登认为，人生有许多转机，稍纵即逝。但如果你把握住了，就会迎来一片全新的天空。相反，在机遇面前犹豫不绝，你就会痛失机遇，乃至与成功无缘。

印度有一位知名的哲学家，天生一股特殊的文人气质，不知迷例了多少女人。

某天，一个女子来敲他的门，她说：让我作你的妻子吧！错过我，你将再也找不到比我更爱你的女人了！哲学家虽然也很中意她，但仍回答说：让我考虑考虑！

事后，哲学家用他一贯研究学问的精神，将结婚和不结婚的好、坏所在，分别条列下来，结果发现，好坏均等，真不知该如何抉择？于是，他陷入长期的苦恼之中，无论他又找出了什么新的理由，都只是徒增选择的困难。

最后，他得出一个结论——人若在面临抉择而无法取舍的时候，应该选择自己尚未经历过的那一个。不结婚的处境我是清楚的，但结婚会是个怎样的情况,我还不知道？对！我该答应那个女人的央求。

哲学家来到女人的家中,问女人的父亲说:“你的女儿呢？请你告诉她,我考虑清楚了,我决定娶她为妻!”

女人的父亲冷漠回答:你来晚了十年,我女儿现在已经是三个孩子的妈了!

哲学家听了,整个人几乎崩溃,他万万没有想到,向来自以为傲的哲学头脑,最后换来的竟然是一场悔恨。两年后,哲学家抑郁成疾,临死前,将自己所有的著作丢入火堆,只留下一段对人生的批注——如果将人生一分为二:前半段人生哲学是“不犹豫”,后半段人生哲学是“不后悔”。

面对人生,既要有当机立断决心,更要有永不后悔的气魄！读完这个故事,相信所有人都会为哲学家感到遗憾。但是遗憾归遗憾,遗憾之余,我们是不是也应该考虑一下我们自己呢?

奥里森·马登认为,许多人之所以终生浑浑噩噩最终一事无成,其实就是因为没有把握好关键时刻的机遇。失败者的墓碑上字里行间都充满这样的警示:“太晚了”。往往就在几分钟甚至几秒钟时间,胜利与溃逃、成功与失败转手移人,其结局大相径庭。

奥里森·马登的话道出了成败的关键。在我们的生活中就是有很多人,不善于发现并抓住机遇。在面对机遇的时候,总是优柔寡断,等下定决心的时候,机遇已经溜走了,实在可惜!

面对机遇,不能当机立断抓住机遇,而是优柔寡断,思前想后,这是成功的大忌！世间最可悲的是那些优柔寡断的人。他们对待任何事都是举棋不定,犹豫不决。他们一生会有很多机会,但却由于他们性格的弱点而错失良机。这样的人既不相信自己,也不会被他人所信赖,更不会为他人所重用,他们总与成功无缘。

为什么有些人做事易反反复复、优柔寡断呢？这主要是因为:

1. 心理学认为,对问题的本质缺乏清晰的认识是使人做事拿不定主意并产生心理冲突的原因。只要留心观察,就不难发现优柔寡断多发生在青年人身上,这是因为青年人涉世未深,对一些事物缺乏必要的知识和经验的缘故。

2. 俗话说:“一朝被蛇咬,十年怕井绳。”以前吃过亏,一旦遇到类似的情境,便产生消极的条件反射,踌躇不已。

3. 一般说来,优柔寡断者大都具有如下性格特征:缺乏自信,感情脆弱,易受暗示,在集体中随大流,过分小心谨慎等等。

4. 这种人从小就在倍受溺爱的家庭中长大,过着“衣来伸手,饭来张口”的现成生活,父母、兄弟姐妹是其拐杖。这种人一旦独自走上社会,做事易出现优柔寡断现象;另一种情况是家庭从小管束太严,这种教育方式教出来的人只能循规蹈矩,不敢越雷池一步。一旦情况发生变化,他们就担心不合要求,在动机上左右徘徊,拿不定主意。

怎样克服面对机遇时拿不定主意、优柔寡断的毛病呢?根据奥里森·马登的成功学理论,以下建议可作参考:

1. 培养自信、自主、自强、自立的勇气和信心,培养坚强、独立的良好品质。

2. 心理学认为,人的决策水平与其所具有的知识经验有很大的关系。一个人的知识经验越丰富,其决策水平就越高;反之则越低。这也就是俗话所说的“有胆有识,有识有胆”。

3. “凡事预则立,不预则废”。平时经常开动脑筋、勤学多思是关键时刻有主见的前提和基础。

4. 排除外界干扰和暗示,稳定情绪,由此及彼、由表及里仔细分析,亦有助于培养果断的意志。

要学会利用你的运气

现实生活中,有很多失败者对于他人的成功往往不以为然,他们会说,他只不过是运气好罢了。我如果有他那么好的运气,一定会比他做得更好,他有什么了不起的?他的一切都只不过是运气使然而已。

有这个观点的人,不妨先看看钢铁巨头卡内基的成功故事。

1865年,美国南北战争宣告结束。北方工业资产阶级战胜了南方种植园主,但林肯总统被刺身亡。

全美国都沉浸在欢乐与悲痛之中,既为统一美国的胜利而欢欣鼓舞,又因失去了一位可敬的总统而无限悲伤。

但是,面对此种情境,后来成为美国钢铁巨头的卡内基却看到了另一面。

他预料到,战争结束之后,经济复苏必然降临,经济建设对于钢铁的需求量便会与日俱增。

于是,他义无反顾他辞去了自己在铁路部门的报酬优厚的工作,合并了两大钢铁公司——都市钢铁公司和独眼巨人钢铁公司,创立了联合钢铁公司。

同时,卡耐基又让自己的弟弟汤姆·卡耐基创立了匹兹堡火车头制造公司,并让他控制和经营苏必略铁矿。

可以说,上天赋予了卡耐基一次绝好的机会。

此时,美国击败了墨西哥,夺取了加利福尼亚州,决定在那里建造一条铁路。

同时,美国政府又正在规划修建横贯全美东西的铁路。在当时,几乎没有什么比投资铁路更赚钱的了。美国联邦政府和国会首先核准了联合太平洋铁路。然后,又决定以联合太平洋铁路为中心钱,修建另外3条横贯大陆的铁路线。

这3条铁路是:

从苏必利湖,横穿明尼苏达,经过位于加拿大国界附近的蒙大拿西南部,再横过洛基山脉,到达俄勒岗的北太平洋铁路。

以密西西比河的北奥尔巴港为起点,横越得克萨斯州,经墨西哥边界城市埃尔帕索到达洛杉矶,再从这里进入旧金山的南太平洋铁路。

第三条则是由堪萨斯州溯阿肯色河,再越过科罗拉多河到达圣地亚哥的圣大菲。

但是,对于当时的美国政府、国会及社会各阶层人士来说,一切远非上述的如此简单。人们向当局提出了纵横交错的各种相连的铁路建设的申请,形表色色,竟达数十条之多。

但不管怎么说,美洲大陆铁路革命的时代已经来临。

而卡耐基则正是看到了这一铁路革命带来的大好时机。

因为,他十分明白,美洲大陆现在是铁路时代、钢铁时代,需要建造铁路、火车头和钢轨,而钢铁则是一本万利的。

不久,卡耐基便向钢铁业发起了进攻。

在联合钢铁厂里,很快就矗立起了一座225米高的熔矿炉,这是当时世界上最大的熔矿炉。

对它的建造,投资者都感到提心吊胆。但卡耐基的努力却让投资者的担心成为了多余。

他聘请了一些化学专家驻厂,以检验买进的矿石、灰石和焦炭的品质,使产品、零件及原材料的检测系统化。

当时,从原料的购入到产品的卖出,都很混乱,直到结账时才能知道盈亏状况,缺乏科学的管理方式。

卡耐基大力整顿经营方式,贯彻了各层次职责分明的高效率的概念,从而使联合钢铁公司的生产力水平大为提高。

与此同时,卡耐基又购买一系列先进的钢铁制造方面的专利技术,其中包括当时最先进的英国道兹工程师"兄弟钢铁制造"技术和"焦碳洗涤还原法"。

他这一做法不乏先见之明,否则,卡耐基的钢铁事业就会在不久的大萧条中成为牺牲品。

1873年,经济大萧条不期而至。银行倒闭、证券交易所关门,各地的铁路工程支付款突然被中断,现场施工停止,铁矿山及煤山相继歇业,匹兹堡的炉火也熄灭了。

但是卡耐基的信心却没有私毫的动摇,他反而断言:"只有在经济萧条的年代,才能以便宜的价格买到钢铁厂的建材,并且工资也相应便宜。其他钢铁公司相继倒闭,向钢铁挑战的东部企业家也已鸣金收兵。这正是千载难逢的好机会,绝不可以失之交臂。"

在最困难的情况下,卡耐基却一反常人之道,打算建造一座钢铁制造厂。

他走进股东大金融家摩根的办公室，谈出了自己的新打算：

“我计划进行一个百万元规模的投资，建立转炉两座，旋转炉 1 座；再加上熔炉两座……”

“那么，工厂的生产能力会怎样呢？”摩根问道。

“如果 1875 年 4 月开始生产，钢轨年产量将达到 3 万吨，每吨制造成本大约 69 美元……”

“现在钢轨的平均成本大约是每吨 110 美元，新设备总投资额是 100 万美元，第一年的收益就相当于成本……”

最后，卡耐基指出：“事实上，投资钢铁制造比股票投资赢利更多。”

终于，股东们同意发行公司债券。

工程进度比预定的时间稍为落后。

1875 年 8 月 6 日，卡耐基收到了第一份订单，2000 根钢轨。熔炉点燃了。

每吨钢轨的生产劳务费是 8.26 美元，原料 40.86 美元，石灰石和燃料费是 6.31 美元，专利费 1.17 美元，总成本不过才 56.6 美元。

这比原先的预算便宜多了。卡耐基为此兴奋不已。

1881 年，卡耐基与焦炭大王费里克达成协议，双方投资组建了 P. C. 佛里克焦炭公司，双方各持一半股份。

同年，卡耐基又以他自己的 3 家制铁企业为主体，并联合许多小焦炭公司，成立了卡耐基公司。

发展到这个时候，卡耐基兄弟企业的钢铁产量已占了全美钢铁总产量的 1/7，而且正在逐步向垄断型企业迈进。

到 1890 年，卡耐基兄弟吞并了狄克仙钢铁公司之后，一举将资金增加到 2500 万美元，公司名称也变为卡耐基钢铁公司。不久之后，又更名为 uS 钢铁企业集团。

从卡耐基在钢铁制造业上的成功经历，你一定能明白，他的成功与他善于抓住有利时机是休戚相关的。相信你一定能从他的身上大受启发。

如果你在看了卡内基的成功故事后，依然坚信运气说，那我们要遗憾地告诉你,奥里森·马登的成功学不适合你,你还是走人了事算了。

奥里森·马登认为,无论你把这种抓住机会叫做运气也好,或是将这一切都视为命运使然亦吧,有一点却是绝对的,那就是:当运气来了时,你的聪明与智慧就应该很快地利用你的好运气。

站在这个意义上,奥里森·马登告诉我们,运气其实也就是抓住机会的同义语。

机会垂青有所准备的人

在奥里森·马登看来,机会是有亲和性的,它总是愿意和那些喜欢与它交朋友的人交朋友。只有那些有着充分的心理准备和必要的物质准备的人,才能够成为机会的成功把握者。

马克道厄尔是阿穆耳肥料工厂的厂长,他之所以由一个速记员而走向自己事业的顶峰,便是因为他能做非他份内所应做的工作。

马克道厄尔最初是在一个懒惰的经理手下做事,那个经理总是把事情推到自己手下职员的身上。他觉得马克道厄尔是一个可以任意驱使的人,因此经常指使马克道厄尔为自己干事。

马克道厄尔也总是那样的服服贴贴,叫干什么就干什么。

不过,马克道厄尔是一个十分心细的人,他在日常的生活中总是很注意观察厂里的各方面的情况,尤其是老板阿穆尔先生的个人喜好。

于是,机会终于来了。

有一次,经理叫马克道厄尔替自己编一本阿穆尔先生前往欧洲时用的密码电报书。

于是,这位经理的懒惰,终于使马克道厄尔拥有了做事的机会。

一般人编电码都是随便编几张纸就了事,马克道厄尔却不一样,他是将这些电码编成了一本小小的书,用打字机很清楚地打出来,然后好好地用胶装订着。

电报密码书做好之后,便交给了老板阿穆耳先生。

阿穆耳先生仔细地看了看电报密码本,然后说:“这大概不是你做的。”

经理只好战战栗栗地回答:“是……马克道厄尔……”

阿穆尔先生立即命令:“你叫他到我这里来。”

马克道厄到办公室来了。

阿穆耳说:“小伙子,你怎么把我的电报做成这样子的呢?”

马克道厄尔答道:“我想这样你用起来方便些。”

几天后,马克道厄尔便在厂里独自拥有了一间办公室。

又过了几天,他便代替自己的顶头上司也即那位经理的职位了。

从马克道厄尔小小成功中,你不难看出,如果他当初不有所准备,没有他平日里细心的观察,他是不会有这样机会的。

著名的房地产经纪人戴约瑟的成功经历也很能说明这一问题。

14 岁的时候,戴约瑟还只不过是一家货贸公司的听差,当时,在他看来,自己要做一个售货员那简直是一件不可能的事,而这却是他极想做的。

正因为他有着想做一个售货员的强烈的欲望,因此他总是十分细心地观察公司里来来往往的顾客,观察他们的一言一行,尤其是公司上下进货供货的流程安排,而且还不时地询问。

于是,机会终于也降临到了他的身上。

一天下午,从芝加哥来了一位大主顾。

这天正是 7 月 3 日,主顾必须于 7 月 5 日动身前往欧洲,但他在动身之前需要订一批货。这要等到第二天才能办好,但第二天正是国庆日,是放假的日子。

按照一般订货的程序,主顾先把各色货样看过,然后选定他所想要的货。售货员再把所订的一卷一卷的货单拿出来检查一遍。

于是,店家答应第二天有一个店员来为这位难得的大主顾办理一切。

但是谁也没想到,这位店员却却推托说他的父亲非常爱国,绝不肯叫他在国庆日卖东西。这当然是一种推托之辞。他真正的原因是想看球赛。

后来,当戴约瑟已经是一位很著名的房地产经纪人时,他在一次和年轻营销人员的谈话中说到自己人生中第一次成功的经历时,还似乎仍是那样的回味无穷,他说:

“我告诉那个店员说我愿意代替他做,结果我成功了。到 17 岁的时候,我便是一个售货员了。”

从这个故事中，你不难看出，见缝插针而又不打无准备之仗，对于一个梦想成功的人而言是多么重要。

一天晚上，有一个青年人进入底特律的克利夫兰轮船公司的行李房里，向一个行李经理自告奋勇提供帮忙，这个经理是位爱尔兰人，青年人的做法弄得那个爱尔兰人莫名其妙。

爱尔兰人说道：“你说你要帮助我，但是不要钱？”

此时那个青年已经把衣服脱下来，好像老手的样子，丢在箱子旁边。

他笑着答说：“我是新来的导游，我是想来看看这条航线的行李是怎样处理的。”'

“但是，伙计，”那个爱尔兰人更觉得惊讶地说，“现在已过了7点，你休息的时候应是5点半钟，而公司方面在上班外的时间是不会给你钱的，无论你把手弄得多么脏。”

“噢！那不打紧，”那年轻人说，“现在这事是出在我自己身上的。我现在是想除了与乘客接洽之外，再学一点别的东西，而你这里就是一种开始学习的好地方。”

“那么，如果你一定要帮助我，你就来帮我吧！”爱尔兰人最后说，“不过我觉得恐怕你是太寂寞了。像这样好的春天的晚上，大多数的年轻人是想出去玩玩的。”

但是他并不寂寞。

这就是他如何得到教育，最后使他升为底特律与克利夫兰航业公司的总经理的原因。

他就是湘兹。

但是，需要注意的是，这样做额外的工作，必须是以一种热忱而有趣的精神去做，这样才是有成效的。上述的那些人对于他们的工作是觉得有趣的。如果是以埋怨的态度去做，或是专门想引起同事或上司的注意，博取他们的同情或称赞，那么工作就一定不会有什么成就。

记住，成功的人并不是希望获得称赞，而是因工作本身有趣才这么做的。

敢在冒险中猎获机遇

奥里森·马登成功学告诉人们:成功的机遇很可能会主动降临到我们每一个人头上,就看我们是否能把握住,而那些一定能成功的人则不是等待这种机遇降临在自己头上,而是自己去捕获机遇,冒险就是他们最好的工具。

不要抱怨生活的不公平,机会是均等的,只是有的人有能力去抓,有的人不敢去抓,有的人甘愿与其失之交臂。那些成功者自然是捕捉机遇、创造机遇的高手,而且他们惯于在风险中猎获机遇!

机遇常与风险并肩而来。一些人看见风险便退避三舍,再好的机遇在他眼中都失去了魅力。这种人往往在机会来临之时踌躇不前,瞻前顾后,最终什么事也干不成。奥里森·马登虽然不赞成赌徒式的冒险,但他认为任何机会都有一定的风险性,因为怕风险就连机会也不要了,无异于因噎废食。

最有希望的成功者并不都是才华出众的人,而是那些最善于利用每一时机去发掘开拓的人。他们在机会中看到风险,更在风险中逮住机遇。

奥里森·马登曾深入研究美国金融大亨J·P·摩根的发迹史,结果发现他就是一个善于在风险中投机的人。

J·P·摩根诞生于美国康乃狄格州哈特福的一个富商家庭:摩根家族1600年前后从英格兰迁往美洲大陆。最初,摩根的祖父约瑟夫·摩根开了一家小小的咖啡馆,积累了一定资金后,又开了一家大旅馆,既炒股票,又参与保险业。摩根的父亲吉诺斯·S·摩根则以开菜店起家,后来他与银行家皮鲍狄合伙,专门经营债券和股票生意。

生活在传统的商人家族,经受着特殊的家庭氛围与商业熏陶,摩根年轻时便敢想敢做,颇富商业冒险和投机精神。1857年,摩根从哥廷根大学毕业,进入邓肯商行工作。一次,他去古巴哈瓦那为商行采购鱼虾等海鲜归来,途径新奥尔良码头时,他下船在码头一带兜风,突然有一位陌生人从后面拍了拍他的肩膀:“先生,想买咖啡吗？我可以出半价。”

“半价？什么咖啡?”摩根疑惑地盯着陌生人。

陌生人马上自我介绍说:“我是一艘巴西货船船长,为一位美国商人运来一船咖啡,可是货到了,那位美国商人却已破产了。这船咖啡只好在此抛锚……先生！您如果买下,等于帮我一个大忙,我情愿半价出售。但有一条,必须现金交易。先生,我是看您像个生意人,才找您谈的。”

摩根跟着巴西船长一道看了看咖啡,成色还不错。一想到价钱如此便宜,摩根便毫不犹豫地决定以邓肯商行的名义买下这船咖啡。然后,他兴致勃勃地给邓肯发出电报,可邓肯的回电是:“不准擅用公司名义！立即撤销交易!”

摩根对此非常生气,不过他又觉得自己确实太冒险了,邓肯商行毕竟不是他摩根家的。自此摩根便产生了一种强烈的愿望,那就是开自己的公司,做自己想做的生意。

摩根无奈之下,只好求助于在伦敦的父亲。吉诺斯回电同意他用自己伦敦公司的户头偿还挪用邓肯商行的欠款。摩根大为振奋,索性放手大干一番,在巴西船长的引荐之下,他又买下了其他船上的咖啡。

摩根初出茅庐,做下如此一桩大买卖,不能说不是极大冒险。但上帝偏偏对他情有独钟,就在他买下这批咖啡不久,巴西便出现了严寒天气。一下子使咖啡大为减产。这样,咖啡价格暴涨,摩根便顺风迎时地大赚了一笔。

从咖啡交易中,吉诺斯认识到自己的儿子是个商业人才,便出了大部分资金为儿子办起摩根商行,供他施展经商的才能。摩根商行设在华尔街纽约证券交易所对面的一幢建筑物里,这个位置对摩根后来叱咤华尔街乃至左右世界风云起了不小的作用。

这时已经是1862年,美国的南北战争正打得不可开交。林肯总统颁布了“第一号命令”,实行了全军总动员,并下令陆海军对南方展开全面进攻。

一天,克查姆——一位华尔街投资经纪人的儿子,摩根新结识的朋友,来与摩根闲聊。

“我父亲最近在华盛顿打听到,北军伤亡十分惨重!”克查姆神秘地告诉他的新朋友，"如果有人大量买进黄金，汇到伦敦去，肯定能大赚一笔。"

对经商极其敏感的摩根立时心动，提出与克查姆合伙做这笔生意。克查姆自然跃跃欲试，他把自己的计划告诉摩根："我们先同皮鲍狄先生打个招呼，通过他的公司和你的商行共同付款的方式，购买四五百万美元的黄金——当然要秘密进行；然后，将买到的黄金一半汇到伦敦，交给皮鲍狄，剩下一半我们留着。一旦皮鲍狄黄金汇款之事泄露出去，而政府军又战败时，黄金价格肯定会暴涨；到那时，我们就堂而皇之地抛售手中的黄金，肯定会大赚一笔！"

摩根迅速地盘算了这笔生意的风险程度，爽快地答应了克查姆。一切按计划行事，正如他们所料，秘密收购黄金的事因汇兑大宗款项走漏了风声，社会上流传着大亨皮鲍狄购置大笔黄金的消息，"黄金非涨价不可"的舆论四处传播。于是，很快形成了争购黄金的风潮。由于这么一抢购，金价飞涨，摩根一瞅火候已到，迅速抛售了手中所有的黄金，趁混乱之机又狠赚了一笔。

这时的摩根虽然年仅 26 岁，但他那闪烁着蓝色光芒的大眼睛，看去令人觉得深不可测；再搭上短粗的浓眉、胡须，会让人感觉到他是一个深思熟虑、老谋深算的人。

此后的一百多年间，摩根家族的后代都秉承了先祖的遗传，不断地冒险，不断地投机，不断地暴敛财富，终于打造了一个实力强大的摩根财团。

机遇常常有，但往往掺杂在风险中，想猎获它，就要看你有没有勇气去冒这个险。

做人要想成就一翻大事业，取得一翻大成功，就要能把胆子放大，在不违背社会道德和法律制度的前提下，去冒最大的险。

奥里森・马登指出，你不得不为成功而冒险，正如你必须为失败而冒险一样。如果你试图逃避，或被压夸，你就输了。所以说，要想成功，你就要敢于冒险，并且敢冒最大的险。

在某种程度上，生活是一场博弈。敢冒最大的风险的人，在商场才能赚得最多的钱，在事业上才能取得最大的成功，才可能实现人生的最大价值。

要能置之死地而后生

做事时，想的太多就容易为其拖后腿，断绝所有退路，才可能勇往直前，因为这时你只有两条路，一条是“死”，一条是“拼”，这时你才能全力以赴的追求成功。

凯撒在尚未掌权之前，是一位出色的军事将领。有一次，他奉命率领舰队前去征服英伦诸岛。

在他出发前，才发现一项严重的问题。随船远征的军队人数少得可怜，而且武装配备也残破不堪，以这样的军力征服骁勇善战的盎格鲁萨克逊人，无异于以卵击石。

但凯撒当下还是决定启程，航向英伦诸岛。舰队到达目的地之后，凯撒等候所有兵丁全数下船，计上心来：立即命令亲信部属一把火将所有战舰烧毁。

同时他召集全体战士训话，明确地告诉他们。战船已经烧毁，所以大伙儿只有两种选择。一是勉强应战，如果打不过勇猛的敌人，后退无路，只得被赶入海中喂鱼。

另一条路是，不管军力、武器、补给的不足，奋勇向前，攻下该岛，则人人皆有活命的机会。

士兵们人人抱定必胜的决心，终于攻克强敌，而凯撒也因为这次成功的战役，奠下日后掌权的基础。

奥里森·马登认为，将身后的桥梁全部烧毁，这也就意味着所有退路都已经被封死，意味着你对自己的事业必须全力以赴，没有任何挫折或者困难能够诱使你掉头撤退。“在面临挫折的紧要关头因缺乏勇气而后退逃跑”，这就是成千上万放弃了战斗的失败者最形象的墓志铭。

与此相反，当你坚定勇敢、精神饱满地冲向自己的目标、切断自己的一切退路并且毫无保留地投入到你的事业中时，你必将赢得整个世界。

这个世界上有太多太多年轻人一事无成,奥里森·马登认为主要原因就是他们根本没有必胜的信念。他们一遇到困难就知难而退,也不愿为了心中渴望的成功付出相应的努力。他们无法忍耐成功前所必须经受的长时间的磨炼和训练。他们不愿意为了赢得辉煌的未来而放弃平时的消遣娱乐,也不愿意把晚上和平时的空闲时间都投入到自我提高、接受教育或者钻研本职工作的活动中。

林肯曾向上帝发誓,如果李南方军队被赶出宾夕法尼亚州,那么他就一定要解放所有奴隶。他身上的每一个细胞,每一块肌肉都发出呐喊声:这个誓言一定要实现。无与伦比的坚定信念为这位巨人平添了成倍的力量。

一旦人们表现出非凡的勇气和意志,那么在他们的一生中还有什么成就是不可能达到的呢?

贺瑞斯·梅纳德就是这种成功者的典范。他刚刚进入大学时就在自己的房门上写下一个大大的红色"V"字。他的同学对此迷惑不解,便把他称作"门上写V字的人"。大学毕业时,他被选为代表全体毕业生致告别词的学生(valedictoria,通常为毕业班成绩最优秀的学生)。"现在,亲爱的同学们,"他说道:"你们该明白'V'字代表什么了。从踏人大学的门槛的第一天起,我就立志成为代表毕业生致告别词的学生。"

我们可以假想一下,如果贺瑞斯心里这么想:"我这样一个穷孩子怎么能竞争得过那些聪明的同学,成为代表毕业生致告别词的优秀学生呢?他们大多数人都比我拥有更多优势。不过我可以先努力学习,然后看看离这个标准差多远。"这种想法实际上早早就承认了自己的无能,最终自然不可能赢得成功。

奥里森·马登将人们在奋斗过程中的表现分为两类:一些人往往毫无保留地投入到对人生目标的追逐中,发誓不惜一切代价要将自己的事业推向成功的巅峰,无论达到这一目标会让他等多久也毫不在乎;另一些人却总是在奋斗的过程中犹豫不决。他们不敢全情投入自己的事业,担心一旦失败了就没有退路。这两种人的前途往往也会截然不同。

一旦全力以赴投入自己的人生目标,人们就会爆发出惊人的力量:一旦用尽全身气力冲向自己的梦想,人们就会具备无限的动力。只要咬紧牙关决不后退,那么几乎就没有什么力量可以阻挡你前进的脚步。

如今的年轻人最显著的弱点之一就是优柔寡断,并且缺乏全身心投入事业的坚定意志。而大多数成功人士之所以成功,都由于他能够专心致志于他所努力欲成就的目标上。为了达成目标,他能舍弃一切与他成功之路不相关的事物,眼光只锁定他的目标。

这种强烈的成功意志,对于一般人而言,似乎较为难以具备。故而,我们不妨可以学习凯撒大帝火烧战船断绝后路的方式,来激励自我全力以赴。

你可将纷乱的思绪暂时放下,静心省思,有哪些事物阻碍在通往成功的路上?

当看清所有阻碍你成功的事物,诸如拖延、懒惰、消极意识……等等,接着你必须有个坚定的决心,先除去所有的障碍物,然后再断绝你所有可退之路。惟有如此,才能够保证渴望追求成功的愿望,如同求生的本能一般迫切而强烈,而这种本能将引导你走向成功。

"狗急了也跳墙"这句话虽然难听,当的确有一定道理,一个人如果确信自己已完全没有退路时,往往能爆发出最巨大的勇气,发挥出最巨大的潜能。所以说,如果你真想做一翻大事业,那就找准目标,毫不犹豫的断绝所有后路,置之死地,背水一战,这或许就是你获得成功的最好机遇。

重视小事以捕捉灵感

世界上最睿智的国王所罗门说过,"万事皆因小事起"。奥里森·马登非常认可这句话,并举了一个著名的事例作为力证,那就是"摩德纳水桶"的故事。

公元1005年,摩德纳联邦的几个士兵带着这只著名的水桶跑到了隶属于波罗尼亚王国的一个共和国去了。这原本是一件不值一提的小事,但是却引起了一场军事纠纷。引发了一场长达十几年的战争。

像这样的例子,奥里森·马登列举了很多,最后他得出这样一个结论:

“小小的错误的最坏之处在于，它并不会老是停留在小错误的程度上。”

事实上，“万事皆因小事起”，并不是只是指小错误会引发大麻烦，奥里森·马登还认为，重视小事情往往能捕捉大灵感，天才就是注意细节和小事的人，历史上那些伟大发明很多都是在小事中捕捉到灵感的，最著名的自然是牛顿通过砸在头上的苹果而发现了万有引力。不仅是科学家的伟大发明，那些杰出成功者也有很多是从小事中捕获成功的机遇的。

下面是奥里森·马登成功学中又一个著名的案例。

牛仔裤是一种风靡世界的服装，几百年来一直备受人们喜爱，在匆匆忙忙的时尚风潮中始终保持着自己独特的品味，但似乎没有人追问，究竟是谁发明了牛仔裤？他又是如何发明了这世界上的第一条牛仔裤的呢？

人们也许根本不会想到，风靡全世界，曾影响几代人生活的牛仔裤竟是一个名叫李维·施特劳斯的小商贩发明的，他制造的第一条牛仔裤竟然是美国西部淘金工人的工装裤。

19 世纪 50 年代，李维·施特劳斯和千千万万年轻人一同经历了美国历史上那次震撼人心的西部移民运动。这场运动不是由政府发动，而是源于一则令人惊喜的消息：美国西部发现了大片金矿。

消息一经传出，在美国立即刮起一股向西部移民的旋风。满怀发财梦的人们，携家带口纷纷拥向通往金矿的路途，拥向那曾经是荒凉一片，人迹罕至的不毛之地。

于是，在通往旧金山的道路上，高篷马车首尾相接，滚滚人流络绎不绝，景象分外壮观。李维·施特劳斯同样也经不起黄金的诱惑，毅然放弃他早已厌倦的文职工作，加入到汹涌的淘金大潮中。一到旧金山，李维·施特劳斯立刻被眼前的景象惊呆了：

一望无际的帐篷，多如蚁群的淘金者……他的发财梦顿时被惊醒了一半。

“难道要像他们一样忙忙碌碌而无所收获吗？”

“不能！”李维·施特劳斯坚定地说道，他说服自己不要知难而退，而要留下来干一番事业。也许是犹太人血统里天生的经商天分在李维·施特劳斯的身上起了作用，他决定放弃从沙土里淘金，而是从淘金工人身上“淘金”。

主意已定,李维·施特劳斯用完身上所有的钱物,开办了一家专门针对淘金工人销售日用百货的小商店。李维·施特劳斯这一独具慧眼的决定,为他今后发财致富奠定了良好基础。

小商店开业以后,生意十分兴旺,日用百货的销售量很大。李维·施特劳斯整日忙着进货和销货,十分辛苦,但利润也十分丰厚。渐渐的李维·施特劳斯有了一笔积蓄,在同行小商贩中,他因吃苦耐劳和善于经营而有了小名气,商店的生意越做越好。为了获取更大的利润,李维·施特劳斯开始频繁外出拓展业务。

一天,他看见淘金者用来搭帐篷和马车篷的帆布很畅销,于是乘船购置了一大批帆布准备运回淘金工地出售。在船上,许多人都认识他,他捎带的小商品还没运下船就被抢购一空,但帆布却丝毫没有人问津。

船到码头,卸下货物之后,李维·施特劳斯就开始高声叫喊推销他的帆布。他看见一名淘金工人迎面走来,并注意看他的帆布,于是赶紧迎上去拉住他,热情地询问:

“您是不是要买一些帆布搭帐篷?”

淘金工人摇摇头说:“我不需要再建一个帐篷。”

他看着李维·施特劳斯失望的表情,接着又说:

“您为什么不带些裤子来呢?”

“裤子?为什么要带裤子来?”李维·施特劳斯惊奇地问道。

“不经穿的裤子对挖金矿的人一钱不值,”这位金矿工人继续说道,“现在矿工们所穿的裤子都是棉布做的,穿不了几天很快就磨破了。”他话锋一转又说道:

“如果用这些帆布来做裤子,既结实又耐磨,说不定会大受欢迎。”

乍一听到这番话,李维·施特劳斯以为他是在开玩笑,但转念仔细一想,却是很有道理,何不试一试呢?

于是,李维·施特劳斯便领着这位淘金工人来到裁缝店,用帆布为他做了一条样式很别致的工装裤。这位矿工穿上结实的帆布工装裤高兴万分,他逢人就讲他的这条“李维氏裤子”。消息传开后,人们纷纷前来询问,李维·施特劳斯当机立断,把剩余的帐篷布全部做成工装裤,结果很快就被抢购一空。

1850年,世界上第一条牛仔裤就这样在李维·施特劳斯手中诞生了,它很快风靡起来,同时也为李维·施特劳斯带来了无限巨大的财富。

就像风平浪静掩饰不住海底汹涌的暗流一样,在平平淡淡的生活中,到处都蕴藏着无限的商机,聪明的人知道,平淡并不是一部无聊的肥皂剧,相反,它是一幕传奇的开始。只要你用心就会揭开它神秘的面纱。任何看似偶然、随意的发现,其实往往都伴随着巨大心血的付出。李维·施特劳斯于不经意间创下了大业,正是得益于他的细心。

奥里森·马登认为,如何抓住机遇,并没有固定的模式和准则可循,但过人的洞察力和预见能力无疑是非常重要的。

欲成大事的人平时一定要留心周围的小事,有敏锐的洞察力。伽利略不忽视吊灯摆动、瓦特研究烧开水后的壶盖跳动这些似乎司空见惯的现象,他们因此而有所发明或发现,就是这方面的典型事例。在日常生活中,常常会发生各种各样的事,有些事使人感到惊奇,引起多数人的注意;有些事则平淡无奇,许多人漠然视之,但这并不排除它可能包含有重要的意义。

一个有敏锐观察力的人,要能够从日常生活中发现不奇之奇。19世纪的英国物理学家瑞利注意到一种生活现象,在端茶时,茶杯会在碟子里滑动和倾斜,有时茶杯里的水也会洒出一些,但当茶水稍洒出一点弄湿了茶碟时,会突然变得不易在碟上滑动了。他对此做了进一步研究,做了许多相类似的实验,结果求得一种求算摩擦的方法——倾斜法,他因此获得了意外惊喜。

可见,一个要想抓住成功的机遇,就一定要留心日常生活中的小事,训练敏锐的洞察力,这样就更容易捕捉灵感,把握机遇,获得成功。

抓住百分之一的机会

奥里森·马登曾经问过一位年轻人这样一个问题,当成功的机率只有百分之一甚至更小的时候,你会去做吗?

面对这个问题,相信会有很大一部分人选择望而却步,但真正能成大事的人一定会接受这个挑战,即使只有百分之一甚至更小的成功机会,他们也会作出百分之百的努力,通过这种努力去把握这种机会。真正敢于挑战百分之一机率的人,虽然也有可能挑战失败,但迟早会抓住机遇收获成功。

美国百货业巨子约翰·甘布士认为机遇无处不在,有时也许只存在百分之一的可能,但是毕竟它存在着。只要锲而不舍的去争取,就一定能有所收获。

他的座右铭是:“不放弃任何一个哪怕只有百分之一可能的机会。”

有一次,甘布士要乘火车去纽约,但事先没有订妥车票,这时恰值圣诞节前夕,到纽约去度假的人很多。因此火车票很难购到。

甘布士夫人打电话去火车站询问:是否还可以买到这一次的车票?

车站的答复是:全部车票都已售光。不过,假如不怕麻烦的话,可以带好行李到车站碰碰运气,看是否有人临时退票。

车站反复强调了一句,这种机会或许只有百分之一。

甘布士欣然提了行李,赶到车站去,就如同已经买到了车票一样。

夫人问道:“约翰,要是你到了车站买不到车票怎么办呢?”他不以为然地答道:“那没有关系,我就好比拿着行李去散了一趟步。”

甘布士到了车站,等了许久,退票的人仍然没有出现,乘客们都川流不息地向月台涌去了。

但甘布士没有像别人那样急于往回走,而是耐心地等待着。

大约距开车时间还有5分钟的时候,一个女人匆忙地赶来退票,因为她的女儿病得很严重,她被迫改坐以后的车次。

甘布士买下那张车票，搭上了去纽约的火车。

到了纽约，他在酒店里洗过澡，躺在床上给他太太打了一个长途电话。

在电话里，他轻轻地说：

"亲爱的，我抓住那只有百分之一的机会了，因为我相信一个不怕吃亏的笨蛋才是真正的聪明人。"

有一次，维尔地区经济萧条，不少工厂和商店纷纷倒闭，被迫贱价抛售自己堆积如山的存货，价钱低到 1 美元可以买到 100 双袜子。

那时，约翰·甘布士还是一家织造厂的小技师。他马上把自己积蓄的钱用于收购低价货物，人们见到他这股傻劲，都公然嘲笑他是个蠢才！认为想通过这次收购发大财几率实在小的可怜。

约翰·甘布士对别人嘲笑漠然置之，他认为只要有机会，哪怕其几率是百分之一甚至更小，都要努力去争取，他依旧收购各工厂和商店抛售的货物，并租了很大的货场来贮货。

他妻子劝他说，不要把这些别人廉价抛售的东西购入，因为他们历年积蓄下来的钱数有限，而且是准备用作子女教养费的。

如果此举血本无归，那么后果便不堪设想。

对于妻子忧心忡忡的劝告，甘布士自信地对她说："3 个月后，我们就可以靠这些廉价货物发大财了。"

甘布士的话似乎实现不了。

过了 10 天后，那些工厂贱价抛售也找不到买主了，便把所有存货用车运走烧掉，以此稳定市场上的物价。

太太看到别人已经在焚烧货物，不由得焦急万分，抱怨起甘布士，对于妻子的抱怨，甘布士一言不发。

终于，政府采取了紧急行动，稳定了维尔地区的物价，并且大力支持那里的厂商复业。

这时，维尔地区因焚烧的货物过多，存货欠缺，物价一天天飞涨。

约翰·甘布士马上把自己库存的大量货物抛售出去，一来赚了一大笔钱，二来使市场物价得以稳定，不致暴涨不断。

在他决定抛售货物时，他妻子又另告他暂时不忙把货物出售，因为物价还在一天一天飞涨。

他平静地说:“是抛售的时候了,再拖延一段时间,就会后悔莫及。”

果然,甘布士的货刚刚售完,物价便跌了下来,他的妻子对他的远见钦佩不已。

后来,甘布士用这笔赚来的钱,开设了5家百货商店,业务也十分发达。

最终,甘布士成为全美举足轻重的商业巨子,他在一封给经商者的公开信中诚恳地说道:

“亲爱的朋友,我认为你们应该重视那百分之一的机会,因为它将给你带来意想不到的成功和财富。有人说,这种做法是傻子行径,比买奖券的希望还渺茫。这种观点是有失偏见的,因为开奖券是由别人主持,丝毫不由你主观努力。但这种百分之一的机会,却完全是靠你自己的努力去完成。但是,你们也必须注意,要想抓住这万分之一的机会,就必须注意两点:

一是要目光长远,没有高瞻远瞩的眼光是无法抓住任何一个机会的;

二是要锲而不舍,没有持之以恒的毅力和百折不挠的信心,即使你抓住了机会也是无济于事的。

只要注意了这两点,你们就一定能成为日后商界的新星!”

不放弃一切可能的机会,尽最大的努力去实现它,这正是成功者必备的一种素质。

↓第七章
你的职业就是你的雕塑

生活的伟大之处在于怎样才能找到正确的位置，最大限度地发挥我们的能力。以快乐和充满活力的心态去工作和以痛苦而又烦躁的心态去工作之间的差别该有多大啊！

做好自己的职业定位

在都市中，最令人遗憾的是，很多人都在定位错误的职业上奋斗、挣扎，为此放弃了自己的舒适和安逸，这种精神虽然值得欣赏，但去追求不适合自己的梦想往往不会有很好的结果。如果这些人把精力花在定位准确的职业上，他就可以用更少的努力获得更大的成功和快乐。

奥里森·马登认识一位年轻而富有的青年人，这位青年人非常希望有一份属于自己的成功事业，他受一些喜欢绘画的朋友的影响而跑去法国巴黎学习绘画艺术。可是，在经过三年的艰苦学习之后，他发现，自己根本没有成为一个伟大艺术家的天赋。他的个性也不适宜每天拿着画笔作画，绘画对他来说成为一种痛苦，他一直向往着农场的生活。在最终将自己定位在一个成功的农场主而不是一名平庸的画家之后，他回到了美国，开始了农场生活。

后来,这个青年人在伊利诺伊州拥有数千英亩的良田。他一座漂亮的房子,有一个美丽的妻子。他每年都要出国去学习农耕技术和畜牧技术。他雇佣了很多人,并且对周围贫穷的人予以帮助。总之,他成为了一个快乐而又对社会有用的人,因为他的定位准确,他找到了符合自己性格而又喜欢的事业。这个青年人后来告诉奥里森·马登,如果自己没有抓住改正错误的机会,重新定位自己的工作,那他肯定会是一个痛苦而不幸的失败者。

奥里森·马登据此认为,一个人要想成功,首先在职业定位上必须做出一番努力,真正做好自己的职业定位。

良好的职业定位至少有以下四大好处:

第一,定位准确可以持久地发展自己。很多人事业上发展不顺利不是因为能力不够,而是选择了并不适合自己的工作,并没有认真地思考一下“我是谁”、“我适合做什么”,也不清楚自己想要什么,从而无法体会如愿以偿的感觉。有些人把时间用于追逐不是自己真正适合的工作上,但是随着竞争的加剧会感觉后劲不足。准确的定位,可以获得更加长足的发展。

第二,定位准确可以善用自己的资源。集中精力的发展,而不是“多元化发展”,这是职业发展的一个规律,有些人多来年涉足很多领域,学习很多知识,博而不专,虽然表面看起来什么都懂,无所不知无所不晓,但其实内部很虚弱,每一项能力上都没有很强的竞争力,外强中干。人们常说,“学MBA吧,大家都在学”,“出国吧,再不出国就来不及了”,“读研究生和博士吧,年龄大了就读不动了”,可现实已经说明,MBA、出国、研究生和博士并生不代表持续的发展,投资很多,收益很少,过于分散精力反而会让你失去原有的优势。

第三,定位准确可以抵抗外界的干扰,不会轻言放弃。有的人选择工作,用现实的报酬作为准则,哪里钱多去哪里,什么时尚干什么,以至于放弃自己本已不错的职业,舍本逐末。但事实是,头几年这一职位在待遇上会有一些优势,但是后来差距越来越小了,甚至风水轮流转,今天时尚的过几年不再时尚了,从前挣钱容易的职业几年后挣钱不再简单,有的人凭借机遇获得一个好职位,但是轻易地放弃了。而给自己一个准确的定位,你就会理性地面对外界的诱惑。

第四,定位准确还能吸引合适的用人单位的眼球,或使上司正确的培养自己,调动一切有利因素帮助自己发展。很多人在写简历和面试的时候,不能准确地介绍自己,使得面试官不能迅速地了解你,有的人在职业上摇摆不定,使得单位不敢委以重任;还有的人经常换工作,使得朋友们不敢积极相助。定位不准,就好像游移的目标,让人看不清真实的面目。

在了解了职业定位的好处以后,我们再来看看职业定位有那些步骤:

第一步,了解自我。这是在"知道自己的长处和自己的行事方式"之后对自己的进一步了解。这里所谓的进一步了解是要正确评价自己的核心价值观念、个性特点、天赋能力、缺陷、性格、气质、兴趣等等,问问自己想干什么,能干什么。对自己各方面能力进行摸底,了解自己能力的大小,明确自己的优势和劣势,根据其他应聘者的经验、经历,选择推断未来可能的工作方向,从而彻底解决"我能干什么"的问题。

第二,了解职业。只了解自己还不够,还要了解职业。了解职业包括职业的工作内容、知识要求、技能要求、经验要求、性格要求、工作环境、工作角色等。在了解职业的基础上,进一步仔细地分析比较自己和职业要求的差距,根据自己的特点仔细地权衡选择不同目标的利弊得失,以根据自己的现实条件确定最终达到目标的方案。

第三,充分规划。这是职业定位规划的最后一部。每一个想找到适合自己理想的职业的人,要在找工作前明确职业定位,充分结合自己的个性特点和兴趣爱好,认真思考自己要做什么,能做什么,从事哪个专业领域的工作,朝哪个方向发展,从而避免求职时的盲目和错失良机。

对于不同的人,职业规划肯定不同。其实不仅如此,奥里森·马登认为,即使是同一个人在自己一生的各个不同的阶段,其职业规划也存在很大的不同。而对于处在二十岁至三十岁之间的年轻人来说,其职业规划重在走好第一步。二十岁至三十岁这一阶段是事业发展的起点。如何起步,直接关系到今后的成败。这一阶段的主要任务之一,就是选择职业。在充分做好自我分析和内外环境分析的基础上,选择适合自己的职业,设定人生目标,制定人生计划。再一个任务,就是要树立自己良好的形象。年轻人步入职场,表现如何,对未来的发展影响极大。有些年轻人,特别是刚毕业的大学生，总认为自己有知识，有文化，到单位工作后不屑于做零星小事，结果给同事们留下一个很差的印象，这对一个年轻人的发展而言，可以说是一个危机。还有一个重要任务，就是要坚持学习。根据日本科学家研究发现，人一生工作所需的知识，90%是工作后学习的。这个数据足以说明参加工作后学习的重要性。

最后要强调一点的就是，职业定位一定要实事求是。这山望着那山高是职业定位的大忌。客观的自我认识和自我评价是制定个人职业计划的前提，职业定位应以个人发展为目标，应符合自己的兴趣、特长，与个人的知识、能力相符，除此之外，职业定位还需考虑客观环境因素。

你不只是为老板工作

“我不过是在为老板打工。”这种愚蠢的想法要不得。在许多人看来，工作只是一种简单的雇佣关系，做多做少，做好做坏对自己意义并不大。这种观点错误至极。

奥里森·马登在其著作中举过这样一个例子：

汉斯和诺恩同在一个车间里工作，每当下班的铃声响起，诺恩总是第一个换上衣服，冲出厂房，而汉斯则总是最后一个离开，他十分仔细地做完自己的工作，并且在车间里走一圈，看到没有问题后才关上大门。

有一天，诺恩和汉斯在酒吧里喝酒，诺恩对汉斯说：“你让我们感到很难堪。”

“为什么？”汉斯有些疑惑不解。

“你让老板认为我们不够努力。”诺恩停顿了一下又说：“要知道，我们不过是在为别人工作。”

“是的，我们是在为老板工作，但是，我们也是在为自己而工作。”汉斯的回答十分肯定有力。

现实生活中，类似诺恩的人不在少数，他们并没有意识到自己在为他人工作的同时,也是在为自己工作——你不仅为自己赚到了养家糊口的薪水,还为自己积累了工作经验,工作带给你的远远超过薪水以外的东西。从某种意义上来说,工作真正是为了自己。

我们常常讲努力工作,那么怎样才算努力工作呢?努力工作就是尽自己最大的努力把工作做好!从低层次讲是拿人钱财,替人人消灾,对老板有个交待;更高层次上则是摒除“只是为老板打工”的思想,将工作当成自己的事,融入一种使命感和道德感。而无论哪个层次,努力工作所表现出来的就是认真负责、一丝不苟、善始善终的工作态度。

奥里森·马登指出,当你把努力工作当成一种习惯时,哪怕一开始并不能为你带来可观的收益,但是可以肯定,你的付出永远比那些缺乏敬业精神的人好十倍。相反,一旦散漫、马虎、不负责任的做事态度深入到我们的潜意识中,那做任何事都会随意而为之,其结果自然是一团糟。

在美国西部的一个小镇里,有一位叫做贝恩的木匠,他做这一行做了一辈子,并且以其敬业和勤奋深得老板的信任。年老力衰时,贝恩对老板说,自己想退休回家与妻子儿女享受天伦之乐。老板十分舍不得他,再三挽留,但是他去意已决,不为所动。于是老板只好答应他的请辞,但希望他能再帮助自己盖一座房子。贝恩自然无法推辞。

贝恩归心似箭,心思全不在工作上了。用料也不那么严格,做出的活也全无往日的水准。老板看在眼里,但却什么也没说。等到房子盖好后,老板将钥匙交给了贝恩。

“这是你的房子,”老板说,“我送给你的礼物。”

老木匠愣住了,悔恨和羞愧溢于言表。自己的一生盖了这么多的华亭豪宅,最后却为自己建了这样一座粗制滥造的房子。

这也许不过是一个故事,但是生动地说明了你所做的努力并不完全是为了老板,你归根到底是为自己而工作。

贝恩没有保持晚节,而许多年轻人却是一踏入社会就缺乏责任心,以善于投机取巧为荣;老板一转身就懈怠下来,没有监督就没有工作;工作推诿塞责,划地自封;不思进取,反而以种种借口来遮掩自己缺乏责任心。懒散、消极、怀疑、抱怨……种种职业病如同瘟疫一样在企业、机关、学校中流行。

付出多么大的努力,都挥之不去。值得钦佩的是那些不论老板是否在办公室都会努力工作的人,是那些尽心尽力完成自己工作的人,这种人永远不会被解雇,他在任何地方都会受到欢迎,这个时代更需要这种人才。

“我不过是在为别人打工。”这句话中隐藏着的另外一层意思是:“如果我是老板,我会更加努力。”但是,事实却并非想像得那么简单。

勤奋和敬业并不完全是由于物质的刺激,物质的刺激是一种本能的反应,是个人追求最浅的层次,更高层次的则是一种自觉执行的精神,一种对事业更深层次的理解。

奥里森·马登年轻曾经认识一个叫做杰克的年轻人,他颇有才华,但是对待工作总是显得漫不经心。奥里森·马登曾经因此而忠告过他,他的回答是:“这又不是我的公司,我没有必要为老板拼命。如果是我自己的公司,我相信自己会像老板一样夜以继日地工作,甚至会比他做得更好。”

一年以后,他写信告诉奥里森·马登,自己离开了原来的工作,独立创业,开办了一家事务所。“我会很用心地做好它,因为它是我自己的。”在信中的末尾他这样写道。

奥里森·马登回信对他表示祝贺,同时也提醒他注意,对未来可能遭遇的挫折一定要有足够的思想准备。

半年以后,奥里森·马登又一次得到了杰克的消息,杰克说,自己一个月前关闭了公司,重新去为别人工作,因为“太麻烦,太复杂,根本不适合自己的个性”。

这种结果其实在奥里森·马登意料之中。

创业伊始,许多年轻人都会抱着满腔热情,全身心投入其中,但是一遭遇困境,就缺乏足够的耐心坚持下去。外在的物质利益只能起短时间的刺激作用,必须养成持之以恒和努力的良好习惯。

创业是一种激情,但是如果抱着“如果自己当老板,我会更努力”的想法,工就会变成一种不良的情绪。有些人的态度十分明确:“我是不可能永远打工的。打工只是过程,当老板才是目的。我每干一份工作都是在为自己获得经验和开阔眼界。等到机会成熟,我会毫不犹豫地自己去干。”

一个人在做雇员时缺乏忠诚敬业的态度,这种习气必将影响到他的今后,无论他做何种行业,或者是自己做老板,这种态度决不会轻易被驱除。

因此,“如果自己当老板,我会更努力”的论调只是自欺欺人,是为自己现在的懒散和不负责任寻找借口罢了。

不要只为工资而工作

奥里森·马登认为,一个人的工作质量往往决定其生活质量。在工作中无论工资是多是少,一定要竭尽全力,积极进取。这样的工作作风往往是事业成功者和失败者之间的一个重要区别。

奥里森·马登还着重强调,一个人工作的动机不应该只是为了工资,他应该有更高层次的动力和追求。

遗憾的是,现实生活中,很多人却常常麻痹自己,告诉自己工作就是为了赚钱。他们会选择工资比较多的工作,而不选择一样适合自己,但工资相对比较低的工作。他们中的很多人是为了工资而工作,而不是别的。如果出现公司中只有他一个人的工资是最低的时候,他会毫不犹豫选择辞职,当然态度也肯定是愤愤不平的。

对于有这种想法或做法的人,尤其是年轻人,奥里森·马登有这样的忠告:不要计较你开始上班时老板支付给你的工资,你应该看到工资背后所得到的东西。你会提高自己的工作技能,你可以积累更多的工作经验,你可以发现并发挥自己的潜能。而这一切都是宝贵的无形财产。”

为了证实自己这段话,奥里森·马登用德国著名的“铁血首相”俾斯麦的“职场经历”做例子。当俾斯麦在德国驻俄国的外交部门工作时,他的工资很低。但是在那里他学到了很多有用的外交技巧,同时也提高了自身的判断力和决策力,这些为他后来扩大德国的疆土,进行有效的国内改革是有很大帮助的。俾斯麦从来没有因为自己的工资低而不努力工作,相反,他不仅出色地完成了一个外交官的使命,更令人敬佩的是,他为自己国家的强大做出了伟大的贡献。如果没有俾斯麦,德国分裂混乱的局面不知道还会延续多久。

同俾斯麦相比，现在很多的年轻人，尤其是刚毕业的大学生，往往视工资为自己身价的标志，绝不能低于别人。他们的“理想远大”，刚出校门就希望自己成为年薪几十万元的总经理；刚创业，就期待自己能像比尔·盖茨一样富可敌国，他们只知道向老板索取高额薪酬，却不知自己能做些什么，更不懂得从小事做起，实实在在地前进。

只为工资而工作让很多人缺乏更高的目标和更强劲的动力，也让职场上出现了几种不正常的现象：

(1)应付工作。一些人总认为公司付给自己的工资太微薄，他们有权以敷衍塞责来报复。他们工作时缺乏激情，以应付的态度对待一切，能偷懒就偷懒，能逃避就逃避，以此来表示对老板的抱怨。他们工作仅仅是为了对得起这份工资，而从来没想过这会与自己的前途有何联系，老板会有什么想法。

(2)到处兼职。为了补偿心理的不满足，他们到处兼职，一人身兼二职、三职，甚至数职，多种角度不停地转换，长期处于疲劳状态，工作不出色，能力也无法提高，最终谋生的路子越走越窄。

(3)时刻准备跳槽。他们抱有这样的想法：现在的工作只是跳板，时刻准备着跳到工资更高的单位。但事实上，很大一部分人不但没有越跳越高，反而因为频繁地换工作，公司因怕泄露机密等原因，不敢对他们委以重任。由于他们过于热衷“跳槽”，对工作三心二意，所以就很容易失去上司的信任。

一个人若只是为薪金而工作，把工作当成解决面包问题的一种手段，而缺乏更高远的目光，最终受欺骗的可能就是你自己。在斤斤计较工资的同时，失去了宝贵的经验，难得的训练，能力的提高。而这一切较之金钱更有价值。

而且相信谁都清楚，在公司提升员工的标准中，员工的能力及其所做出的努力，占很大的比例。没有一个老板不愿意得到一个能干的员工。只要你是一位努力尽职的员工，总会有提升的一日。

所以，你永远不要惊异某个工资微薄的同事，忽然提升到重要位置。若说其中有奇妙,那就是他们在开始工作的时候——得到的与你相同,甚至比你还少的微薄工资的时候,付出了比你多一倍,甚至几倍的切实的努力,正所谓“不计报酬,报酬更多”。

假如你想成功,对于自己的工作,最起码应该这样想:工作是为了生活,更是为了自己的未来而工作。薪金的多与少永远不是我工作的终极目标,对我来说,那只是一个极微小的问题。我所看重的是,我可以因工作获得大量知识和经验,以及踏进成功者行列的各种机会,这才是有极大价值的酬报。

事实证明,如果你不计报酬、任劳任怨、努力工作,付出远比你获得的报酬更多、更好,那么,你不仅表现了你乐于提供服务的美德,还因此发展了一种不同寻常的技巧和能力,这将使你摆脱种种不利的环境,无往而不胜。

对待工作要保持热情

根本没有必要去询问一个人是否热爱自己的工作,因为他脸上的光彩就能告诉我们。他执行任务时的轻快和骄傲,他那无法掩饰的激情和精神都体现了这一点。他应该非常热爱自己的工作,在其中找到了最大的乐趣,这种内心深处的喜悦使他整个人都亮了起来。

两个人做同一件工作时,在态度、方式上都有着很大的不同。奥里森·马登举了这样一个例子:“我认识一些非常擅长做家务劳动的家庭主妇,我发现,不管她们是蒸面包,铺床铺,还是擦洗家具,都是一副乐在其中的专注神态。她们以积极的心态做这些事,并从中享受到乐趣。在一些主妇看来是非常枯燥乏味的事,在她们看来,却自有它的妙处。她们能从家务事中看出艺术的美。无论是照料孩子还是料理家务,都不觉得单调无趣。实际上,看着她们以轻松愉悦的心情干着事,看着她们那种发自心底的满足,简直就是一种享受。她们愉快自在地摆放着每一件家俱,摆弄着自己喜爱的小玩意儿,这其中无不显露出她们的品味。整个家庭的氛围是那样的温馨、舒适,使人的心灵得到慰藉,生活变得更为美好。

我还认识另外一些家庭主妇,她们把家务活当成是天下最乏味的事,如果可能的话,宁愿以少活两年来换取免做一切家务。她们痛恨做家务。只要稍有可能,她们就会拖延或干脆省掉那些家庭劳动,即使是被迫做了一些,结果也不能令人满意,甚至一片狼藉,整个房间乱成一团,毫无舒适感。在这样的家庭里,心灵怎么会得到满足呢?你只会觉得一切都是乱七八糟。换句话说,她是以三心二意的手艺人的心态在做事,而不像前面提到的家庭主妇,完全以艺术家的心态在做家务。"

的却,当一个人喜爱他的工作时,你可以一眼看出来。他非常投入,其表现出来的自发性、创造性、专注和谨慎,十分明显。而这在那些视工作为应付差事、乏味无聊的人那里,是根本看不见的。

对于懒惰的主妇,如果不巧某个仆人生病或外出有事,她不得不做家务活时,就会暴跳如雷,大发脾气;而在另一种主妇那里,却会大发同情心,认为刚好给仆人们一个放假的机会,对偶尔亲手做一些事、准备一顿晚餐也甚为高兴。具有这种心态的主妇,做任何事都会全身心投入,表现出自己高雅的品味,以愉快的心情和艺术家的眼光审视自己的所作所为,而在那些觉得家务劳动不可忍受的人那里,就会是相反的情形。

这样的情形在办公室、商店、工厂里也经常见到。一些职员拖拖沓沓似乎连走路都费很大的劲,让人觉得,对他们来说生活是一个沉重的负担。他们讨厌自己的工作,希望一切都快些结束,他们根本就不明白,为什么别人能充满热情,干劲十足,自己却总是觉得什么都单调乏味。看着这样的职员干活,简直就是受罪,他们对什么事都厌烦。而那些充满乐观精神、积极向上的人,做什么事都有一股使不完的劲,神情专注,心情愉快,并且主动找事做,期望事业越做越大。对工作的不同态度:或一心一意或三心二意,或充满热情或不冷不热,或专注投入或冷漠淡然,其最终的结果存在着天壤之别。

每一个老板自然而然地觉得,勤勤恳恳,全神贯注,充满热情的员工更有价值。每一次提升对他们都是莫大的鼓励。这些员工的积极心态也常常感染上司,上司也知道,这样的下属在尽力帮助自己,并且对那些喜欢逃避责任的员工也是一种激励。另一方面,在那些冷漠、粗心大意、懒惰的员工的影响下,领导者自己也觉得压抑、对工作失去信心,存在一种随遇而安的心理。因此,他会自觉地与有良好心态的员工在一起,关心他们的生活,对那些不专心工作,开脱责任,不注重实绩的员工,有一种本能的排斥心理。

即使是补鞋这么个低微的工作,也有人把它当作艺术来做,全身心地投入进去。不管是一个补丁还是换一个鞋底,他们都会一针一线地精心缝补。这样的补鞋匠你会觉得他就像一个真正的艺术家。但是,另外一些补鞋店则截然相反。随便打一个补丁,根本不管它的外观。好像自己只是在谋生,根本没有热情来关心自己活的质量。前一种人好像热爱这项工作,不总想着会从修鞋中赚多少钱,而是希望自己手艺更精,成为当地最好的补鞋匠。

有一些教师常以大师的标准要求自己,在教书育人的生涯中全力以赴,以满腔爱心、同情心和责任心对待每一位学生,学生也能从他那里得到教益,成为一生的财富。他们好像要把温暖的阳光照射到每个同学的心中。教室就像他们的作画室,而他们是站在画布前面的大师,全神贯注于自己的创作。另外一些教师的态度则截然不同,从早晨一开始就对一天的工作觉得厌倦,想到要去给那些愚蠢的学生上课,就腻味透顶,想着如果哪一天不用上课就解放了。他们的授课既无热情,也无生气,反而把不良心态传染给了学生。

神职人员也是如此。像米歇尔·安格鲁这样的牧师一心只想着布道、传福音。每当黎明来临时,他就准备好了,去从事自己最热爱的工作。他把布道看作是自己的职责,是上帝赋予自己的责任,并从中得到满足与快乐。相反,有的牧师则无视教徒的甘苦,好像自己与他们无关。也许这样的牧师也能为教徒们读读经文,投身到社会生活中去,但是缺少内在的热情,更不能激发出圣徒般的热忱。牧师的职业最需要的就是爱心和热情,否则怎么可能完成这一神圣职责呢?

正是这种富有诗意的心态、愉快乐观的精神、饱满的生活热情,使得自己把枯燥乏味的日常工作,看成是充满激情与成就感的事业,并身体力行。

100多年前有一位家住罗德岛的人,他殚精竭虑,砌了一堵石墙,就像一位大师要创作一幅杰作一样,其专注程度甚至有过之而无不及。他翻来覆去地审视着每一块石头，研究这块石头的特点，思考如何把它放在最佳的位置。砌好以后，站在附近，从不同的角度，细细打量，像一位伟大的雕刻家，欣赏着粗糙的大理石变成的精美塑像，其满足程度可想而知。他把自己的品格和热情都倾注到了每一块石头上。每年，到他的农庄参观的人络绎不绝，他也很乐意解说每一块石头的特点以及自己是如何把它们的个性充分展现出来的。

你会问砌一堵石墙有什么意义呢？这堵围墙已经存在了一个多世纪，这就是最好的回答。

把工作当成一种快乐

奥里森·马登认为，只有当人们把自己的工作当成一种快乐时才会有所建树。假如你出现以下这些情况：总要强迫自己投入工作，每天早上都精力不济，拖拖拉拉不愿去上班；工作时感觉力不从心，经常会觉得疲劳，行动缺乏灵活性，那么毫无疑问，你的工作就已经没法给你带来快乐和力量了，你也就很难在工作上有所建树了。

当你在工作时，千万不要让消极情绪主导你的心情。只有以积极的态度投身于工作中，才能给你带来欢乐和激情，工作也就会更加有力度。

即便你的处境再不如人意，也不应该厌恶自己的工作，世界上再也找不出比厌恶工作更糟糕的事情了。如果环境迫使你不得不做一些令人乏味的工作，你应该想方设法使之充满乐趣。用这种积极的态度投入工作，无论做什么，都很容易取得良好的效果。

人可以通过工作来学习，可以通过工作来获取经验、知识和信心。你对工作投入的热情越多，决心越大，工作效率就越高。当你抱有这样的热情时，上班就不再是一件苦差事，工作就变成一种乐趣，就会有许多人愿意聘请你来做你所喜欢的事。工作是为了自己更快乐！如果你每天工作八小时，你就等于在快乐地游泳，这是一个多么合算的事情啊！

事实上，许多在大公司工作的员工，他们虽然拥有渊博的知识，受过专业的训练，他们朝九晚五穿行在写字楼里，有一份令人羡慕的工作，拿一份不菲的薪水，但是他们并不快乐。他们是一群孤独的人，不喜欢与人交流，不喜欢星期一。他们视工作如紧箍咒，仅仅是为了生存而不得不出来工作。他们精神紧张、未老先衰，常常患胃溃疡和神经官能症，他们的健康真是令人担忧。

当你在乐趣中工作，如愿以偿的时候，就该爱你所选择的，不轻言变动。如果你开始觉得压力越来越大，情绪越来越紧张，在工作中感受不到乐趣，没有喜悦的满足感，就说明有些事情不对劲了。如果我们不从心理上调整自己，即使换一万份工作，也不会有所改观。

一个人工作时，如果能以精益求精的态度，火焰般的热忱，充分发挥自己的特长，那么不论做什么样的工作，都不会觉得辛劳。如果我们能以满腔的热忱去做最平凡的工作，也能成为最精巧的艺术家；如果以冷淡的态度去做最不平凡的工作，也绝不可能成为艺术家。各行各业都有发展才能的机会，实在没有哪一项工作是可以藐视的。

如果一个人鄙视、厌恶自己的工作，那么他必然遭到失败。引导成功者的磁石，不是对工作的鄙视与厌恶，而是真挚、乐观的精神和百折不挠的毅力。

不管你的工作是怎样的卑微，都当付之以艺术家的精神，付之以十二分的热忱。这样，你就可以从平庸卑微的境况中解脱出来，不再有劳碌辛苦的感觉，厌恶的感觉也自然会烟消云散。

我们常常听到一些刚毕业的大学生抱怨自己所学的专业，于是我们试着向他们提出这样的问题：如果你所学的专业与个人的志趣南辕北辙，那么，当初为什么会选择它呢？如果已经为你的专业付出了四年的时光甚至更多的时间，这说明你对自己专业虽然谈不上热爱，但至少可以忍受。

所有的抱怨不过是逃避责任的借口，无论对自己还是对社会都是不负责任的。想一下亨利·凯撒——一个真正成功的人，不仅因为冠以其名字的公司拥有10亿美元以上的资产，更由于他的慷慨和仁慈，使许多哑巴会说话，使许多跛者过上了正常人的生活，使穷人以低廉的费用得到了医疗保障……所有这一切都是由凯撒的母亲在他的心田里所播下的种子生长出来的。

玛丽·凯撒给了她的儿子亨利无价的礼物——教他如何应用人生最伟大的价值。玛丽在工作一天之后,总要花一段时间做义务保姆工作,帮助不幸的人们。她常常对儿子说:“亨利,不工作就不可能完成任何事情。我没有什么可留给你的,只有一份无价的礼物:工作的欢乐。”

凯撒说:“我的母亲最先教给我对人的热爱和为他人服务的重要性。她常常说,热爱人和为人服务是人生中最有价值的事。”

如果你掌握了这样一条积极的法则,如果你将个人兴趣和自己的工作结合在一起,那么,你的工作将不会显得辛苦和单调。兴趣会使你的整个身体充满活力,使你在睡眠时间不到平时的一半、工作量增加两三倍的情况下,不会觉得疲劳。

工作不仅是为了满足生存的需要,同时也是实现个人人生价值的需要,一个人总不能无所事事地终老一生,应该试着将自己的爱好与所从事的工作结合起来,无论做什么,都要乐在其中,而且要真心热爱自己所做的事。

成功者乐于工作,能够在工作中找到快乐,并且能将这份喜悦传递给他人,使大家不由自主地接近他们,乐于与他们相处或共事。人生最有意义的就是工作,与同事相处是一种缘分,与顾客、生意伙伴见面是一种乐趣。

让我们牢记奥里森·马登的下面这段话:热爱工作吧!对你的本职工作尽心尽责,不去管别人的看法如何,工作是成功者永远的乐趣。能快乐工作的人,身心永远年轻。

将爱融入到工作之中

只要将爱融入一个人所从事的任何工作,这项工作的质量就能即刻提高,这是奥里森·马登成功学中一个重要的发现。

每个人都要选择自己的工作态度,工作的时候,你是什么样的人?你是无奈、厌倦？还是想做出成绩？如果你希望做出成绩，就要为自己工作，就像在和工作谈恋爱，保持热情和情趣。

对我们大多数人来说，选择职业不外乎一求生存二求发展，能抱着先结婚后恋爱的态度倒不错，就权当这是场不掺和任何兴趣的"无爱婚姻"，而不是当作爱得死去活来的一见钟情后的闪电婚姻。这样，因没有不切实际的幻想，你对工作采取的是极现实的态度，能接受周围环境的许多局限性，沉下心来，与自己的潜力竞争，耐心打磨，怀着白头偕老的心念，慢慢地你在这种"婚姻"中找到了稳固的乐趣，说不定能收获意想不到的幸福和成功。

某公司的职员说："我必须和我的工作谈恋爱。"其实他这就是在为自己工作，所以每次快被工作磨到热情消退的时候，他都努力保持其趣味的新鲜度。

我们再看看市场上那些卖鱼的渔贩，他们在工作的时候都充满乐趣和活力。这些鱼贩和顾客一道度过了快乐的时光。他们采用吸引顾客的方式创造活力、树立品牌。谁是他们的顾客？他们采用什么方法吸引顾客并使他们快乐？他们相互之间又怎么得到快乐？他们怎样才能有更多的乐趣、创造更多的活力？

所有的鱼贩都全身心投入工作，他们教会我们如何快乐工作的方法，那就是和你的工作谈恋爱。

然而，现实生活中，很多人都在想"如果可能，我一定选择'不工作'！"人人都企盼"能做自己喜欢的事情是最幸福的"，今天绝大多数人都像上了发条的时钟那样，每天固定而麻木地工作着——那种完全为了自己的随心所欲的自在生活，永远还只在想象之中。

在飞速运转的都市生活中，高压工作换取的报酬可以满足人们物质的要求，却很难让他们自己的内心充满快乐。

于是日复一日，这些人一天比一天更忙碌，一天比一天更憔悴而精疲力竭。工作就像那个永不会停止的风车，拖着人习惯性地转动。

他们为什么会如此疲惫呢？原因在于他们不会正确看待自己的工作，也不会为自己工作。

如果他们懂得为自己工作，把工作当成恋爱一样来对待，或许，他们将会轻松快乐得多!

若干年前,有一群社会学家——他们自称为“合作者”——在路易斯安那州组织了一个殖民地。他们买下几百亩农地,开始为实现一个理想而工作。他们拟订了一套制度,让每个人去从事他最喜爱的工作。他们相信这样将可为他们在生活上带来更大的幸福,减少忧愁。

他们的设想是不支付工资给任何人。每个人从事他最喜爱的工作或他最擅长的工作,而劳动成果归大家享有。他们拥有自己的牧场、自己的制砖厂、自己的牛群和家禽等等。他们还有自己的学校和印刷厂。通过印刷厂,他们出版一份报纸。一位来自明尼苏达州的瑞典移民也加人了这个殖民地,根据他自己的要求,他被分配到印刷厂工作。过不了多久,他却抱怨说自己不喜欢这项工作,于是他被调到农场工作,负责开拖拉机。但他只干了两天,就受不了。因此他又申请调职,分到了牛奶场工作。偏偏他又和那些乳牛处不来,于是再一次调职,这一次是到洗衣店工作,但也只待了一天而已。他就这样一一试过里头的每一份工作,却没有一样是他喜欢的。看来似乎他并不适合这种合作式的生活方式,而他自己也打算退出这个殖民地。但就在这个时候,突然有人想到,有一项工作是他尚未尝试过的——就在制砖工厂中。于是他领到了一辆独轮手推车,被派去把制好的砖头从窑里运到砖场上并推放整齐。一个礼拜过去了,他没有发出任何怨言。当问到他是否喜爱这项工作时,他回答说:“这正是我所喜欢的工作。”想想吧,竟然有人会喜欢推砖的工作!不过,这个工作倒是很适合这个瑞典人的天性。他一个人单干,而且这个工作不需要花脑子,又不需承担任何责任,这正是他所希望的。他一直做着这项工作,直到所有的砖都被运完并摆好为止。随后他就离开了这块殖民地,因为没有运砖的工作可做了。他说:“这种美好平静的工作已经结束,所以我想该回明尼苏达州了。他果真返回了明尼苏达州!当一个人从事他所喜爱的工作时,他能轻松地比分内该做的做得更好、更多。为此,每个人都有责任去找出他自己最喜爱的工作。

因为以爱的精神为劳动而付出的劳动,过去不会白费,将来也不会白费,从前不会失败,将来也永远不会失败。

主动与你的老板沟通

奥里森·马登认为,在人们交往过程中,有效的沟通是人们交往的重要保证。同样的道理,员工要想让老板重视你,并且欣赏你,就必须主动地与老板沟通。

阿尔伯特是奥里森·马登的一位好友,他是美国金融界的知名人士。他初入金融界时,他的一些同学已在金融界内担任高职,也就是说他们已经成为老板的心腹了。他们教给阿尔伯特的一个最重要的秘诀,就是"要主动跟老板讲话"。

话之所以如此说,就在于许多员工对老板有生疏及恐惧感。他们见了老板就噤若寒蝉,一举一动都不自然起来。就是职责上的述职,也可免则免,或拜托同事代为转述,或用书写形式报告,以免受老板当面责难的难堪。长此以往,员工与老板的隔膜肯定会愈来愈深。

然而,人与人之间的好感是要通过实际接触和语言沟通才能建立起来的。一个员工,只有主动跟老板作面对面的接触,让自己真实地展现在老板面前,才能令老板直觉地认识到自己的工作才能,才会有被赏识的机会。

在许多公司,特别是一些刚刚走上正轨或者有很多分支机构的公司里,老板必定要物色一些管理人员前去工作,此时,他选择的肯定是那些有潜在能力,且懂得主动与自己沟通的人,而绝不是那种只知一味勤奋,却怕沟通不够主动的员工。

因为两者比较之下,肯主动与老板沟通的员工,总能借沟通渠道,更快更好地领会老板的意图,把工作做得近乎完美。所以前者总深得老板欢心。

想主动与老板沟通的人,应懂得主动争取每一个沟通机会。事实证明,很多与老板匆匆一遇的场合,可能决定着你的未来。

比如,电梯间、走廊上、吃工作餐时,遇见你的老板,走过去向他问声好,或者和他谈几句工作上的事。千万不要像其他同事那样,极力避免让老板看见,仅仅与老板擦肩而过。能不失时机地表明你与老板兴趣相投,是再好不过了。老板怎会不欣赏那些与他兴趣相投的人呢?也许你大方、自信的形象,会在老板心中停留较长的一段时间。

当然,这并不是说,只要你主动与老板沟通,就能得到老板的垂青。不同老板喜欢用不同方式去管理。主动与老板沟通时,须懂得自己的老板有哪些特别的沟通倾向,这对员工的沟通成功与否,至关重要。一般而言,以下是老板所欣赏的肯主动与老板沟通的员工:

与老板沟通越简洁越好

老板阶层的人有一个共同的特性,就是事多人忙,加上讲求效率,故而最不耐烦长篇大论,言不及意。因此,你要引起老板注意并很好地与老板进行沟通,应该学会的第一件事就是简洁。简洁最能表现你的才能。莎士比亚把简洁称之为"智慧的灵魂"。用简洁的语言、简洁的行为来与老板形成某种形式的短暂交流,常能达到事半功倍的良好效果。

"不卑不亢"是沟通的根本

虽然你所面对的是你的老板,但你也不要慌乱,不知所措。无可否认,老板喜欢员工对他尊重。然而,不卑不亢这四个字是最能折服老板,最让他受用的。员工在沟通时若尽量迁就老板,本无可厚非,但直白点讲,过分地迁就或吹捧,就会适得其反,让老板心里产生反感,反而妨碍了员工与老板的正常关系和感情的发展。你若在言谈举止之间,都表现出不卑不亢的样子,从容对答。这样,老板会认为你有大将风度,是个可选之材。

沟通时老板和员工是对等的

在主动交流中,不争占上风,事事替别人着想,能从老板的角度思考问题,兼顾双方的利益。特别是在谈话时,不以针锋相对的形式令对方难堪,而能够充分理解对方。那么,你的沟通结果常会是皆大欢喜。

用聆听开创沟通新局面

理解的前提是了解。老板不喜欢只顾陈述自己观点的员工。在相互交流之中,更重要的是了解对方的观点,不急于发表个人意见。以足够的耐心,去聆听对方的观点和想法,是最令老板满意的,因为这样的员工,才是领导人选。

贬低别人不能抬高自己

在主动与老板沟通时,千万不要为标榜自己,刻意贬低别人甚至老板。这种褒己贬人的做法,最为老板所不屑。与人沟通,就是把自己先放在一边,突出老板的地位,然后再取得对方的尊重。当你表达不满时,要记着一条原则,那就是所说的话对"事"不对"人"。不要只是指责对方做得如何不好,而要分析做出来的东西有哪些不足,这样沟通过后,老板才会对你投以赏识的目光。

用知识说服老板

对于日新月异的科技、变化迅猛的潮流,你都应保持应有的了解。广泛的知识面,可以支持自己的论点。你若知识浅陋,对老板的问题就无法做到有问必答,条理清楚。而当老板得不到准确的回答,时间长了,他对员工就会失去信任和依赖。

在了解了老板的沟通倾向后,员工需要调整自己的风格,使自己的沟通风格与老板的沟通倾向最大可能地吻合。有时候,这种调整是与员工本人的天性相悖的。但是员工如果能通过自我调整,主动有效地与老板沟通,创造和老板之间默契和谐的工作关系,无疑能使你最大程度地获得老板的认可。

欣赏和赞美你的老板

老板之所以成为你的老板，一定有许多你所不具备的特质，这些特质使他超越了你，这一点是你必须承认的。

任何人身上都可能拥有你所欣赏的人格特质。玛格丽特·亨格佛曾经说过："美存在于观看者的眼中。"她的看法和我们平常所说的"我们在别人身上看到我们所希望看到的东西"不谋而合。每个人都是相当复杂的综合体，融合了好与坏的感情、情绪和思想。你对他人的想象，往往奠基于自己对他人的期望之中。

如果你相信他人是优秀的，你就会在他身上找到好的人格品质；如果你不这样认为，就无法发现他人身上潜在的优点；如果你本身的心态是积极的，就容易发现他人积极的一面。当你不断提高自己，别忘了培养欣赏和赞美他人的习惯，认识和发掘他人身上优秀的特质。

奥里森·马登在其著作中不止一次的提出这样一个观点：看到他人的缺点很容易，但是只有当你能够从他人身上看出优秀的品质，并由衷地欣赏他们的成就时，你才能真正赢得友谊和赞赏。

这个道理同样适用于我们对待老板的态度。然而，正由于他是老板，我们并不能十分容易做到这一点。作为公司的管理者自然会经常对我们的许多做法提出批评，经常会否定我们的许多想法，这些都会影响我们对他做出客观的评价。

人生而就有缺陷，大多数人都有嫉妒之心，无法面对那些比我们优秀的人。这一点正是阻挡大多数人迈向成功的绊脚石。成功学家告诉我们，提升自我的最佳方法就是帮助他人出人头地。当你努力地帮助他人时，人们一定会回报你。如果我们能衷心地欣赏和赞美自己的上司和老板，当他们得到升迁，当公司得到成长时，一定对你会有所回报——是你的善行鼓舞了他们这样做。有许多意想不到的机会都来自于你发自内心对他人的欣赏和赞美,你在他们最需要的时候给予了他们精神上的支持。

也许你的老板并不比你高明,但只要是你的老板,就必须服从他的命令,并且努力去发现那些优越于你的地方,尊敬他、欣赏他、向他学习。如果我们都抱着这样的心态,即使彼此之间有种种隔阂,有许多误解,也会慢慢消解的。

在职时要赞美自己的老板,离职后同样也要说过去老板的好话。一位曾经聘用过数以百计员工的管理者曾向我谈起自己招聘人的心得:"面谈时最能体现出一个人思想是否成熟,心胸是否宽大,是他对刚刚离开的那份工作说些什么。前来应征的人,如果只是对我说过去雇主的坏话,对他恶意中伤,这种人我是无论如何也不会考虑的。"

"也许一些人确是因为无法忍受老板的压迫而离职的,"他继续说,"但是聪明的做法应该是,不要去谈论那些不愉快的旧事,更不要因自己所遭受的不公正待遇耿耿于怀。"

许多求职者以为指责原来的公司和老板能够提高自己的身价,于是信口开河,说三道四,这种做法看似聪明,实则愚蠢,其中道理不难理解。所有公司都希望员工保持忠诚,每个老板都希望能吸引那些对公司忠诚不二的员工,而将那些过河拆桥的人拒之门外。如果今天为了谋取一份工作,而将原来的雇主说得一无是处,谁能保证明天不会将现在的公司批驳得体无完肤呢?

对以前就职的公司和老板做一些无伤大雅的评价未尝不可,但如果这种评价带有明显的个人色彩,就可能变成一种不负责任的人身攻击,就会引起现在老板的反感。此外,许多公司和机构在招聘一些重要职位时,通常会通过各种手段、渠道来了解应聘者在原公司的表现。世上没有不透风的墙,当你的攻击传回原单位后,别人对你的评价就可想而知了。

这种"说以前老板好话"的原则,也适用于生活的其他方面。有一个人,打算与一位离婚妇女结婚,一切都已经安排就绪,忽然间,所有的计划都改变了。为什么呢?这个人这样解释道:"她总是一再谈论前夫的各种丑事——如何胡说八道,如何对她不公平,如何好吃懒做、不务正业等等,真把我吓坏了。我想,应该没有一个如此坏的人吧。如果我和她结婚了,也不就成了他批评的对象了吗？想来想去，于是决定取消婚事。”

还有一位年过四十的人，在最近的一次公司改组中失去工作。被解聘之后，他逢人就诉说自己所遭受的不公平的待遇，他会告诉你整个公司上下一切都依靠他，而最后自己却被人恶毒地扳倒了。

他诉苦时的表现使人越来越相信，他被解聘是咎由自取。他是一个十足的专讲“过去时态语句”的人，而且只会说些不幸、恐怖、消极的事。如今，他依然还在失业中，如果这一点没有彻底的改观，对他而言，失业的岁月会相当漫长。

↓第八章
积极的心态是成功的前提

对于一个人来说，不管面对怎样的困境，如果都能够以积极的心态对待，那么，他就一定会获得最终的成功。

人生的成败在于心态

心态决定命运。消极心态是失败、疾病与痛苦的源流，而积极心态是成功、健康与快乐的保证！你千万要记住，你的心态决定了一切成功，无论情况怎么样，都要抱着积极的心态，莫让你的沮丧取代了你的热情。

你的生命可以价值连城，也可以一无是处，关键之一就在于你选择怎样的心态。在奥里森·马登看来，一个人只要选择了积极心态，就一定会到达成功的彼岸，选择了消极心态，则只会遭遇失败。有些人只是暂时拥有积极的心态，当他们遇到了挫折，就失去了信心。他们一开始是对的，但是一遇到挫折，便立刻从积极心态转化到了消极心态，以消极心态来麻痹自己，慰藉自己，封闭自己，期望凭着他们的消极心态，天上会掉下馅饼来。他们不了解消极心态产生的后果。

一般来说，持续持有消极心态会产生两种十分严重的后果：其一是消极的心态会在关键时刻为你带来疑虑，其二便是使你的希望最终破灭。

就第一种后果而言，我们可以看出，一个人如果在生活中老是寻找消极的东西，那么消极心态就会成为一种难以克服的习惯，这时即使出现好机会，这个消极的人也会看不见抓不着，他会把每种情况都看作一种障碍，一种麻烦。

障碍与机会有什么差别呢？其关键就在于人们对它的态度，积极的人往往把挫折当成成功的基础，并将挫折转化为机会；消极的人则往往把挫折当成成功的绊脚石，让机会悄悄溜走，我们常说无所用心便是这样，

你不难发现，面对同样的机会，充分使用积极心态的人能获得人生中有价值的东西；而充分运用消极心态的人则会看着幸福渐渐远去，心里懊悔，却看不到有任何行动。

积极心态可以使你克服困难，发现自身的力量，有助于你踏上成功的彼岸；而消极心态却会在关键时刻使你产生疑虑，使你错失良机，奥里森·马登曾讲过一个十分有趣的故事。故事是这样说的：

在美国南方某州，人们一般都用烧木柴的壁炉来取暖，有一个樵夫，他给某一户人家供应木柴达两年多之久，他知道木柴的直径不能大于 18 厘米，否则就不适合这户人家特殊的壁炉，但是，有一次，他给这个老主顾送去的木柴大部分都不符合规定的尺寸，主顾发现这种情况后，就打电话给他，要他调换或者劈开这些不合尺寸的木柴。

“我不能这样做！”这位樵夫说，“这样所花费的工价就会比全部柴价还要高。”

主顾只好自己来劈柴。大概在劈了一半的时候，他注意到一根非常特别的木头，上面有一个很大的节疤，节疤明显地被人凿开又堵塞住了。这是什么人干的呢？他不禁自问道，

他掂量了一下木头，觉得它很轻，仿佛是空的。他用斧头把它劈开，一个发黑的白铁卷掉了出来。他蹲下去，拾起白铁卷，打开一看，他吃惊地发现白铁卷里包着一些很旧的 50 美元和 100 美元的钞票，他数了数恰好有 2250 美元。

从这些钞票的颜色可以看出，它们藏在这个树节里已有许多年了。主顾惟一的想法是使这些钱回到它的真正的主人那里。于是，他又立即打电话给那位樵夫，问他从哪里砍了这些木头。但是，这位樵夫的消极心态却使

他说出了这样的话：

“那是我自己的事。小心你的嘴，如果你泄露了秘密，我不会放过你的。”

主顾尽管作了多次努力，还是无法知道这些木头是从哪里砍来的，也不知道是谁把钱藏在树内的。

十分明显，这个故事并不是要讽刺什么，而是要说明：具有积极心态的人发现了钱，而具有消极心态的人却视钱而不见。

可见，好运在我们每一个人的生活中都是存在的，然而，以消极的心态对待生活的人却会阻止好运造福于自己。

只有具有积极心态的人才会抓住机遇，并进而从不利的环境中获得某种成功。另一方面，消极心态还会使你难得的希望破灭。看不到将来的希望，就激发不出现在的动力。

消极心态就像一剂慢性毒药，吃了这副药的人会慢慢变得意志消沉，失去任何动力，成功也就会越来越远。

关于消极心态造成的严重后果，奥里森·马登同样讲过一个十分有趣的故事。

约翰·格里尔是一匹良种赛马，曾经取得过多次赛马比赛的胜利。

1802 年 7 月，在阿查德市即将举行一次德维尔奖品赛，约翰·格里尔是其中的种子选手之一，并极有可能战胜在任何时候都占优势的一匹良种赛马——“战斗者”。

于是，它被精心地照料、训练，

两匹马终于相遇了。

这是一个极为庄严隆重的日子，万众瞩目。当这两匹马沿着跑道并列奔跑时，人们都清楚，“格里尔”是在同“战斗者”作殊死的搏斗。

跑了 1/4 的路程，它们不分高低，跑了一半的路程，跑了 3/4 的路程，它们仍然不分高低。在仅剩 1/8 的路程的时候，它们似乎还是齐头并进。然而就在这时，“战斗者”却使劲向前窜去，并最终跑到了最前面，

很明显，对于“战斗者”的骑手来说，这是一个十分危急的时刻。因为，他看得出，约翰·格里尔是在同他的“战斗者”进行一场生死搏斗。

于是，他便在赛马生涯中第一次用皮鞭持续地抽打着坐骑。

对于“战斗者”来说，骑手似乎在放火烧它的尾巴。它猛冲到前面，终于同约翰·格里尔拉开了距离一相反，约翰·格里尔却好像静静地站在那儿一样。

约翰·格里尔原是一匹精神抖擞的马，是一匹很有希望的马，但是，这次比赛却把它打败了，并将它的心态从积极的一面翻到了消极的一面，从此消极悲观，一蹶不振，后来它在一切比赛中都只是应付一下，且再也没有获胜过了。

人虽然不是赛马，但是具有约翰·格里尔品性的人却并不少见。

你不难发现，他们也像约翰·格里尔一样，在积极心态黄金定律的指导下，也曾经有过辉煌的时刻，但是当他们一遇到挫折，他们的心态便立即由积极转向消极，他们是那样的悲观失望，看不到成功的希望，从此一败涂地，

持有消极心态精神的人，他们对将来总是感到失望。在他们的眼中，玻璃杯永远不是半满的，而是半空的。

事实上，消极心态不仅会产生两种主要后果，而且还具有传染性。

人们大概都知道物以类聚、人以群分的道理。

对于那些结婚多年的夫妇来说，他们的行为在不知不觉间竟逐渐变得一样了，甚至连外貌也相似，而心态的同化则是最明显不过的，

毫无疑问，跟消极心态者相处久了，你就会受他的影响，时常和具有消极心态的人接触，你就会像接触到原子辐射，如果辐射剂量小，时间短，你还能活，持续辐射就会要命了。

另外，消极心态还限制了人的潜能，一个人的行为方式，不可能永远与他的自我评价脱节，具有消极心态的人不但想到外部世界最坏的一面，而且总想到自己最坏的一面，他们不敢祈求，所以往往收获很少，遇到一个新观念，他们总是说：

“这事根本行不通！”

“我从没有这么干过！”

“不这样不也过得很好吗？”

“谁敢冒这种风险！”

“现在条件还不成熟吧!”

“这可不是我们的责任!”

在《圣经·箴言》第23章第7节中,以色列历史上最伟大的智者之一所罗门就说:“他的心怎样思量的,他的为人就是怎样的。”换句话说,你相信会有什么结果,你就可能得到什么结果。

你不可能取得你自己并不追求的成就,你不相信自己能达到的成就,自然你就不会去争取,很明显,当一个心态消极的人对自己的事业不抱很大期望的时候,他自然就会给自己取得成功的能力打下一个大大的折扣,

不言而喻,他成了自己潜能的最大敌人,

你一定要牢记,消极心态就是你失败、颓废、消极的源泉,你一定要想尽办法遏制这股“暗流”,不要让这种错误的心态所操纵,使自己成为一个可悲的失败者。

正确的认识积极心态

大千世界,芸芸众生,人们都在时刻盼望着实现自我的人生价值,人们都在企盼着发财致富,终日企盼着事业的成功。但是,怎样才能成功,通向成功之路的起点究竟又在哪里呢?

在对成功人士长达几年的悉心研究后,奥里森·马登认为,积极的心态正是他们共有的一个简单秘密。

奥里森·马登告诉人们,你如果要想成功,首先就应该认识你的隐形护身符。我们每个人都有着自己的隐形护身符。护身符的一面刻着积极的心态,一面刻着消极的心态。它具有两种惊人的力量:其一,使人登峰造极,一览众山小,即积极的心态;其二便是消极的心态,它使人终身陷在谷底,即使爬到巅峰,也会被它拖下来。这两种巨大的力量既能吸引财富、成功、快乐和健康,又能排斥这些东西,夺走生活中的一切。

那么,心态是如何影响人的呢?在马斯洛的行为心理学看来,当你有一

种信念或心态后,你把它付诸行动,就更能加强并助长这种信念了。

比如,你有一个信念,就是你能够很好地完成自己承担的工作,这时你会觉得在工作中很有信心,你常常这样想,并在实践中想方设法去做好工作,信心就会更强。这就是你的行动加深了你的心态。

又比如,你欣赏一个人,你喜欢他,你就会主动与他沟通交往。然后,你就会不断发现这个人的优点,从而更喜欢他或她。这是情绪和行为相应的一种反应。

同样,对你自己也一样。你很喜欢自己,或者你压根儿就不喜欢自己,其情形也会是一样的。

当一种心态存在以后,你的行为就会加深这种心态。

所以,有的孩子或者女人,他们哭起来总是越哭越伤心,这就是哭行为促使他们在发泄自己的情绪,彼此的因和果就混淆在一起了。所以,当你自认为自己有能力的时候,你就会觉得各方面只要经过自己努力就能取得成功。

事实上,这个世界上没有任何人能够改变你,只有你能改变自己;没有任何人能够打败你,也只有你自己可以。因此,无论你自身条件如何恶劣,只要你运用积极心态,并将它和获取成功其他定律相结合,就可能达到成功的彼岸。否则,无论你自身条件如何优秀,机会如何千载难逢,只要是消极心态在起主导作用,那你的失败是必然的。

美国总统富兰克林·罗斯福就是运用积极心态成就事业的典型。罗斯福8岁的时候,本是一个脆弱胆小的男孩,脸上时常显露着一种惊惧的表情。他的呼吸总像喘气似的,在背诵什么东西的时候,双腿不断发抖,嘴唇也颤抖不已,回答问题时总是含糊不清,且不连贯,回答完了后就十分颓废地坐下来。

或许,按照一般的情况,像他这样的小孩,自我感觉一定很敏感:回避任何活动,不喜欢交朋友,是一个只知自怜的人!

但事实上,罗斯福却不是这样。他虽然先天有些缺陷,却保持着积极心态,持有一种积极、奋发、乐观、进取的心态,这种积极心态激发了他的奋斗精神。

他的缺陷促使他更加努力地去奋斗，并未因为同伴对他的嘲笑便降低了勇气。他喘气的习惯变成了一种坚定的嘶声。他以坚强的意志，咬紧自己的牙床使嘴唇不颤动而克服他的惧怕。就是凭着这种奋斗的精神，凭着这种积极心态，罗斯福终于成为了美国历史上最伟大的总统之一。

罗斯福并不因为自己的缺陷而气馁，甚至还将自己的这种缺陷加以很好的利用，使其变为自己勇敢进取的资本，变为自己向上的扶梯，从而爬到了成功的顶点。他的晚年，已经有很多人知道他曾有严重的缺陷。但是美国人民仍是一如既往地热爱他。

罗斯福的成功是神奇、伟大的，自身的先天缺陷是那样的严重，但他却能毫不灰心地干下去，直到成功。

像他这样的人，如果停止奋斗而自甘堕落，应该说是相当自然而平常的事！但是他却不是这样。假使有什么可怜的地方，他就让朋友们来可怜他。他从来不落入自怜的罗网里，这种罗网害过许多比他的缺陷要轻得多的人。没有人能想像这位受到人们广泛爱戴的总统，竟会有如此悲哀的童年而又有如此伟大的信心。

他不把自己当作婴儿看待，而是要使自己成为一个真正的人。

他看见那些强壮的孩子玩游戏、游泳、骑马、做各种极难的体育活动时，他也强迫自己去打猎、骑马、玩耍或进行其他一些激烈的活动，使自己变为最能吃苦耐劳的典范。

他看见别的孩子用刚毅的态度对付困难、克服惧怕的情形时，他也就用一种探险的精神，去对付所遇到的可怕的环境。如此，他也觉得自己勇敢了。当他和别人在一起时，他觉得他喜欢他们，并不回避他们。由于他对人感兴趣，从而自卑的感觉无从发生。

他觉得当他用“快乐”这两个字去接待别人时，就不觉得惧怕别人了。未进大学之前，他已由自己不断的努力，有系统的运动和生活，将健康和精力恢复得很好了。

他利用假期在亚利桑那追赶牛群，在落基山猎熊，在非洲打狮子，使自己变得强壮有力。

有人会怀疑这位世界大战中的领袖的精力吗？有人对于他的勇敢发生

过疑问吗？可是千真万确,罗斯福便是那个曾经体弱胆怯的小孩。

罗斯福使自己成功的方式是如此的简单,然而却又是如此的有效！这是每个人都可以做到的。罗斯福成功的主要因素在于他的心态和他的努力奋斗。但最重要的还是他的心态。正是他这种积极的心态激励他去努力奋斗,最后终于从不幸的环境中找到了成功的秘诀。他使用隐形护身符,把积极心态的那面朝上,终于把成功吸引过去了。

“我是自己命运的主宰,我是自己灵魂的领导。”

这句话告诉我们:因为我是自己心态的主宰,所以自然会变成命运的主宰。心态会决定我们将来的机遇。

这句话也强调,无论心态是破坏性的还是建设性的,这个定律都会完全应验。运用积极心态,你就能把心中的各种念头和态度变成现实,并同样把你心中富裕或贫穷的思想都变成现实。

把隐形护身符翻过来,不用消极心态的那一面,而使用具有积极心态的威力的这一面,这是许多杰出人士的共同特征。

大多数人都以为成功是透过自己没有的优点而突然降临的,或是我们拥有这些优点,却视而不见。其实最明显的往往最不容易看见,每一个人的优点正是自己的积极心态,一点也不神秘,积极的心态是正确的心态。正确的心态是由“正面”的特征所组成的,比如信心、诚实、希望、乐观、勇气、慷慨、容忍、机智、诚恳与丰富的常识等等都是正面的。至于消极的心态的特性都是反面的,它们是消极、悲观、颓废的心理态度。

怎样使自己出类拔萃

奥里森·马登认为,积极的心态能使你出人头地、出类拔萃,它至少能给你带来以下的回报:

(1)带来成功环境的成功意识;

(2)生理和心理的健康;

(3)独立的经济环境;

(4)出于爱心而且能表达自我的工作;

(5)内心的平静;

(6)驱除恐惧的实用信心;

(7)长久的友谊;

(8)长寿而且各方面都能取得平衡的生活;

(9)免于自我设限;

(10)了解自己和他人的智慧。

纽约的零售业大王伍尔沃夫的青年时代非常贫穷。他在农村工作,一年中几乎有半年的时间是打赤脚的。他创富的秘诀就是将自己的心灵充满积极思想,仅此而已。他借来300美元,在纽约开了一家商品售价全是5美分的商店,曾经全天营业额还不到1.5美元,不久后便经营失败。以后他又陆续开了4个店铺,有3个店完全失败。就在他几乎丧失信心的时候,他的母亲来探望他,紧紧握住他的手说:“不要绝望,总有一天你会成为富翁的。”在母亲的鼓励下,伍尔沃夫面对挫折毫不气馁,更加充满自信地开拓经营,最终一跃成为全美一流的企业家,建立了当时世界第一高楼,那就是纽约市有名的伍尔沃夫大厦。

其实不只是伍尔沃夫,几乎所有白手起家的创富者,无不有一个共同的特点,那就是具有积极的心态。他们运用积极的心态去支配自己的人生,用乐观的精神去面对一切可能出现的困难和险阻,从而保证了他们不断地走向成功。而许多一生潦倒者,则普遍精神空虚,以自卑的心理、失落的灵魂、失望悲观的心态和消极颓废的人生目的作前导,其后果只能是从失败走向新的失败,甚至是永驻于过去的失败之中,不再奋发向前。

福勒是美国路易斯安那州的一个佃农家庭的黑人孩子。他的家庭穷苦极了,福勒5岁时就开始干活,9岁就靠赶骡子挣钱了。这并不足什么特殊的事,农民或穷人的家庭都这样,这些家庭认为他们的贫穷是命运安排的而并不要求改善生活。但小福勒的母亲是个优秀的农妇,她绝不这样认为,她知道贫困的家庭存在于一个繁华世界中,一定是有什么蹊跷的。于是,她说:“嗨,福勒,我不愿意听到你们说:这是上帝的旨意。不,圣经里的每一个字都想让我们富起来，你为什么不去做一个出人头地的人呢？"这段话在福勒的心灵中刻下深深的烙印，以致改变了他的一生。

"我要致富、我要出人头地！"他决定把经商作为生财的一条途径，最后他选择经营肥皂。于是他就作为流动销售员叫卖肥皂达 12 年之久。后来他获悉供应他肥皂的那家公司将拍卖，售价是 150000 美元。当时他已存有 25000 美元，他与那家公司达成了协议。他先交 25000 美元的保证金，然后在 10 天之内付清剩下的 125000 美元。如果 10 天之后付不出，他将同时丧失那笔作为自己全部储蓄的保证金。机会来了，但风险极大，然而福勒很积极地去做这件事并成功了，后来他是这样告诉别人的："我心中有数，即使当时的情况太冒险。我从客户、朋友、信贷公司和投资集团那里获得了援助。在第 10 天的前夜，我已筹集了 115000 美元，但还差 10000 美元。我怎么也没有办法了，真要命！那时已是深夜了，我在幽暗的房间里一遍又一遍地做祷告，渴盼奇迹出现。可是我知道奇迹之说是骗人的，于是毅然走出房门，我要再寻找，仔细地搜寻。夜已深了，我沿芝加哥 61 号大街走去。走过几条街后，我看见一所承包商事务所亮着灯光。我激动地走了进去。在那里，写字台旁坐着一个看起来因为经常熬夜工作而疲乏不堪的人。我一下子放松了许多。我好像有点认识他，我意识到自己必须勇敢些、再勇敢些。"

"'先生，您想赚 1000 美元吗？'我直接地进入谈话。"

"这话使得这位承包商吓得向后仰去。'是呀，亲爱的，'他答道。"

"我一听见'亲爱的'这个词，立刻就愉快了起来。'那么，亲爱的，请给我开一张 10000 美元的支票；当我奉还这笔借款时，我将另付 1000 美元给你。'我对他诚恳地说。我接着就把其他借我款的先生们的名单及签有亲笔字的借款单给这位承包商先生看，并详细地解释了我这次商业冒险的具体情况，承包商很感动，支持了我。这样，我就如期地付出了买肥皂公司所需的资金，有了这家公司，以后的一切都很自然地发展起来了。"

福勒先生最后向我们强调的正是：一定要树立你积极的心态。

有些人虽然有积极的心态，但是一遇到挫折就会失去信心，他们不了解成功需要用积极的心态不断尝试。

我们创造了自己的环境——心理的、情绪的、生理的、精神的——我们自己的态度决定我们的人生。

积极的心态将使你成为强者、勇敢者、胜利者、成功者、英雄、圣者！

也许你现在已经确信一点，积极的心态与消极的心态一样，它们都能对你产生一种作用力，不过两种作用力的方向相反，作用点相同，这一作用点就是你自己。为了获取人生中最有价值的东西，为了获得自己家庭的幸福和事业的成功，你必须最大限度地发挥积极心态的力量，以抵消消极心态的反作用力。

积极心态能挖掘潜能

你认为你行，你就行；你认为你能成功，你就能成功；你认为你能开发潜能，你就能开发潜能。

奥里森·马登讲过这样一个故事：一个星期六的早晨，一个牧师正在为讲道词伤脑筋，他的太太出去买东西了，外面下着雨，小儿子又烦躁不安，无事可做。后来他随手拿起一本旧杂志，顺手翻一翻，看到一张色彩鲜丽的巨幅图画，那是一张世界地图。他于是把这一页撕下来，把它撕成小片，丢到客厅地板上说："强尼，你把它拼起来，我就给你两毛五分钱。"

牧师心想他至少会忙上半天，谁知不到十分钟，他书房就响起敲门声，他儿子已经拼好了，牧师真是惊讶万分，强尼居然这么快就拼好了。每一片纸都整整齐齐地排在一起，整张地图又恢复了原状。

"儿子啊，怎么这么快就拼好啦?"牧师问。

"噢，"强尼况："很简单呀！这张地图画的背面有一个人的图画。我先把一张纸放在下面，把人的图画放在上面拼起来，再放一张纸在拼好的图上面，然后翻过来就好了。我想，假使人拼得对，地图也该拼得对才是。"

牧师忍不住笑起来，给他一个两毛五的银币，"你把明天讲道的题目也给了我了。"他说："假使——个人是对的，他的世界也是对的。"

这个故事意义非常深刻：如果你不满意自己的环境，想力求改变，则首先应该改变自己。假如你有积极的心态,你所遇到的所有问题都会迎刃而解。

艾文·班·库柏是美国最受尊敬的法官之一,但他小时候却是一个懦弱的孩子。库柏在密苏里州圣约瑟夫城一个准贫民窟里长大,他的父亲是一个移民,以裁缝为生,收入微薄。为了给家里取暖,库柏常常拿着一个煤桶,到附近的铁路去捡煤块。库柏为必须这样做而感到困窘,他常常从后街溜出溜进,以免被放学的孩子们看见了。但是,那些孩子还是时常看到他。特别是有一伙孩子常埋伏在库柏从铁路回家的路上,袭击他,以此取乐。他们常常把他的煤渣撒遍街上,使他回家时一直流着眼泪。这样,库柏总是生活在或多或少的恐惧和自卑的状态之中。

有一件事发生了,这种事在我们打破失败的生活方式时总是会发生的。库柏因为读了一套书,内心受到了鼓舞,从而在生活中采取了积极的行动。这本书是荷拉修·阿尔杰著的《罗伯特的奋斗》。

在这本书里,库柏读到了一个像他那样的少年的奋斗故事。那个少年遭遇了巨大的不幸,但是他以勇气和道德的力量战胜了这些不幸。库柏也希望具有这种勇气和力量。

这个孩子读了他所能借到的每一本荷拉修的书。当他读书的时候,他就进入了主人公的角色。整个冬天他都坐在寒冷的厨房里阅读。勇敢和成功的故事,不知不觉地养成了积极的心态。

在库柏读了那本荷拉修的书之后一个月,他又到铁路上去捡煤。隔开一段距离,他看见三个人一起在他的后面飞奔。他最初的想法是转身就跑,但很快地记起了他所钦羡的书中主人公的勇敢精神,于是他把煤桶握得更紧,一直向前大步走去,犹如他是荷拉修书中的一个英雄。

这是一场恶战。三个男孩子一起冲向库柏,库柏丢开铁桶,坚强地挥动双臂,进行抵抗,吓得这三个恃强凌弱的孩子大吃一惊。库柏的右手猛击到一个孩子的嘴唇和鼻子上,左手猛击到这个孩子的胃部。这个孩子便停止打架,转身溜跑了,这也使库柏大吃一惊。同时,另外两个孩子正在对他进行拳打脚踢。库柏设法推走了一个孩子,把另一个打倒,用膝部猛击他,而且发疯似的揍他的腹部和下巴。现在只剩一个了,他是孩子头,已经跳到库柏的身上,库柏用力把他推到一边,站起身来。大约有一秒钟,两个人就这么面对面站着,狠狠瞪着对方,互不相让。

后来,这个孩子头一点一点地退后,然后拔腿就跑。库柏也许出于一时气愤,又拾起一块煤炭朝他扔了过去。

库柏这时才发现自己的鼻子挂了彩,身上也青一块、紫一块。这一仗打得真好。这是他一生中最重要的一天,那一天他已经克服了恐惧。

班·库柏并不比那三个少年强壮多少,那些坏蛋的凶悍也没有收敛多少,不同的是他的心态已经有了改变。他已经学会克服恐惧,不怕危险,再也不受坏蛋欺负。从现在开始,他要自己来改变自己的环境,他果然做到了。

通过运用积极心态,班·库柏战胜了懦弱,战胜了恐惧,最终成全美最受尊敬的法官之一。通过运用积极心态,库柏还取得了比这更大的成就,那就是将隐形护身符翻到了积极心态的一面,这是他最终能获得成功的秘诀。

积极心态该如何培养

奥里森·马登认为,对于一个坚定的成功者而言,积极心态是走向成功的必要条件之一,不过,为了培养你的积极心态,奥里森·马登指出,你却必须遵循以下必要的步骤:

一、不要做一个受制于自我的困兽,而要冲出自制的樊笼

你只要抱着乐观主义,必定是实事求是的现实主义者。这样,乐观主义和现实主义这两种原则便成为解决生活与工作问题的孪生兄弟。

最不足以交往的朋友,是那些悲观主义者和一些只会取笑他人的人。真正的朋友,应该是那种说"没有什么大不了,只是有些不方便而已!"的人。

你帮助朋友时,不要仅仅只是去分担他或她的痛苦或者说些愚昧的话。如果要建立亲密的关系,你和你的朋友就必须有共同的人生价值和目标。

二、多了解他人的痛苦与不幸是十分有益的

情绪低落时,你不妨去访问孤儿院、养老院、医院,看看世界上除了自己的痛苦之外,还有多少不幸的人。

如果情绪仍不能平静,你不妨积极地去和这些人接触,深入他们的生活,和他们同喜同忧。

当然,和孩子们一起散步或者做游戏也是一个调整自己情绪的好办法。

努力把你不好的情绪,转移到帮助别人身上,并重建自己的信心。

通常只要改变一下环境,就能改变自己的心态和感情。

三、听听愉快、欢愉的音乐

不要去看早上的电视新闻。

你只要浏览一下《华尔街日报》第一版的新闻就足够了,它已足以让你知道将会影响你生活的国际或国内新闻。

不妨看看与你的职业及家庭生活有关的当地新闻。

不要经不起好奇的诱惑而浪费时间去阅读别人悲惨的新闻。

开车上学或上班途中,听听电台的音乐或自己的音乐 CD。

如果可能的话,你也可以和一位持积极心态的人共进早餐和午餐。

晚上不要坐在电视机前,要把时间花在你所爱的人身上,比如和他们谈点什么。

四、改变你的习惯用语

不要说“我累坏了”,而要说“忙了一天,现在真轻松”。

不要说“你们怎么不自己想想办法”而要说“我知道我将怎么办”。

不要总是在集体或组织中抱怨不休,而要试着去赞扬赞扬每一个人。

不要说“为什么偏偏找上我,上帝啊”,而要说“上帝,考验我吧”。

不要说“这个世界简直就是乱七八糟”,而要说“我得先把自己家里收拾好”。

五、要学会向龙虾学习

龙虾的生命历程可以是你学习的榜样。龙虾在某个成长的阶段里，会脱掉外面那层具有保护作用的硬壳，因而很容易受到敌人的伤害。这种情形将一直持续到它生长出新的外壳为止。

生活中发生某些变故是很正常的。

每一次发生变化，你总会遭遇到陌生及预料不到的意外事件。只是，发生变化时，你不能躲起来，使自己变得更懦弱。

相反，要敢于去应付危险的状况，对你未曾见过的事物，要培养出坚定的信心。

六、重视你自己的生命

碰到不幸或是痛苦的时候，千万不要说："只要吞下一口毒药，就可获得解脱。"

你不妨这样去想，乐观将协助我度过难关的。

你所交的朋友，你所去的地方，你所听到或看到的事物，全都记录在你的记忆中。由于头脑在指挥身体的行动，因此你不妨去进行一些高级的和乐观的思考。

七、从事有益的娱乐和教育活动

你不妨看看那些介绍自然美景、家庭健康及文化活动的媒体。

观看电视节目或电影时，要根据它们的质量与价值来决定其取舍，而不是注意其商业价值或是某种突然而起的轰动效应。

八、尽量表现你身体的健康

在幻想、思考或是谈话中，你应尽量表现出你身体的健康。

你应该每天都对自己做积极的自言自语，不要老是想着一些小毛病，像感冒、头痛、刀伤、擦伤、抽筋、扭伤以及一些小伤病等。如果你对这些小毛病太过注意了，它们将会成为你最好的朋友，经常来"问候"你。

你脑中想些什么，你的身体就会表现出来。

要专门想着家庭的好处，注意整个家庭的健康环境。在抚养及教育孩子时，这一点特别重要。

有一些父母，似乎比其他人更关心孩子的健康与安全，殊不知，他们这样却反而使他们的孩子变成了精神病患者。

九、不妨随时向他人传达你的积极心态

在你生活或工作中，只要可能或是方便，就写信、拜访或打电话给现在需要帮助的每一个人。

向他人显示你的积极心态，并把你的积极心态传给别人。

十、养成上教堂的习惯

把星期天变成培养积极心态的日子，养成上教堂的习惯。

根据一份对美国青少年滥服药物所作的研究报告，不服用任何药物的正常年轻人，他们生活中的3大支柱就是：宗教信仰、良好的家庭关系以及高度的自尊心。

毫无疑问，某种坚定的信仰或是牢固的精神支柱对于积极心态的持有乃至事业的成功都是十分重要的。宗教信仰则正是这样的精神支柱。

摆脱消极心态的干扰

我们必须面对这样一个奇怪的事实：在这个世界上，成功卓越者少，失败平庸者多。成功卓越者活得充实、自在、潇洒，失败平庸者过得空虚、艰难、猥琐。

奥里森·马登认为，失败平庸者多，主要是心态观念有问题。遇到困难，他们只是挑选容易的倒退之路。“我不干了，我还是退缩吧。”结果陷入失败的深渊。成功者遇到困难，怀着挑战的意识，用“我要！我能！”“一定有办法”等积极的意念鼓励自己,这样便能想尽办法,不断前进,直至成功。爱迪生试验失败几千次,从不退缩,最终成功地创造了照亮世界的电灯。

成功者从成功中获得更多的信心,失败者从失败中得到更多的害怕和借口,积极行动的积累,可以造就伟大的成功;消极言行的累积,足以让人万劫不复。

如何才能摆脱消极心态的干扰呢?你必须明白以下问题:

成功只在一念之间

仔细观察比较一下成功者与失败者的心态尤其是关键时候的心态,我们就会发现“一念之差”导致惊人的不同。

在推销员中,广泛流传着一个这样的故事:两个欧洲人到非洲去推销皮鞋。由于天气炎热,非洲人向来都是打赤脚。第一个推销员看到非洲人都打赤脚,立刻失望起来。“这些人都打赤脚,怎么会要我的鞋呢?”于是放弃努力,失败沮丧而回。另一个推销员看到非洲人都打赤脚,惊喜万分:“这些人都没有皮鞋穿,这皮鞋市场大得很呢。”于是想方设法,引导非洲人购买皮鞋,结果发大财而回。

这就是一念之差导致的天壤之别。同样是非洲市场,同样面对打赤脚的非洲人,由于一念之差,一个人灰心失望,不战而败;而另一个人信心满怀,大获全胜。

要改变失败的命运,就要改变消极错误的心态。永远记住一念之差决定成败。

来看这样一个故事:

塞尔玛陪伴丈夫驻扎在一个沙漠的陆军基地里,她丈夫奉命到沙漠里去演习,她一人留在陆军的小铁皮房子里,天气热得受不了——在仙人掌的阴影下也是华氏一百二十五度。没有人能和她说话,只有墨西哥人和印第安人,而他们不会说英语。她太难过了,就写信给父母,说要丢开一切回家去。她父亲的回信只有两行,这两行信却永远留在她心中,完全改变了她的生活:

两个人从牢中的铁窗望出去,

一个看到泥土，一个却看到星星。

塞尔玛一再读这封信，觉得非常惭愧。她决定要在沙漠中找到星星。

塞尔玛开始和当地人交朋友，他们的反应使她非常惊奇，她对他们的纺织、陶器表示兴趣，他们就把最喜欢舍不得卖给观光客人的纺织品和陶器送给了她。塞尔玛研究那些引人入迷的仙人掌和各种沙漠植物，又学习有关土拨鼠的常识。她观看沙漠日落，还寻找海螺壳，这些海螺壳是几万年前、这沙漠还是海洋时留下来的……原来难以忍受的环境变成了令她兴奋、留连忘返的奇景。

是什么使这位女士内心有了这么大的转变？

沙漠没有改变，印第安人也没有改变，但是这位女士的念头改变了，心态改变了。一念之差，使她把原先认为恶劣的情况变为一生中最有意义的冒险。她为发现新世界而兴奋不已，并为此写了一本书，以《快乐的城堡》为书名出版了。她从自己造的牢房里看出去，终于看到了星星。

借口症的虚假和危害

社会中因各种借口造成的消极心态，就像瘟疫一样毒害着我们的灵魂，并且互相感染和影响，极大地阻碍着人们正常潜能的发挥，使许多人未老先衰，丧失斗志，消极处世。

然而，正象任何传染病都可以治疗一样，“借口症”这个心态病也是可以想办法克服的。办法之一就是用事实将借口的理由一一驳倒，使它没有脸面没有理由在我们心中立足。

消除恐惧与忧虑

恐惧与忧虑，人人都或多或少有过，程度轻微，我们可能看不出它们的危害。实际上任何恐惧和忧虑都会侵蚀破坏我们的积极心态，妨碍我们的行为果断。只有当我们战胜恐惧，战胜忧虑，并利用它们为我们成功服务，恐惧和忧虑便可以变害为利。比如我们担心失败，但我们有信心战胜恐惧与忧虑，我们作更大的努力，采取更细致妥善的规划、谋略和行动去争取成功，这样我们就控制了恐惧和忧虑。

不受控制的恐惧和忧虑对我们危害很大,它会扰乱我们的心理平衡,并导致某些生理问题,如忧郁、失眠、神经衰弱、阳萎等等。严重的恐惧和忧虑,会使人理智混乱,产生严重的心理和生理病态。长期的恐惧和忧虑会使一个优秀的人变成一个平庸无能的失败者。

只有战胜恐惧和忧虑,我们才能平安、幸福、成功卓越。

而对恐惧我们应该如何做呢?

(1)"恐惧衍生于无知。"这是卡耐基引用一位大哲学家的话。这话可以帮助我们战胜恐惧和忧虑:你担心害怕什么,你就采取行动了解它。

看清它的本来面目,然后用行动击溃它,战而胜之。但是必须借助积极成功的心态来武装自己:我要战胜它!我能战胜它!我一定能战胜它!成功积极的心态使人坚强无比,可以克服任何恐惧。

(2)不要说"人言可畏"。人们常常害怕流言,不但忧虑而且恐惧。让我们来分析一下:"人家会怎么说呀!""人言可畏!""众口铄金!""千夫所指,无疾而亡!"这些都似乎说明人的言论确实令人害怕,我们似乎只好恐惧忧虑了。

流言为什么令人害怕呢?主要原因大概是流言可能会使我们失去面子、失去自尊,受到攻击,受到威胁等等。注意,这里是用"可能会"三字,事实上并非如此。

就我们内心来说,除非自己不相信自己,谁能不经我们同意就打倒我们呢?请仔细品味这句话的意思。

流言大概有三种,一种是基于正确客观的,一种是以讹传讹的误会,一种是恶意的挑畔中伤,夸大事实的诽谤。后一种流言,其实反映了传播流言者的消极心态及虚弱和害怕。持积极心态的成功者是不会去中伤诽谤他人的。

不管哪种流言,其实都不可怕。林肯任美国总统期间,曾受到许多流言的攻击。如果害怕这些流言,他这个总统就不要当了。他是如何可对待人言的呢?"如果结果证明我是对的,那么人家怎么说我,就无关紧要了,如果结课证明我是错的,那么即使花十倍的力气来说我是对的,也没有什么用了。""我尽我所知的最好办法去做——也尽我所能去做。而我将一直这样把事情做完。”

害怕流言毫无作用,唯有尽力去做,去行动,才是战胜流言恐惧的最佳办法。美国名将麦克阿瑟和英国首相邱吉尔都曾把林肯上述名言挂在办公室的墙上。

舌头长在别人嘴里,笔杆握在别人手上。别人爱怎么说爱怎么写,我们是无法控制的,但是,脑袋长在自己头上,我们可以控制我们自己的心态反应,可以控制我们的行为方式。按照自己的志向,努力提高素质,掌握人性的弱点和与人交往的技巧,战胜一切困难,争取成功卓越,这就是对一切流言的最好回答。

当流言影响到我们的成功时怎么办?那就采取行动——策略指导下的行动。对流言最无价值的反应就是恐惧和忧虑。而恐惧和忧虑本身才真正伤害我们自己。

社会上有种现象很可笑:你无能,什么事都不作,人家要说你。你追求成功卓越,人家也要说你,甚至找岔子说你。从我们自身的利益来说,成功卓越会带给我们财富的幸福,即然流言始终存在,与其忍受人家说你无所事事,倒不如让人批评你追求成功。

流言不可怕,可怕的是我们自己不走自己的路。任何恐惧和忧虑都不能改变现实,只能给我们增添麻烦、压力和障碍。采取行动,恐惧和忧虑就会怕你。

其实任何恐惧和忧虑都可以采取分析的方法,让恐惧忧虑显得可笑和多余。不过彻底战胜和清除恐惧和忧虑还要针对具体情况,采取积极的行动。假如你担心害怕去公开谈话或演讲,唯一克服这种恐惧的办法就是去进行公开谈话或演讲践。

奥里森·马登成功学的一个重要内容,便是通过协助人们公开谈话,帮助人们战胜恐惧,增强信心。这个方法非常有效,帮助了成千上万的人改变了心态,改善了人生。因为人们一旦能克服在一群人面前发表公开谈话的恐惧,那么他也容易克服其他场合下的恐惧。

这个课程的具体做法是:帮助学员认识公开谈话的实质和特点以及技巧,帮助学员认识到害怕公开谈话的原因是因为准备不好和缺乏经验,然后鼓励学员改变心态,以积极肯定的方式鼓励和协助学员在安全的环境下上讲台进行反复的练习,直至能够自信地发表公开谈话。获得成功经验后原先的恐惧便自然而然地被战胜了。你也由此极大地增强了克服困难的勇气和信心。

由于忧虑是一种慢性恐惧症,因人而异涉及的具体问题较多,有不少专著进行了较详细的分析。戴尔·卡耐基的《人性的优点》及《快乐的人生》是两本指导克服忧虑的非常出色的书。这里简单介绍其中的一些克服忧虑的原则:

用铁门把过去和未来隔断,生活在完全独立的今天。

解决忧虑的基本公式:①你问自己:可能发生的最坏情况是什么?②如果你必须接受的话,就准备接受它。③然后很镇定地想办法改善最坏的情况。

忧虑的人要让自己保持心净。

看看以前的记录、平均率,不要为几乎不可能的事担忧。

经常休息,防止疲劳造成的忧虑。

克服忧虑,抓住三个要点:一是认清忧虑的危害,忧虑不能解决任何问题,反而浪费时间,伤害自己的自信。二是对所忧虑的事情进行分析,并从中找出解决问题的方法。三是采取行动。人一旦采取行动,忧虑就会不战而败。对于忧虑的人,工作是一种良药。

下面是一些挣脱消极心态的方法:

①认识到家庭、学校和社会的教育可能是不健全的,可能存在相当多的消极因素。应该依靠自己,提高分析辨别能力,择善而从之。教育与训练决不能被动地依靠家庭、学校和社会教育。

②提高辨别积极心态和消极心态的能力,关键在于多学习,观察成功卓越人物的思想,心态和行为方式以及他们的成功经历和成功技巧(本书是介绍成功人物和成功知识的书籍之一)。同时对照生活中的失败平庸者,观察思考他们的心态与行为,想想他们为什么会失败?把成功的卓越人物与失败的平庸者的心态进行对照比较,可使你洞察是非,增强抵制消极失败心态的能力。

③增加个人的成功体验，增强自信心。

④只以成功者为榜样，不向失败者学习。尽可能选择具有积极氛围的环境，选择积极乐观的朋友。回避细菌感染，是保持健康心理的一个重要方法。

⑤你想改变消极环境，你必须先提高自己，建立牢固的自信心基础。当今社会有一种好现象：大量青壮年农民离开落后贫穷的土地到沿海发达地区去打工。不少有志气的人经过几年打工训练，赚了钱，又学了本事，回到家乡办企业。先离开消极环境，救出自己，树立牢固的成功积极心态后，再去影响和改造那消极的环境，这也是落后地区走向进步的一条重要途径。

⑥对照成功的知识，接受成功训练，从小事开始，增加成功的实际体验，不断提高自己的能力和素质。

⑦进行提高自信心的训练，增强免疫消极心态的能力。

一个人若有消极思想作祟，内心就会沉寂畏缩，热情被压抑在心中，不再相信自己的能力，总是自怨自艾，这样的人怎么能成大事呢？所以，我们必须认真审视自己，发现有消极情绪就努力消除它，充实自己的内心，发挥自身的精神力量。这样，你才能取得成功！

别为打翻的牛奶哭泣

奥里森·马登认为，对任何人来说，失败都很难避免，与其在失败后后悔不迭，倒不如从失败中总结出教训，并从失败中坚强的站起来，发愤上进，那么，成功迟早会来到你的身边。相反，如果你只是一味地自责、懊恼，活在失败的阴影里，那你就永远也无法逃离失败的魔爪。

奥里森·马登的观点正好和这样一句谚语所讲的道理不谋而合：别为打翻的牛奶哭泣。

是的，牛奶已经打翻了，再怎么悲伤的哭泣也无济于事，牛奶不会再跑回杯子里。但如果因为今天打翻了的这杯牛奶，我们以后再不打翻牛奶，不再犯类似的错误,那么,即使打翻一盘牛奶也值。

生活中,难免会发生一连串的意想不到的失误,从而把事情搞得一团糟。这时,一味地怨天尤人,把火气发在别人身上,不仅挽回不了原有的损失,反而可能造成更加严重的后果。

这种损失或者说失败,我们可以套用上面那个谚语,将其称为"打翻的牛奶"。关于这个名词还有这样一个故事:

某天的晨会上,主管把一瓶牛奶放在讲桌上,大家都安静了下来,望着那瓶牛奶,不知道它和这次的会议,有何联系?

过了一会儿,主管突然站了起来,一巴掌把那瓶牛奶打翻了,所有的同事都惊诧了,主管大声叫道:"不要为打翻的牛奶哭泣!"

然后,他把所有的同事叫过去,"好好看看,我希望大家能一辈子记住这一次晨会,这一瓶牛奶现在已经全部漏光了,无论你怎么着急,怎么抱怨,都没有办法再救回一滴! 事前,只要先用一点点思想,先加以预防,它就不至于被打得破碎,还可以保得住。可是现在来不及了,我们能做的只是尽快把它忘掉,尽快丢开这件事情,集中精力只注意下一件事。"

曾经有一位精神病专家,在精神病学界,有很高的声誉。他曾这样说过:"我有许多病人,都把时间花在了缅怀以往上,后悔当初该做而没做的事。要是,如果,我那次这样做……。"

是啊。在后悔的海洋里打滚,是人们的通病。更是对精神的严重损耗。要是我们都只是活在后悔的海洋里,何来目标,何以奋斗? 怎么去改正它呢? 简单点地说,只要抹去那些"要是早知道"、"如果当初"……这些词汇,改用"下次"。只要能坚定地对自己说:"下次如果有机会我应该这样做……"那么,你对失败的感觉就会轻松很多。

说穿了,还是那句老话——世上没有后悔药可吃!

在这一方面,美国著名心理学家谢灵顿的经历是一个很好的例子。

谢灵顿年青时曾经是一个街头恶少,人们称他"坏种"。开始,他并不以为耻,毫无悔过之心。可是有一次,他向一位他深深爱慕的挤奶女工求婚,那女工说:"我宁愿投河淹死,也绝不嫁给你这恶少!"

谢灵顿因此无地自容,羞愧万分,从此幡然悔悟。他发誓:将要以辉煌的成就出现在人们面前。于是他怀抱发愤的志向，悄悄离开了那位姑娘，也彻底埋葬了旧我。由于他刻苦钻研，在中枢神经系统生理学方面硕果累累，先后在英国多所名牌大学任教授，1932 年获诺贝尔生理学、医学奖。

谢灵顿的确“打翻过牛奶”，犯过错误，他肯定也自责、后悔，但他没有将自己的一生都用于自责和后悔上，而是用行动证明了自己：我绝不会在同一个地方摔倒两次！

这才是一个强者应有的态度！

过去的就让它们过去吧，从失败中总结教训，未来是掌握在自己手中的，千万不要为“打翻的牛奶哭泣”。

要是我们都能建立一种积极乐观的心态，面对失败，与其苦苦纠缠，倒不如“快刀斩乱麻”，迅速的重新上路，那么，反而很可能会取得好的效果。

丰富心智以保持心态积极

一个人拥有正确的心态，那他就会创造不同凡响的奇迹。善于处理危机的自我创富者，往往都是为自己在成功之路上创造各种有利于自己的条件，而不是死死抱住自己原有的势力范围。也就是奥里森·马登所说的：“善用你的积极心态，不要让消极的东西占据了你的脑袋。”

奥里森马登曾举过么一个例子：

爱达华州的两个农夫辛普森和茨威格，他们各自经营着自己的农场。以种植马铃薯为主。这两个并不满足只当一个种植马铃薯的农夫认为每个人都可以创造自己的市场，而无需抢夺他人的市场。这种积极的心态，使辛普森创立了冷冻食品公司——辛普森公司，并成为麦当劳连锁店马铃薯的主要供应商；茨威格则创立了奥爱食品公司。

这两人成功的原因都是拥有“丰富心智”，他们深信：自然与人性资源足以实现任何梦想；我的成功不全然是别人的失败，别人的成功也不会剥夺我的机会。

根据诊断企业和个人的经验，奥里森·马登观察到丰富心智会消除狭隘的想法和敌对关系，而卓越与平庸的分歧也在此。

奥里森·马登的一生也经历了许多丰富与贫乏心智的挣扎。当拥有丰富心智时，他相信别人，且开朗、肯施舍，愿意和别人共同生活，能够欣赏彼此的成就。因为他察觉到力量的泉源在于差异，个体并非一模一样，每个人都应该取长补短。

有丰富心智的人，注重互利的原则，沟通时先求了解别人，再求被人了解，心理上的满足并非来自击败他人，或与他人比较。这些人没有占有欲，不要求他人照自己的话做，其安全感并非建立在别人的意见上。

丰富心智来自内在的安全感，而不是外在的排名、比较、意见、拥有或关系。如果自身的安全感是从这些俗务而来，那这些俗务举动就会影响到我们的生活。

"贫乏心智"的主张者认为机会是稀少的，若同事获得升迁，朋友得到认同或有重大成就，自己的安全感或自我身份即受到威胁，即使口头上赞誉有加，内心却是痛苦不堪。这些人的安全感是和他人比较而来，而不是来自自然法则与原则的信仰。

愈坚持以原则为重心，愈能培养丰富心智：愿意与他人分享权力、利润和认同，也愈能为他人的功成名就感到自豪。别人的成就对自己的影响是正面的，而非负面的。

丰富心智主张者奥里森·马登，指出丰富心智有七项特征：

回归正确的来源

丰富心智的人从内在安全感的泉源中汲取动力，并保有平和、开朗、信任，为他人成就而自豪。重新开展、塑造自己的生命，培养丰富的感情，以滋长舒适、内省、期望、指导、保护和宁静的心灵。他们期待回到心灵的泉源。缺少这方面的滋润，甚至只工作数小时，也会产生退缩的症状，好像身体缺乏水及食物。

寻找孤寂，享受自然

丰富心智的人保留时间，寻找独处的机会；心智贫乏的人，由于本性喜欢喧嚣，独处时往往感到寂寞。应该培养独处的能力、深思、享受宁静与孤寂，常常反省、写作、聆听、准备、想像、沉思、放松等活动。

自然界有许多宝贵的东西可充实我们的心灵感受，静谧的自然环境让人深省、心境平和，好准备重返步调紧凑的生活。

每天锻炼心智与体能，以保持身心巅峰

在心智方面，我们建议培养广泛且深人阅读的习惯。加人培养主管的训练课程，再慢慢地增加纪律与责任感。若能不断充实自己，经济上的安全感就不会依附在工作、老板的意见或人为制度上，而是靠自己的生产能力。未决难题是个庞大的未知市场，对有创见的人和能为自己创造价值的那些人而言，这里永远充满机会。

波勒在所著《无限的主管机会》中认为，无法经常养精蓄锐的人，不但会发现自己的刀锋迟钝，自己也变得陈腐不堪，为生存只好小心翼翼，采取防卫手段，以安全为重，开始为自己打上一副金手铐。

乐意为他人服务

为了培养内在安全感，有些人愿意尽力服务他人，不求名利。与日俱增的内在安全感与丰富的心智，就是他们最好的回报。

与别人维持长期良好关系

配偶或亲密伙伴，在我们失去信心时，仍会关爱并相信我们。心智丰富的人会与许多人维持这种关系，当察觉到某人正在十字路口彷徨时，就会不辞辛苦地表达对那人的信任。

宽恕自己与他人

心智丰富的人不会为自己的愚蠢行为或社交过失而自责，也不会在意他人的莽撞。过去或明日的梦想不是他所关切的，这些人很理性地活在现在，仔细规划未来，并灵活面对变动的环境。充满幽默感、坦承错误并学着宽恕，满怀喜悦去做能力范围内的工作。

解决难题

这些人就是答案的一部分，知道如何将人与问题分开，把精神摆在整体利益上，而不在立场上争辩。别人会慢慢察觉他们的诚意，合力为解决问题贡献心力。在这种交心过程中产生的解决方案，比妥协、折中的方案好得多。

下篇

完善自我，追求卓越

第九章 你靠什么吸引别人

第十章 良好的习惯是成功之母

第十一章 专心做好一件事

第十二章 在困境中如何磨砺心志

↓第九章
你靠什么吸引别人

每个人都是一块磁石，它的吸引力可以从任何渴望的方向得到开发。每个人都可以引导这种力量使他得到渴望的东西。

与人交往要多用“礼”

对身居高位的人而言，彬彬有礼在其为人处事中占有很重要的位置。没有哪个真正伟大的人会缺少这种优秀品质。有礼有节向来是高贵出身和良好教养的标志。

奥里森·马登指出，世界上没有人不受礼节的感染。要想完善自我，追求卓越，就最好将下面这句话当做座右铭，并循此座右铭而行：“礼貌造就人”。

谁都想在人际交往中顺风顺水，谁都想做出一翻事业，拥有成功的人生，而实现这些的前提就是要在做人时注意“礼”的运用。有“礼”之人会注意形象，有教养、不树敌、彬彬有礼、言谈举止诚恳谦和、待人接物大方得体。在做人时塑造出完美的形象，自然而然，做事时也会事事顺心，一帆风顺。

礼多人不怪，是人之常情。老巴利是不善客气的人，又患有高度近视，十步以外，看不清来人的面貌，对于熟人，只会由听声音来辨别他是谁，因此不熟悉的人，往往误会他是自大成性。他为补救他的缺憾起见，就是对于服务员倒茶，也总是加上“请你”，或“谢谢你”，有人来到面前，有所陈述或要求，他总是起立,绝不坐在椅子上,有时还称他们先生。这些举动他们未必发生好感,但相信至少不会发生恶感。

有个人是某公司的最高领袖,高级职员去见他时,他不但坐着不动,也不屑回你一声,而且不肯注视你,来人只好站在旁边说话,真是架子十足,有时碰到他不高兴,或认为你说的话不对,他竟始终不开口,好象听而不闻,也始终不对你看,好像视而不见,你落得一场没趣,只好悻悻退出。他对高级职员如此,对其他下属,当然可想而知。就是对待朋友,同样也是爱理不理的神气,实在令人难受。当他得势时候,大家只敢在背后批评,当面还是恭维,还是奉承,但心里都是反对他。他种了这种恶因,后来形势逆转,一时攻击他的人非常多,当然可能还有其它重要原因,然而平常待人傲慢,至少是个辅助条件。

《易经》说:“相鼠有皮,人而无礼,人而无礼,不死胡为!”无礼取怨于人,真会咒人早死。人在社会上,要多结人缘少结人怨,而多礼便是一件必要的工具。礼是人为的,是后天的,必须要用心去学习,学习使人养成习惯,如此,多礼便能行无所碍了。

孔子说:“不学礼,何以立。”孔子的所谓礼,并不是单指礼貌而言,但是礼貌必在其中,这是可以肯定的。言语行动,表情眼神,都要注意,文质彬彬,然后君子,礼多人不怪,在为人处世方面来,礼多可足以表示你是位君子呢!

然而多礼还必须诚恳,多礼而不诚恳,可得知其人的虚伪,虚伪反而使人讨厌。能诚恳,才能恭敬,才是真的礼貌。俗语说:人熟礼不熟。这就表示,你对于熟人,要有礼貌,“晏平仲善与人交,久而敬之”。晏子所以能够被“久而敬之”,就在于他对人能够久敬。久而敬之是指双方面而言,并且,须先由每一个人自身开始。

“谦谦君子,赐我百朋”,礼多不怪,原是为人做事之常情,所以在与人交往时,万莫吝啬你的“礼”。

给别人留下良好印象

做人做事，讲究给人良好的印象，而礼仪着装决定着你给别人的第一印象。

第一印象，就是两个素不相识的人第一次见面的就留下的相互印象。一个人给人的初次印象几乎都是视觉上的，如表情、姿态、身材、仪表、年龄、服装等方面。在我们真正了解一个人之前，我们早在第一眼看到他时，就形成了对他的初步看法，即所谓先入为主。例如，学校里对新来的导师、新来的插班生，单位里对新来的上司、新来的同事，介绍恋爱对象的第一次见面等，第一印象都会发生作用，双方都对对方留下深刻的印象，同时双方也都力图使对方对自己获得好印象，做为今后交往的起点和根据。所以，一个善于交际的人都很重视自己给别人的第一印象。

怎样给别人留下良好的第一印象呢？奥里森·马登认为，应该从以下几点做起：

留意你的穿着

“先敬衣装后敬人”，从道德上说是不公正的，但面对现实的社会观念，我们尚无法改变。因为要对方了解你的内在美，尚需一段时间，而体现一个人个性的着装却一目了然，给人留下一个美好的印象。

留意你的穿着，并不是叫你穿上最流行、最时毛的衣服，而是希望你穿得干干净净、整整齐齐，至于衣服是新是旧，质料是好是坏，却不是主要问题。

美国有许多家大公司对所属雇员的装扮都有“规格”，这规格不是指要穿得怎么好看，而是人们观感的水准。有一本书叫《应酬之道》，书中提出，在与人见面前应注意以下几点事项：

·鞋擦过了没有？

·裤管有没有痕？

·衬衣的扣子扣好了没有？

· 胡须刮了没有?

· 梳好头没有?

· 衣服的皱褶是否注意到?

乍一听似乎可笑。事实上,这些小打扮会给人留下良好的印象,整洁的着装总是给人一种信赖感。

展现你的风度

与衣着紧密相连的是人的风度。如果说衣着是一个人的审美力的反映的话,那么风度则是一个人的性格和气质的反映。有的人性格开朗,气质聪慧,风度则往往潇洒大方;有的人性格豪爽,气质粗犷,风度则往往豪放雄壮;有的人性格沉静,气质高洁,风度则温文尔雅;有的人性格温柔,气质恬静,风度则秀丽端庄。风度是性格和气质的外在表现,属于一个人的外部形态,是由一个人的言谈举止所构成的。与心灵相对而言,风度是人的一种形式,也是感受形式美的眼睛所最先接触的。因此,从风度的好坏,不仅可以看到一个人的文明程度,而且也可以部分地看到一个人的美丑。人是需要有美的风度的,你的言谈举止、待人接物都应当表现出文明的美的风度。如果举止轻浮,言谈粗鄙,待人接物玩世不恭,甚至粗暴狂躁,那就不是文明礼貌的表现。

风度不是摹拟得之,更不是装腔作势的结果,而是一个人的心灵美的外在表现,是在长期的社会实践中所形成的良好性格、气质的自然流露。要有美的风度,关键在于各人在实践中培养自身的美的本质,形成美的心灵。古人早就说过:“诚于中而形于外。”心里诚实,才有老实的样子。心不诚实迟早要被人看破的,更何况风度这种人的外在美是没法装得像的。当然,人的风度是多样的,不能强求一律。人的风度的多样性,是为人的性格、气质的多样性所决定的。但是,无论性格、气质的多样性也好,还是风度的多样性也好,都应当体现出人的美的本质。而只有美的心灵,美的性格、气质,才能有美的风度。

提高你的修养

强调“第一印象”在取悦中的重要作用,但这仅仅是一种首要效应,并不是本质的、内在的、不可改变的。

其一,双方初次见面所获得的印象只是一些表面特征,不是内在的本质特征,所以单凭第一印象做为继续交往的基础是不牢固的。如一些男女青年初次见面时,往往是凭仪表、长相而一见钟情,而不考虑对方的人性态度、个性品质而草率结婚。事实证明,这是靠不住的,往往会留下后患,最后甚至导致感情破裂。

其二,第一印象不是无法改变的,随着时间的推移,交往的增加,对一个人的各方面情况会愈来愈清楚,从而可以改变第一次见面时留下的印象。

其三,即使是第一印象的展示,也反映了人的个性品质,归根结底,它是一个人平时长期修养的结果。没有平时良好的修养,即使主观上想给人留下一个好印象,也往往是东施效颦,装模作样,反而令人生厌。

“良好的第一印象是登堂入室的门票”。如果你给对方的第一印象有所错觉的话,就很难修正自我的第一印象。即使能修正过来,也要花费很长时间,很大力气。

养成善于倾听的习惯

专心的听别人讲话,是我们所能给予别人的最大赞美,也是赢得别人喜欢的有效方式,因为聆听是世界上最动人的语言。

奥里森·马登曾经说过这样的话:“倾听,你倾听的越久,对方就会越喜欢你,据我观察,有些推销员喋喋不休,却只让客户心烦意乱。上帝为何给我们两个耳朵一张嘴,我想,意思就是让我们多听少说。”

要赢得别人的好感,在人际交往中,就切不可永远把自己当作主体,一切以自我为中心,一味的口若悬河,硬将自己的观点施加给对方,这样做的结果只能是徒费口舌,让人憎厌。

倾听的作用

大多数人,想让别人同意他自己的观点时,往往把话说得太多。尤其是产品的推销员,常做这种得不偿失的事情。尽量让对方说话吧,他对自己的事业和他的问题,了解得比你多。所以向他提出问题,让他告诉你几件事。

如果你不同意他,你也许会很想打断他。奥里森·马登指出,千万不要那样,那样做很危险。当他有许多话急着说出来的时候,他是不会理你的。因此你要耐心地听着,抱着一种开放的心胸,让他充分地说出他的看法。

如果你要得到仇人,就表现得比你的朋友优越吧;你要得到朋友,要让你的朋友表现得比你优越。

这句话是事实。当我们的朋友表现得比我们优越,他们就有了一种重要人物的感觉;当我们表现得比他们还优越,他们就会产生一种自卑感,造成羡慕和嫉妒。

我们应该谦虚,因为你我都没什么了不起。我们都会死去,百年之后就被人忘得一干二净了。生命是如此短暂,请不要在别人面前大谈我们的成就,使别人不耐烦,我们要鼓励他们谈谈他们自己才对。回想起来,我们反正也没有什么惊天动地的成就业绩好谈的。你知道是什么东西使你没有变成白痴吗?那就是倾听他们说话,我们没有什么值得向他们夸夸其谈的东西。

因此,如果你要别人同意你的观点,应遵循的规则是:“使对方多多说话。”试着去了解别人,从他的观点来看待事情就能创造奇迹,使你得到友谊,减少摩擦和困难。

由此可见,倾听使人获得如下收益:

(1)使他人得到尊重。

根据人性的知识,我们知道,人们往往对自己的事更感兴趣,对自己的问题更关注,更喜欢自我表现。一旦有人专心倾听他们谈论他们自己时,就会感受自己被重视。

卡耐基曾说:专心听别人讲话的态度,是我们所能给予别人的最大赞美。不管对朋友、亲人、上司、下属,倾听有同样的功效。

倾听他人谈话好处之一是,别人将以热情和感激来回报你的真诚。

(2)增加沟通效力。

任何人如果只顾自己一个劲地说产品如何如何的好,而不学会使用倾听的话,他就无法了解顾客。无法了解顾客,则推销的效率就低,甚至令人讨厌。一个成功的推销员说过:有效的推销是自己只说1/3的话,把2/3的话留给对方去说,然后,倾听。倾听使你了解对方对产品的反映以及购买产品的各种顾虑、障碍等。只有当你真实地了解了他人,你的人际沟通才能有效率。

人们都喜欢自己说,而不喜欢听人家说,常常在没有完全了解别人的情况下,对别人盲目下判断,这样便造成人际沟通的障碍、困难,甚至冲突和矛盾。

(3)减除他人压力。

身为美国总统的林肯,心中有来自多方面的压力。他把他的一位老朋友请到白宫,让他倾听自己的问题。

林肯和这位老朋友谈了好几个小时。他谈到了发表一篇解放黑奴宣言是否可行的问题。林肯一一讲解这一行动的可行和不可行的理由,然后把一些信和报纸上的文章念出来。有些人怪他不解放黑奴,有些人则因为怕他解放黑奴而骂他。

在谈了数小时后,林肯跟这位老朋友握握手,甚至没问他的看法,就把他送走了。

这位朋友后来回忆说:当时林肯一个人说个不停,这似乎使他的心境清晰起来。他在说过话后,似乎觉得心情舒畅多了。

是的,当时遇到巨大麻烦的林肯,不是需要别人给他以忠告,而只是需要一个友善的、具有同情心的倾听者,以便减缓心理压力,解脱苦闷。

这就是我们碰到困难所需要的。心理学家已经证实:倾听能减除心理压力,当人有了心理负担和问题的时候,能有一个合适的倾听者是最好的解脱办法之一。

你帮了别人的忙,解除人家的困境,当你需要的时候,别人就会随时感恩报德的。

(4)解决矛盾冲突。

一个牢骚满腹,甚至最不容易对付的人,在一个有耐心、同情心的倾听者面前,都常常会软化而通情达理。

某电话公司曾碰到一个凶狠的客户,这位客户对电话公司的有关工作人员破口大骂,威胁要拆毁电话。他拒绝付某种电信费用,他说那是不公正的。他写信给报社,还向消费者协会提出申诉,到处告电话公司的状。

电话公司为了解决这一麻烦,派了一位最善于倾听的“调解员”去会见这位无事生非的人。这位调解员静静地听着那位暴怒的客户大声的“申诉”,并对其表示同情,让他尽量把不满发泄出来。3 个小时过去了,调解员非常耐心地静听着他的牢骚。此后还两次上门继续倾听他的不满和抱怨。当调解员再次上门去倾听他的牢骚时,那位已经息怒的顾客把这位调解员当作最好的朋友看待了。

由于调解员利用了倾听的技巧,友善地疏导了暴怒顾客的不满,尊重了他的人格,并成了他的朋友,于是这位凶狠的客户也通情达理了,自愿把所有该付的费用都付清了。矛盾冲突就这样彻底解决了,那位顾客还撤销了向有关部门的申诉。

(5)摆脱自我。

每个人都有他的长处和短处,倾听将使我们能取人之长,补己之短,同时防备别人的缺点错误在自己身上出现。这样便能使自己更加聪明。

当你把注意力集中到倾听理解对方的时候,你便会很容易地摆脱掉人们比较讨厌的"自我"的纠缠。这样你便成为一个备受欢迎的谦虚的人。

(6)保守秘密。

当你说话过多的时候,就有可能把自己不想说出去的秘密泄露出来。这对某些人来说将会带来不良后果。做生意谈判时,有经验的生意人常常先把自己的底牌藏起来,注意倾听对方的谈话,在了解对方情况后,才把自己的牌打出去。

倾听的技巧与要领

(1)集中注意力。

如果你没有时间,或别的原因不想倾听某人谈话时,最好是客气地提出来:"对不起,我很想听你说,但我今天还有一些事必须完成。"

如果你不真心愿意听又勉强去听,或装着倾听,则你可能会不自觉地开小差,比如一边听,一边翻书或做别的,想别的。你的举动逃脱不了说话人的眼睛,说话人对你的粗心产生很大的不满。我们设身处地想想,对一个漠视我们谈话又勉强应付的人,你的感觉是什么?倾听可能会耽误我们一些时间,但如前面所述,倾听对我们对他人都有好处,只要我们事先安排好时间,或只要有一些空闲时间,我们专心致志地去倾听他人谈话是值得的。

(2)要有耐心。

一是等待或鼓励说话者把话说完,直到听懂全部意思。有些人语言表达可能会有些零散或混乱,但如你有足够的耐心,任何人都可以把事情说清楚的。

二是若遇到你不能接受的观点,甚至有意伤你的情绪性话语,你也得耐心听完。你不一定要同意对方观点,但可表示理解。一定要想办法让说话人把话说完,否则你无法达到倾听的目的。

(3)改掉不良习惯。

随便插话打岔,改变说话人的思路和话题,任意评论和表态,把话题拉到自己的事情上来,一心二用做其他事等等,这些都是常见的不良习惯,妨碍倾听。我们要回避一些不利倾听习惯的诱惑,方法是把注意力集中在听懂、理解对方所谈的话上。

(4)表示理解。

倾听一般以安静认真听为主,脸向着说话者,眼睛看着说话人的眼睛或手势,以理解说话人的身体辅助语言。同时必须适时用简短的语言如"对"、"是的"等或点头微笑之类进行适时的鼓励,表示你的理解或共鸣。让说话人知道,你在认真地听,并且听懂了。如果某个意思没听懂,你可以要求说话人重复一遍,或解释一下。这样说话人能顺利地把话说下去。"

(5)适时做出反馈。

说话人的话告一段落,你可以做出一个听懂对方话的反馈。有时说话人会要求倾听人做出反馈。准确的反馈对说话人会有极大的鼓舞。比如:"你刚才的意思我理解是……"、"你的话是不是可以这样来概括……"等等。但是需要注意,不准确的反馈是不利于倾听的。

让自己变得幽默一些

奥里森·马登认为,幽默可以带给人们愉悦,让自己摆脱尴尬,化险为夷;幽默,可以缓和紧张的气氛,使大家相处得快乐,相处得融洽。幽默是一个人优秀个性的重要表现。

严格来讲,幽默算不上是一种礼仪,但运用的好的话,它在人际交往中的作用是非常巨大的。著名幽默家克瑞格·威尔森曾经说过:"在我的成长过程中,幽默是生活中的七彩阳光,没有它,就没有我五彩缤纷的童年,也没有我充满欢声笑语、幸福无限的家庭。”事实确实如此,幽默感是一个人最具智慧的体现。和有幽默感的人相处,你会感到非常轻松而且愉快。

真正善于交际一定是具有幽默感的人,因为幽默的思维方式可以让他们轻松面对各种交际窘境。

美国废奴运动领袖菲力浦斯有一次被一位牧师诘问:“您不是要拯救黑奴吗?为什么不直接到非洲去宣传呢?”

菲力浦斯不紧不慢地回答:“您不是拯救灵魂吗?为什么不直接到地狱里去呢?”一句话把牧师问得无话可说。

幽默其实是一种情感的宣泄。弗洛伊德说:“诙谐与幽默是把心里的能量以游戏的方式释放出来。”幽默也是一种乐观向上的生活态度,它基于一个人对自己的尊重。幽默与搞笑是不同的,在大多数情况下,有幽默感的人总是不动声色就能使别人充分享受到轻松快乐。

幽默感是人与人之间的润滑剂,通过幽默的表达,可以舒缓紧张情绪,更能营造出快乐的气氛。

擅长幽默的人,人际交往中通常是比较成功的,因为,人们是不会讨厌一个能让他笑起来的人的。

幽默有时是文雅的,有时是含有暗示意义的,有时是高级的。切忌在交际中开低级趣味的玩笑,以此为幽默便形如讥笑。有时一句普通的讥讽话会使人当场下不来台,与你反目成仇,所以在社交场合中,幽默应该显示人的高尚、风度才好。

在社交场上,谈笑也要注意。应恰如其分,因地因时适宜。但如果大家正聚精会神地讨论研究一个具体问题,你突然在这里插进了一句毫无关系的笑话,不但不能令人发笑,反而使人觉得无趣。

在社交场合中,如果一味地说俏皮话,无限制地幽默,其结果也会适得其反。譬如,你把一个笑话反复地讲了三遍或五遍,最初别人会认为你很风趣,但到后来也会厌烦。

如果你的幽默带着恶意的攻击,以挖苦别人为目的,还是不说为妙。再好的“糖衣炮弹”,如果里面包的是毒药,也会致人于死地。

幽默成了个人魅力的重要砝码,是个性的体现。那么,如何使自己具有幽默感呢？

要在构思上下工夫，掌握必要技巧

幽默是一种“快语艺术”，它突破惯性思维，遵循反常原则，想得快、说得快，触景即发、涉事成趣，即出入意料之外，又在情理之中。比如，有位将军问一位士兵：“马克思是哪国人？”士兵想了会儿说：“法国人。”将军一愣，说道：“哦，马克思搬家了。”

要注意灵活运用修辞手法

极度的夸张、反常的妙喻、顺手的借代、含蓄的反语，以及对比、拟人等说法都能构成幽默。另外，选词的俏皮、句式的奇特也能构成幽默。表达时，特殊的语气、语调、语速以及半遮半掩、浓淡相宜或者委婉圆滑、引而不发语意——甚至一个姿势、一个心照不宣的微笑，都能表达意味深长的幽默和风趣。

注意搜集幽默素材

丰富多彩的生活提供了许多有趣的素材，这些素材无意识地进入我们记忆仓库的也很多，如果我们做个“有心人”，就会使自己的语言材料丰富起来。例如谚语、格言、趣闻、笑话等，我们可以提取、改装并加工利用，这样我们的语言就会增加许多趣味性的“调料”了。

用“趣味思维方式”捕捉生活中的喜剧因素

“趣味思维”是一种反常的“错位思维”，这种人不按照普通人的思路想问题，而是“岔”到有趣的一面去。演说家罗伯特是个光头，有人揶揄他总是出门忘了戴上帽子，他说：“你们不知道光头的好处，我可是第一个知道下雨的人。”罗伯特并不为自己的“光头”苦恼，反而“美化”光头，用“趣味思维方式”捕捉自己身上的“喜剧因素”，从而产生了诙谐的效果。

掌握一些关于幽默小技巧

幽默风趣较多运用于应变语境。作为口才训练的终结，幽默风趣的表达是应该达到的较高境界。通过“趣说训练”,要在进一步提高心理素质的同时,习惯于“趣味思维方式”,习惯于用“错位”语言艺术构成风趣和幽默,并掌握几种常见的幽默表达技巧。通过说俏皮话、自嘲、讲笑话等训练手段,使表达更风趣、诙谐,更有吸引力。

微笑具有神奇的魔力

奥里森·马登曾将过这样一个故事:

百货店里,有个穷苦的妇人,带着一个约四岁的男孩在转圈子。走到一架快照摄影机旁,孩子拉着妈妈的手说:“妈妈,让我照一张相吧。”妈妈弯下腰,把孩子额前的头发拢在一旁,很慈祥地说:“不要照了,你的衣服太旧了。”孩子沉默了片刻,抬起头来说:“可是,妈妈,我仍会面带微笑的。”

如果你在生活的摄像机前也像那个贫穷的小男孩一样,穿着破烂的衣服,一无所有,你能坦然而从容地微笑吗?

奥里森·马登认为,微笑具有着神奇的魔力,它能够化解人与人之间的坚冰,它也是一个人身心健康和家庭幸福的标志。

微笑是造物主赋予人类的特权。看看,除了人之外,还有什么动物懂得微笑呢?微笑是人类最好看的表情,当你忘记了整理装束的时候,你可以用微笑来弥补,以增加脸上的神采。微笑或许不能解决任何实际的问题,但是它在许多方面都能起到很好的作用。一个微笑能令别人减少忧虑,心情愉悦;传递你的爱心,有助于结交新朋友;令你看起来更有自信和魅力,留给别人良好的印象;换来别人的另一个微笑,甚至产生一段终生的情谊。

无论你在什么地方,无论你在做什么,在人与人之间,简单的一个微笑是一种最为普及的语言,她能够消除人与人之间的隔阂。人与人之间的最短距离是一个可以分享的微笑,即使是你一个人微笑,也可以使你和自己的心灵进行交流和抚慰。

一旦你学会了阳光灿烂的微笑,你就会发现,你的生活从此就会变得更加轻松,而人们也喜欢享受你那阳光灿烂的微笑。

面对着亲人,你的一个微笑,能够使他们体会到,在这个世界上,还有另外一个人和他们心心相连;

面对着朋友,你的微笑,能够使他们体会出世界上除了亲情,还有同样温暖的友情,让我们感受到,对朋友,他是重要的,必不可少的;

走遍世界,微笑是通用的护照;走遍全球,阳光雨露般的微笑是你畅行无阻的通行证。

不仅如此,笑,还是一种神奇的药方,它能医治许多疾病,并具有强身健体的医疗功能。医学家告诉我们,精神病患者很少笑,一个人有疾病或者有其他烦恼,那他也不会从心底发出笑声。

美国加利弗尼亚大学的诺曼·卡滋斯曾患胶原病,这是一种疑难杂症,康复的可能性仅为五百分之一,而他就成为这个"一"。后来,他把当时的情况写在了《五百分之一的奇迹》这本书里:"如果,消极情绪引起肉体消极的化学反应的话,那么,可以推测,积极向上的情绪可以引起积极的化学反应,可以推测,爱、希望、信仰、笑、信赖、对生的渴望等等,也具有医疗价值。"

卡滋斯认为,笑具有惊人的医疗效果:"我的体会是,如果能够从心底里发出笑声,并持续 10 分钟,会产生诸如镇痛剂一样的作用,至少可以解除疼痛两个小时,安安稳稳地睡觉。"

微笑,甚至也能给人带来巨大的成功。

美国旅馆大王希尔顿于 1919 年把父亲留给他的 12000 美元连同自己挣来的几千美元投资出去,开始了他雄心勃勃的经营旅馆的生涯。当他的资产奇迹般地增值到几千万美元的时候,他欣喜而自豪地把这一成就告诉了母亲。出乎意料的是,他的母亲淡然地说:"依我看,你和以前根本没有什么两样……事实上你必须把握比 5100 万美元更值钱的东西:除了对顾客诚实之外,还要想办法使来希尔顿旅馆的人住过了还想再来住,你要想出这样一种简单、容易、不花本钱而行之久远的办法去吸引顾客。这样你的旅馆才有前途。"

经过了长时间的迷惘,经过长时间的摸索,希尔顿找到了具备母亲说的"简单、容易、不花本钱而行之久远"四个条件的东西,那就是:微笑服务。

这一经营策略使希尔顿大获成功,他每天对服务员说的第一句话就是"你对顾客微笑了没有?"即使是在最困难的经济萧条时期,他也经常提醒职工们记住:"万万不可把我们心里的愁云摆在脸上,无论旅馆本身遭受的困难如何,希尔顿旅馆服务员脸上的微笑永远是属于旅客的阳光。”就这样，他们度过了最艰难的经济萧条时期，迎来了希尔顿旅馆业的黄金时代。

经营旅馆业如此，其他行业又何尝不是如此呢？生活中遇到的一切烦恼，又何尝不能用你的微笑化解呢？

不论你将来从事什么工作，在什么地方，也不论你的人生会遇到了多么严重的困境，甚至你的人生遭遇了前所未有的打击，用你的微笑去面对它们，面对一切，那么一切都会在你的微笑前低头。微笑不是仅仅为了别人，更是为了自己。

要能适度地赞美别人

赞美是必不可缺的交际礼仪，人类本性上最深的企图之一也是期望被赞美。奥里森·马登认为，如果你希望能很好地与他人沟通，得体地表达自己的心声，那么就要注意培养适度赞美别人的能力。

赞美是语言的钻石，赞美有着巨大的威力，赞美是我们乐观面对生活所不可缺少的，是我们自强、自信、自我肯定的力量的源泉；赞美是人际关系的润滑剂，还可以约束人的行动，能使人自觉克服缺点，积极向上；赞美的效果常常会出乎人的预料，即使是简单的几句赞叹都会让人感到心理上的满足。向别人传递一个真诚的赞美，能给对方的心灵带来光明。

所以，在日常生活中，应该培养自己去发现，去寻找别人值得称赞的地方，并设法真诚地适度地告诉别人，这样既能给别人的平凡生活带来阳光与欢乐，也会让自己有一个良好的人际关系。

奥里森·马登的好友美国管理专家查尔斯·施瓦布被认为是一个钢铁业的天才，他在当时每天可以领3000多美元的酬薪，年工资为100万美元。但事实上，查尔斯·施瓦布却对奥里森·马登这样诠释自己的成功：“我认为我所拥有的最大财富是我能够激起人们极大的热诚。要激起人们心目中最美好的东西，其方法就是去鼓励和赞美。我从来不指责任何人，我信奉激励人去工作。所以我总是急于表扬别人什么，而最讨厌吹毛求疵。如果问我喜欢什么东西,那就是诚挚地赞扬别人。""在我们生活的社会交往中,我在世界各地见到过许多伟人和普通人,我仍然要去寻找发现一个人,不管他的身份多高、多重要,他在赞扬面前总比在批评面前工作得更好,花费的精力更小。"

施瓦布的秘诀就是在公开或私下的场合,赞美别人。赞美可以使人奋发向上,促使一个人走向光明的路程,是前进的动力。在公关交谈中,真诚地赞扬和鼓励,能满足人的荣誉感,能使人终身难忘。美国作家马克·吐温说:"一句好的赞美语言,能使我不吃不喝活上两个月。"他这句话的内在含义,就是指人们时常需要受人赞美。

说一句简单的赞美话,实在不是一件困难的事情,只要你愿意并留心观察,处处都有值得赞美的地方。适时说出来,会产生意想不到的效果。

法国总统戴高乐1960年访问美国时,在一次尼克松为他举行的宴会上,尼克松夫人费了很大的劲布置了一个美观的鲜花展台:在一张马蹄形的桌子中央,鲜艳夺目的热带鲜花衬托着一个精致的喷泉。精明的戴高乐将军一眼就看出这是女主人为了欢迎他而精心设计制作的,不禁脱口称赞道:"女主人为举行一次正式宴会要花很多时间来进行这么漂亮、雅致的计划和布置。"尼克松夫人听了,十分高兴。事后,她说:"大多数来访的大人物要么不加注意,要么不屑为此向女主人道谢,而他总是想到和讲到别人。"事后,在以后的岁月中,不论两国之间发生什么事,尼克松夫人始终对戴高乐将军保持着非常好的印象。

由此可见,一句简单的赞美的话,会带来多么好的反响。

英国著名首相丘吉尔曾说过一句话:"要人家有怎么样的优点,就怎么赞美他!"这说明赞美具有开发潜能的效果。

所以说,你如果吸引别人,那适度赞美就必不可少,它绝对是人际沟通中最有效的工具。

不过,需要注意的是,赞美别人,一定要有诚意,更要讲究口才与方法,具体地讲,需要注意一下几个方面:

审时度势,因人制宜

赞美别人的方法很多,可以面对面地直接赞美,也可以在公众场合对某个人或某些人进行赞美,还可以在背后赞美。在什么情况下采用什么样的方法,使赞美的效果更好,这就需要赞美者抓住一定的时机,因人而异,恰到好处地把自己的赞美之情表达出来。

赞美不仅要因人而异,因场合而异,还要考虑不同的阶段。如当你发现有值得赞美的事物和人的良好品格的苗头时,应当立即抓住这个时机,给予赞美对象以美好的鼓励;如人的优点和美好的事物已完全体现,那么你就必须给予赞美对象以全面肯定和充分赞美。不同的阶段使用不同的赞美语,不仅能克服人本身通常的毛病,而且能给人一种实在感和具体感。

实事求是,措词适当

实事求是是指赞美应以事实为依据,这是赞美与"阿谀奉承"的本质区别。"阿谀奉承"是出自主观的愿望,是为了一己之私,有着明显的巴结奉迎的目的,即俗话所说的"拍马屁"。而真诚的赞美应是在客观事实的基础上,是一种真情的流露,旨在使人快乐,与人进行感情的沟通。此外,真诚的赞美除了要以事实为依据外,措词也要适当。主要应注意两个方面:一是不要夸张,二是不要过分。

不要夸张,就是说赞美的语言应该朴实、自然,不要有任何修饰的成分,不要夸大其辞。

不要过分,指的是赞美话要适度,有的话赞美一次两次,一句两句就足以使对方欢乐,而如果一句赞美话说过多次或者对某个人堆上许多溢美之辞,那么对方会认为自己不配,或者会疑心你的动机不纯。

热诚具体,深入细致

日常交往中经常可听到这样的赞美辞:"你这个人真好","你这篇文章写得真好"等等。究竟好在哪些方面,好到什么程度,好的原因又何在,不得而知。这种赞美语显得很空洞,别人以为你不过是在客气,在敷衍。

所以,赞美语应尽可能做到热诚具体、深入细致。比如赞美一个人穿的衣服漂亮,你不妨说:"这件衣服穿在你身上很合身,颜色鲜艳,人显得精神多了。"美国社会心理学家海伦·H·克林纳德认为,正确的赞美方法是把赞美的内容具体化,其中需要明确三个基本因素:你喜欢的具体行为;这种行为对你的帮助;你对这种帮助的结果有良好感受。有了这三个基本因素,赞美才不至于笼统空泛，才能使人产生深刻的印象。

攻其不备，出其不意

在赞美语的运用上，如能攻其不备，出其不意，往往能使人喜出望外，收到意想不到的效果。

我们在日常交往中，如能注意观察他人，并对那些被我们忽略了的优点、美德加以及时赞美，往往比赞美那些人所共知的优点效果更好。如一位著名科学家、著名演员或著名作家，或在某些方面有较突出成就的普通人等，他们在各自的领域里都颇有建树，而对他们在各自领域里所取得的成绩的赞美声也就会不绝于耳。那么，我们不妨另辟蹊径，如赞美他们和谐的家庭生活，他们漂亮的衣着打扮，他们亲切的微笑，以及优秀的品格等等，这样肯定会使他们喜悦倍增。

“雪中送炭”胜过“锦上添花”

俗话说：“患难见真情。”最需要赞美的不是那些早已功成名就的人，而是那些因被埋没而产生自卑感或身处逆境的人。他们平时很难听到一声赞美的话语，一旦被人当众真诚地赞美，便有可能振作精神，大展宏图。因此，最有实效的赞美不是“锦上添花”，而是“雪中送炭”。

此外，赞美并不一定总用一些固定的词语，见人便说“好……”。有时，投以赞许的目光、做一个夸奖的手势、送一个友好的微笑也能收到意想不到的效果。

当我们目睹一个经常赞美子女的母亲是如何创造出一个完满快乐的家庭、一个经常赞美学生的老师是如何使一个班集体团结友爱天天向上、一个经常赞美下属的领导者是如何把他的机构管理成和谐向上的集体时，我们也许就会由衷地接受和学会人际间充满真诚和善意的赞美。

通过第三者传达对下属的表扬

当上司直接赞美下属时，对方极可能以为那是一种口是心非的应酬话、恭维话，目的只在于安慰其属下罢了。

然而，赞美若是透过第三者的传达，效果便截然不同了。此时，当事者必认为那是认真的赞美,毫无虚伪,于是往往真诚地接受,为之感激不已。

大会表扬,刺激鼓励

对于有成就、贡献突出的下属,应当在全体员工大会上进行表扬,这是许多领导者经常采用的一种激励方式。事实证明,这种激励方式虽然简单,但它产生的效果却是十分明显的。为什么呢?因为人的社会性决定了每个人都希望自己能够得到他人的肯定与社会的承认。上司在特定场合对他的表扬,便是对他热情的关注、慷慨的赞许和由衷的承认。这种关注、承认,必然会使他产生感激不尽的心理效应,乃至视你为知己,更加报效于你。同时,这种表扬,能够激发其他下属的上进之心,从而努力进取为公司创造更大的效益。

有的上司、领导者一味追求效益,忽略了对贡献突出者心理的了解。只知道用人,而不知道去激励下属、激发他们工作的主动性、创造性。久而久之,一些有能力、对公司做出非凡业绩的员工,就会产生"上司只会利用自己"的思想,在感情上疏离公司,进而工作热情逐渐消沉,甚至自行辞职,"跳槽"出去另找其主。

管理者绝对不能忽视对员工、特别是有一技之长,独当一面的员工对公司的感情的培养。如果要笼络住他们,就要在他们取得一些成绩时给予他们充分的肯定,在比较大的场合上进行表扬、鼓励。

大会表扬的魅力是巨大的,因为它公开承认和肯定了下属的价值。既能对受表扬的人起到很大的激励作用,又会对其他员工产生推动作用。

千万不可以自我吹嘘

人活着并不是给别人看的。每个人都有表现欲,但表现欲一旦过火,那就成了自我吹嘘。自我吹嘘的下场是——朋友不信任,同事讨厌你,与人交往遭人嫌。

奥里森·马登认为,每个人都有表现欲,有了成绩总希望别人知道,最好能受到赞美,这种心理很正常。但是每个人都讨厌别人在他面前吹嘘自己,有涵养的人会顾着你的面子，假装微笑，假装欣赏，但你可千万别认为每个人都这么有涵养。大多数时候，你不会那么幸运。很多人会在你吹嘘自己的时候冷冷地刺你一下，把你自我吹嘘时不小心露出的漏洞给捅出来。

喜欢自我吹嘘的人很容易给人以不踏实的感觉，给人留下不好的印象。试想一下，等你走入社会以后，想得到一个好的工作，但你担心短时间内不能把你的优点和成绩全告诉招聘者，于是拼命地显示自己的好，把自己大大吹嘘一番，那么招聘者只会认为你这个人好大喜功，做事肯定不踏实。既然给招聘者留下这样的印象，那你的工作肯定没戏了。

喜欢自我吹嘘的人经常会有意无意地贬低别人。有时候，你并没有想到要贬低别人，但在说话时一味强调自己，旁人听了就会感觉到你在抬高自己、贬低旁人。在开会时，轮到你发言，你一口气罗列了几十条成绩，有些确实是你的成绩，但肯定有些工作也是搭挡和你共同完成的，你也揽在自己名下，你的搭挡当面不会说什么，但会在投票选先进的时候，给你一个零分。

喜欢自我吹嘘的人往往缺少团队协作精神。他们喜欢表现自己，喜欢抢功劳，喜欢争名夺利。在需要协作完成任务时，他们首先会尽可能地一个人干；不得不请别人帮忙的话，他们也会在干的过程中有意识地分清你我，让别人清楚，哪些是自己干的。你有能力干倒也无妨，最可恨的是那些干起事来缩在后面，干完事以后抢在前面的人。当然，这样的人不喜欢集体，集体也不会喜欢他，所以，喜欢自我吹嘘的人往往是孤独的。

喜欢自我吹嘘的人也容易自我陶醉，容易得意忘形，容易忽视别人。稍微有点能耐的自我吹嘘者很是自以为是，在自我陶醉时，当然也最容易忘乎所以，导致做事的过程中漏洞百出。

我们都知道自我吹嘘不讨人喜欢，自我吹嘘的人也往往会在孤独中体会到这一点。但问题是很多时候你很难管得住自己，非要说个痛快不可。要改变这种情况，首先要凡事多为别人考虑一下，千万不能一味的以自我为中心，需要分清彼此，最基本的是不能抢别人的功，如果能让一些功给别人，那就更好了。但不管如何，切记在你张口的时候要先说别人的功劳，然后再提自己那份。

其次，你应该时刻提醒自己：一旦成绩被别人看到了，就千万不要画蛇添足地再找个机会说明了。其实，有的人被人冠以“自我吹嘘”，也是有点冤枉的,因为他们说的还都是实话,只是喜欢在别人知道以后还不厌其烦地说自己的成绩。事实上,即使别人暂时没看到,但迟早也会知道,你不必担心成绩会马上消失。有的人是生怕所有的人不知道,不厌其烦地标榜自己。要记住:别人传播你的优点要比你自己去说可信一百倍。如果你能在你做了好事无人知晓的情况下,一言不发,那你就一定会成为一个受人尊敬的人。

做人不是为了给别人看的,而是为了自我充实,自我满足。如果凡事都要别人肯定,自己才能高兴,那也太可悲了。活在别人的"眼光"里是很累的。

会与不喜欢的人相处

每个人都喜欢与自己性格相近的人相处,但不论你到什么地方,总会遇到各种各样与你性格不和、脾气不投的人,甚至是你非常不喜欢的人,但你又必须面对这些人,这就要求你要学会与不喜欢的人相处。

奥里森·马登认为,在与人相处时,对不喜欢的人不要千方百计地去打击,而是尽量的和平相处,这是一个成功者应有的素质。

由于每个人都有他的原则性和个性,他们不喜欢的人也非常多。但不喜欢不代表讨厌,而你不喜欢的人对你也许会有帮助,所以你应该学会与他交往。

一个能取得成功的人不仅要能与喜欢的人友好相处,还要善于与自己不喜欢的人交往,这是成功者者必须具备的本领。人的某种本能趋势就是与自己喜欢、欣赏的人靠近,同样也就远远地躲开那些自己不喜欢、不愿意打交道的人。然而,生活中没有那么多的随心所欲,由于各种各样的原因,我们经常要与自己不喜欢的人,甚至是与自己相敌对的人打交道,这就需要用到一些技巧,那就是用真诚的态度对待每一个人,包括你不喜欢的人。

哈蒙曾被誉为全世界最伟大的矿产工程师,他从著名的耶鲁大学毕业后,又在德国佛来堡攻读了3年。毕业回国后他去找美国西部矿业主哈斯托。哈斯托是个脾气执拗、注重实践的人,他不太信任那些文质彬彬的专讲理论的矿务工程技术人员。

当哈蒙向哈斯托求职时,哈斯托说:“我不喜欢你的理由就是因为你在佛来堡做过研究,我想你的脑子里一定装满了一大堆傻子一样的理论。因此,我不打算聘用你。”

哈蒙假装胆怯,对哈斯托说道:“如果你不告诉我的父亲,我将告诉你一句实话。”哈斯托表示他可以守约。哈蒙便说道:“其实在佛来堡时,我一点学问也没有学回来,我尽顾着工作,多挣点钱,多积累点实际经验了。”

哈斯托立即哈哈大笑,连忙说:“好!这很好!我就需要你这样的人,那么,你明天就来上班吧!”

在有些情况下,别人所争论不休的论点,对自己来讲反而不那么重要。比如,哈蒙从哈斯托口中得来的偏见,这时,我们所需要的不是去斤斤计较,而是尊重他的意见,维护他的“自尊心”而已。

敏锐的人在对付反对意见时常常尽量使自己作些“小让步”。每当一个争执发生的时候,他们总是在心里盘算着:关于这一点能否作一些让步而不损害大局呢?因此,无论在什么时候,应付别人反对的惟一的好方法,就是在小的地方让步,以保证大的方面取胜。另外,在有些场合,应该将你的意见暂时完全收回一下。

此外,面对你讨厌和无法理解的人、关系僵持的人,你还可以尝试从以下几点做起:

(1)站在对方的角度考虑问题,多看看别人的优点,而不是死咬缺点不放,学会宽容尊重对方,关心对方,多赞扬对方,不要不舍得开金口。在关系僵持或恶化的时候,一定要主动表示友好,不要碍于面子、难为情。

(2)和攻击性较强的人相处,无论别人怎样亏负你、藐视你、批评你、忌恨你、损害你,除了侮辱人格时应义正严词外,都不要介意,不要放在心上。要乐意饶恕他们,容忍他们。面对传言坦然冷静,如若听说有人中伤或诽谤自己,听到后,理当避免“二次传播”,冷静坦然的表现能显示您的风度,将更受人敬重。

(3)厚道待人,大方相处,少打小算盘,朋友相处之道在于真诚,不在于利益得失。吃小亏赢大义,宽仁大度、宁可人负我,我总不负人。大智若愚的朋友更有人缘。存真诚的心,说真诚的话,做真诚的事。说谎作伪是人和人之间许多纠纷的起源。

(4)不论与多少人同处,总要存心公正,一视同仁,不可特别与一两个人亲近,却与其他的人疏远。尤其不可袒护自己所喜欢的人,一有这种情形,势必引起别人的嫉妒,许多纠纷就因此发生了。

(5)不要以自己的长处骄人,也不要轻看那些有短处的人。与人同处,要多顾念别人竭力体恤别人,帮助别人,甘心作别人的助手。不可向比你弱的人轻易发怒,叱喝他们,给他们难堪。这不单会使他们受痛苦也使你自己受损害。

学会与他人有效合作

奥里森·马登认为,在他生活的时代,人们已经很难像詹姆斯·爱伦(19世纪英国著名作家)一样,悠然移居海边,日出时漫步海边,日落后归家写作,靠着皇室的稿费,他度过了自己的余生。这种景象对现代人来讲更加的近乎一种幻想。我们每天都得奔波于尘世,都得与各种各样的人去交往。与他人保持良好的合作,是我们必须面对的事情。下面这些方法一定对你大有帮助:

别将你的想法强加于他人

想赢得他人的合作,就要征询他的愿望、需要和想法,让他觉得他是出于自愿。没有人喜欢被强迫购买或遵照命令行事。许多人为使别人同意自己的观点,滔滔不绝,说个没完,好像非如此不可。这未免有点太心急。心急并不能把事情做好,也许适得其反。尤其是推销员,常犯这种错误。每个人都重视自己,喜欢谈论自己,他们可不愿听一个唠唠叨叨的人自吹自擂。寻求合作时,最好先让对方说。即使你不同意他的意见,也不要打断他的话。因为那样做会造成对方的抵触情绪。因此,你要耐心听着,抱着一种宽容的心态,运用你在前面章节所学的“倾听原则”,让对方充分说出他的看法。一位法国哲人说:“如果我想树立敌人,只要处处压过他,霸占他就行了。但是,如果你想赢得朋友,就必须让朋友超过你。”每个人都有相同的需求:都希望别人重视自己,关心自己。给他人一种优越感,你们的合作就会很顺利地进行下去。那么,怎样才能做到"让他人觉得想法是自己的"呢?

(1)尊重合作对象,让他尽可能多说,你少说。尊重是一剂解药,它可以解开彼此的冷漠与隔阂。

(2)诱惑他们表达自己的想法与看法。对此,你不妨采用"投其所好"的方法。投其所好并不难。只要你巧妙地利用心理暗示,表明是不经意和他人的兴趣相一致就行了。"投其所好"的目的是为了达成共识,然后自然过渡到合作的事情上,依然要遵循"让他人先说"的原则。

1. 不要主动挑起话题。比如对一个喜欢写诗的人,你却大谈特谈如何写诗。这也许会令他大为反感。因为他在这方面是专家,你所说的在他看来,也许是班门弄斧。

2. 做到无意中流露出兴趣,让他人尽兴地谈。一定要自然。

3. 通过多种方式,了解他人的兴趣与爱好。自己也得在这个爱好上有所准备。

以他人的观点看问题

要与他人很好地相处与合作,不妨寻求以他人的观点看问题,以达到同步。奥里森·马登认为这样便"能创造生活中的奇迹,使你得到友谊,减少摩擦与困难。"以他人的观点看问题所达成的同步确实具有实质性的效果。那么,如何才能达成同步呢?

(1)学会做到同步呼吸。曾经师从荣格、研究心理分析学的嘉尔曼认为:"呼吸的同步具有诱导性,它可以诱导沟通者和自己的心灵产生感应,从而使双方步调一致,彼此配合。"这就是说,共同的呼吸是达成同步的方法之一。那么如何才能做到同步呼吸呢?

要选择合理的位置。与你的合作者最好坐成90度的夹角。这个角度能够感应到呼吸,且能看到对方一起一伏的胸膛。面对面及坐成一排(180度)的效果均不如坐90度的效果明显。当然,还可根据环境的不同,视情势而定。

1. 观察彼此呼吸的节奏。男人一般用腹部呼吸,女人是用胸部呼吸。

2. 同步。对方呼气,你也呼气;对方吸气,你也吸气,并注意掌握呼吸的轻重缓急。

3. 说话时呼气比较多,听他人说话时,就得呼气。相反,对方沉默时,也要求同步。

4. 自己开口说话时,言词应尽可能配合对方的呼气。吸气则可以稍加忽略。

研究表明,同步呼吸法最适用于合作的双方感情和情绪变化激烈之时。另外,在会议等场合一定要运用得当,否则会闹出笑话。

(2)做到视觉同步。“说话时要看着对方的眼睛。”这已成为现代交际学的一句名言。事实也正是如此。注视对手的眼睛,最起码可以暗示对方:“嗨,听着呐!我们的合作是真诚的,有什么话或想法就全抖出来吧!”

1. 他人转移视线时,你也转移;他人眨眼睛时,你也眨眼睛。当然,做这些动作时,不要过分专注,要显得自然,尽量让对方相信你只是朝他的眼睛说话。

跟踪对方视线,随着对方视线的调整而调整自己视线的方向。

2. 初次见面时,不要死盯着对方不放,那会使对方不自在、尴尬,结果将适得其反。

做到身体语言的同步

身体语言是一个人性格的外部表现。你只要注意到他人的身体语言,并予以配合,就能获得很好的沟通效果。况且,身体语言的同步是相互影响的。例如,你和一个跷着二郎腿的朋友谈得很投机,过了一阵子,你也许会同样地跷起腿。要是这个朋友放下腿来,身体往前倾,过不了几分钟,你也许会做同样的动作。路上遇见一位朋友,他跟你打手势问好,你肯定会不由自主地也打手势给予回报。

因此,用你的肢体语言去响应他人的肢体语言,你会发现,不知不觉间,你们已建立起很好的合作基础。

语速与音量的同步

不要有语速与音量的优越感。合作时的沟通可不是为了辩论赛争拿冠军,你要与他人同步。心理学研究表明:相同的语速与音量可以打消沟通中的紧张感与戒备心态。对一个细声慢语的人,就不能采用高速而大声的交谈方式;相反,面对一个快言快语的人,又不能采用缓慢而凝重的方式。

正确的作法是——对方说话大声时,你也大声;对方快言快语时,你也加快语速。他人说话时，你并不一定要回话，更多的时候你应该倾听，这就需要你配合对方的说话速度。当他谈吐缓慢时，你要缓慢地点头；当他说话快速时，你要迅速地点头或反应。

要做到这一点，就要求你平日多练习自己的观察力——察言观色。只有具备敏锐和善感的观察力，才能够和他人的速度随时配合。

心理活动的同步

这才是从他人的观点看问题的关键。当然，心理活动往往是通过呼吸的急促、语气、眼睛、肢体语言等表现出来的。当你了解了他人的内心活动，做到以下四个方面的同步后，再适当地投其所好，给他人以必要的满足感（包括被尊重、被赞扬、虚荣心的满足等），就能做到很有效果的合作。

关于这一点，你最好牢记哈佛商业学院的唐哈姆院长说的一段话："会见某人之前，我宁愿在他办公室前面的人行道上多走 2 个小时，而不贸然走进他的办公室。因为脑海中没有清晰的概念，不知道该说些什么，也不知道他——根据我对他的兴趣及动机的认识判断——大概会怎么回答。"

↓第十章
良好的习惯是成功之母

没有什么比习惯的影响力更能影响一个人的命运,我们的整个人生几乎都取决于习惯。我们是自身习惯的产物,这些习惯在应用一段时间后,就会变得无法抗拒,变得不由分说,变得自然而然。

良好习惯可助你成功

奥里森·马登认为,良好的习惯对于获取成功有着非常关键的作用。

增强心理暗示

成功学家曼狄诺是奥里森·马登的学生,他曾说过一项培养成功的心理暗示,他反复不停地对自己说:"今天我要重新振作起来,将那饱尝失败的生命,毁灭了从头再来。"

"今天我要重新开始生命,你看那翠绿的葡萄乐园,那里的花朵鲜艳,水果丰盛。"

"我要摘下那最大最甜的葡萄,把它放在金色的盘里,细细品尝。"

"那是成功的果实。是我播种的成功的种子。"

"你看那腾跃而出的朝阳,永远也不会悲观和失望。我选择了远方,我准备了希望。”

“你看我怎样渡过那波涛汹涌的海洋,并且不必担心迷失了方向。罗盘针就挂在我的胸前,我不怕有千难万险。”

“失败像天使一样,她努力扇动着一双翅膀,引导我找到成功的方向。”

“失败就像魔鬼一样,不过他已丧失了邪恶的魔法,并且被那全能的上帝,关进了一个长颈的瓶子。”

“成功的背后是失败的烙印。我在挫折中勇敢地鼓足勇气。”

“造物主总是那么神奇。我曾经是一只丑小鸭,但现在是白天鹅。”

“我曾经像一个洋葱一样生长,我现在厌烦了,谁也不能阻止我,我要成为最了不起的橄榄树。”

“我要到达成功之岸。”

促进事业成功

如果你既没有创立宏大事业的知识,又没有任何经验,而且曾经在无知中游荡。甚至还跌进过自怜的深渊。那么,你该怎样养成那些良好的习惯呢?事实上,这个答案很简单。在没有知识和经验的情况下,仍然可以开始你的旅程,因为造物主已经给你远比森林里面任何兽类都多的知识和本能。只是人们将经验估价得太高了。

说实在的,经验是对教训的一种总结,但是要获得经验必须花上很多年的时间,而且,等到人们获得它的知识的时候,其价值已随着时间的流逝而减低了。结果呢,经验丰富了,其人也死了。再说,经验只是一时的,一个今天很有用的措施,明天不一定依然有效和实用。

只有原则可以经久不变,而这些原则现在都在你的手里。因为这些带你走向成功之路的原则,都写在这里,它的教导,会使你防止失败,获得成功。

事实上,已经失败了的人和已经成功了的人之间,唯一不同之点,在于他们本身具有不同的习惯。良好的习惯,是一切成功的钥匙。不良的习惯,是一切失败的根源。因此,我们应该遵守的第一个法则就是:养成良好的习惯,全心全力去实行。你若会为感情而冲动,就要全力培养良好习惯。在你一生过去的行为当中,你的行动受俗念、情感、偏见、贪婪、恐惧、恶劣环境、习惯所支配,而这些行为里,最坏的是习惯。

因此。如果决定要全心全力养成习惯的话,一定要全心全力养成良好的习惯。必须将坏习惯全部摧毁,准备在新的田畦,播下新的种子,一定要大声告诉自己:"我要养成良好的习惯!"并全力以赴。

我们必须革除生活上的坏习惯,培养一种能使我们走向成功之路的好习惯。

增强活力

良好的习惯隐藏着人类本能的秘诀。当你每天坚持培养良好习惯的时候,它们很快就会成为你精神生活的一部分。而最重要的是。它们会灌输进你的心灵,变成奇妙的源泉,永不停止,创造出无限的财富,并使你事业的航船不断地驶向成功的彼岸。

当培养良好习惯的话语被奇妙的心灵完全吸收的时候,每天早晨,你便开始带着以前从未有过的一种活力醒过来。你的元气将会增加,你的热情将会升高,你事业成功的欲望,将会使你克服一切恐惧,你将会变得更快乐。

最后,你发现自己已有了应付一切情况的方法。不久,这些方法就能运用自如了。因为,任何方法只要经过练习,就会熟能生巧转难为易了。

当一种方法,由于经常反复地练习而变得容易的时候,你就会喜欢去做。你一旦喜欢去做,就愿意时常去做,这是人的天性。当你时常去做的时候,它就成了你的一种习惯,你也就成为它的奴仆。因为它是一种好习惯,也就是你的意愿。

坚定成功信念

良好的习惯能使我们坚定成功的信念。

我们要郑重地对自己宣誓说,没有东西能够阻碍我们事业成功的信念。实际上,每天在良好的习惯上花费几分钟,对将要属于你的那种快乐和成功来说,只是付出微小的一点代价,但已经播下了成功的种子。只要你这样去做,你就能培养出良好的习惯,消除不好的坏习惯。

做好家庭的财务预算

有一个人从一无所有变成一个全城最富有的人，许多人就去找他询问致富的方法，富翁说："假如你有一个篮子，每天早晨在篮子里放进 10 个鸡蛋，每天晚上再从篮子里拿出 9 个鸡蛋，最后将会出现什么情况呢？""总有一天，篮子会满起来，"有人回答，"因为每天放进篮子里的鸡蛋比拿出来的多一个。"富翁笑着说："致富的原则就是在你放进钱包里的 10 个硬币中，最多只能用掉 9 个。"

在一项有关现代人的烦恼的调查中，人们发现 70% 的烦恼与金钱有关。比如缺钱，比如有钱不知道如何花，比如如何赚钱。那么如何摆脱这种烦恼呢？答案就是做财务预算

奥里森·马登曾说过："预算是一张蓝图，一个经过计划的方法，用以帮助你从你的收入中得到更大的好处。"

下面我们就介绍一些方法来帮助你完成自己的家庭财务预算。

记录每一件开销，使你对支出情形有个清楚的了解

除非我们知道错在哪里，否则我们就无法改进任何情况。如果我们不知道为什么要删减、删减什么以及如何删减，节约就是毫无意义的事。所以我们应该在一段示范期间，记录下所有的家庭开销——例如，记录 3 个月看看。

根据家庭的特殊需要，设计出自己的预算

首先，把你这一年里的固定开销列出来——房租、食物预算、利息、水电费、教育费、交通费、交际费等等。每个人都知道，这不是件容易的事。拟定计划需要决心、家庭合作，有时候还需要严谨的自制力。我们不能买下每一件东西——但我们可以决定什么东西对我们最重要，然后牺牲掉一些不重要的东西。你愿意拥有一个舒适的家而放弃买漂亮的衣服吗？你愿意买一台电视机

还是吃一顿大餐？这些决定都必须由你和你的家人来做。

至少要把每年收入的10%储蓄起来

规定你自己一个固定开销。至少要把1/10的收入储蓄起来,或拿去投资。也许你还可以想办法建立一笔额外资金,拿来做特殊用途,譬如买房子或汽车。

准备一笔意外或紧急用途的资金

大部分的预算专家都劝告每一个年轻家庭,至少要存下1－3个月的收入,用于紧急事件。但是,这些专家警告说,想要存太多钱的人,会发觉很难办到,结果根本就存不了钱。与其要断断续续的隔几周才一次存5元,倒不如每周固定的存下2元,效果会更好。

使预算计划成为全家人的事。

预算计划必须得到全家人的合作。经常举行家庭预算讨论会,往往可以减除情绪上的不和——因为我们大家对于金钱的态度,都会受到自己的经验、气质与教育程度的影响。

考虑人寿保险的问题

经过人寿保险,你的家庭能够得到一些基本需要。保险中一次付款和分期付款是不同的,而且各有各的好处。关于付款的方法也有许多不同的选择,现代人寿保险具有双重目的:如果一个人太早去世了,人寿保险就可以保护这个人的家庭;如果他活着要享受余年,人寿保险就可以供给他独立的基金。

养成惜时如金的习惯

你珍惜生命吗？那么就请珍惜时间吧，因为生命是由时间累积起来的。

奥里森·马登曾说过，能好好地利用时间是很重要的，每天 24 小时的时间，如果不能认真计划一下，一定会无缘无故地浪费掉，会跑得不见踪影，人们什么也得不到。

怎样分配时间对于成功和失败起着决定作用。人们经常这样以为，在这浪费几分钟，在那儿消耗几小时没什么关系，但是它们却有很大作用。这种差别对于时间来说显得很微妙，要经过很多年才能让人们觉察出来。可是有的时候，这种差别也是显而易见的，贝尔就是一个很典型的例子。

当初，贝尔在发明电话机的时候，还有一个叫格雷的人也同时在进行这项工作。他们两个人差不多是同时取得了突破性进展，让人意想不到的是格雷比贝尔晚到达专利局两小时。当然，他们两个人互相都不认识对方，可是贝尔就由于这两小时取得了巨大的成功。

时间是你自己可以握在手中的最宝贵的财富，请认认真真地、合理地安排时间，不要平白无故在无聊的事上消耗一分钟，千万别忘了不珍惜时间就相当于不珍惜生命。

时间的一个显著特点，就是不能挽回、不可逆转，也不可能贮存。它是一种永远不会再生的、与众不同的资源。所以奥里森·马登这样说：“一切节约归根到底都是时间的节约。”

时间相对于每一个人、每一件事情都是毫不留情的，是霸道的。时间可以被肆无忌惮地消耗掉，当然也一定可以被很好地利用起来。很好地运用时间，就是一个效率的问题。换句话说，在单位时间里对时间的利用价值就是效率。有限的时间一点一滴地累积成人的生命。假设以 80 岁的年纪来计划一个人的一生的话，那么大概就有 70 万个小时。在这之中人们可以精力充沛地进行工作的时间仅仅有 40 年，大概相当于 35 万个小时，减去吃饭睡觉的时间，大约还可以有20万个小时的工作时间。我们在这些有限的时间里最大限度地发挥作用就能体现生命的有效价值。最大限度地增加这段时间里的工作效率就相当于延长了你的寿命。很明显,“效率就是生命”,这是不容置疑的。

美国麻省理工学院对3000名经理作了调查研究,结果发现凡是成绩优异的经理都可以做到非常合理地利用时间,让时间的消耗降低到最低限度。《有效的管理者》一书的作者杜拉克说:“认识你的时间,是每个人只要肯做就能做到的,这是每一个人能够走向成功的有效的必由之路。”根据有关专家的研究和许多领导者的实践经验,可以从以下几个方面驾驭时间,提高工作效率:

一是要善于集中时间。千万不要平均分配时间。应该把你的有限的时间集中到处理最重要的事情上,不可以每一样工作都去做,要机智而勇敢地拒绝不必要的事和次要的事。

一件事情发生了,开始就要问问:“这件事情值不值得去做?”千万不能碰到什么事都做,更不可以因为反正我没闲着,没有偷懒,就心安理得。

二是要善于把握时间。每一个机会都是引起事情转折的关键时刻。有效地抓住时机可以牵一发而动全局,用最小的代价取得最大的成功,促使事物的转变,推动事情向前发展。

如果没有抓住时机,常常会使已经快要到手的成果付诸东流,导致“一着不慎,全局皆输”的严重后果。因此,取得成功的人必须要擅长审时度势,捕捉时机,把握“关节”,做到恰到“火候”,赢得机会。

三是要善于协调两类时间。对于一个取得成功的人来说,存在着两种时间:一种是可以由自己控制的时间,我们叫作“自由时间”;另外一种是属于对人和事的反应的时间,不由自己支配,叫作“应对时间”。

这两种时间都是客观存在的,都是必要的。没有“自由时间”,完完全全处于被动、应付状态,不会自己支配时间,就不是一名有效的领导者。

可是,要想绝对控制自己的时间在客观上也是不可能的。想把“应对时间”,变为“自由时间”,实际上也就侵犯了别人的时间,这是因为每一个人的完全自由必然会造成他人的不自由。

四是要善于利用零散时间。时间不可能集中,常常出现许多零碎的时间。要珍惜并且充分利用大大小小的零散时间,把零散时间用来去做零碎的工作,从而最大限度地提高工作效率。

五是善于运用会议时间。我们召开会议是为了沟通信息、讨论问题、安排工作、协调意见、作出决定。很好地运用会议的时间,就可以使工作效率提高,节约大家的时间;运用得不好,则会降低工作效率,浪费大家的时间。

保持正确的饮食习惯

正确的饮食习惯是与旺盛的生命力紧密相关的。依据现代科学指出,抵压力的一个重要因素便是营养,而营养主要是从饮食中直接得来的。我们只有从饮食中摄取了养料,才会有应付压力的资本。所以保持正确的饮食习惯相当重要。

当人们在生活中注意了饮食方法以及饮食宜忌的规律后,并且依据自身的需要来选择适当的、有利于自己身心健康的食物进行补养,这样便能有效地发挥并维持生命的活力,提高新陈代谢的能力,保持身心健康。具体一点说,饮食,正确的饮食具有补充营养、预防疾病、治疗疾病、延缓衰老的作用。

人的饮食要节制,切忌暴饮暴食,不能随心所欲,讲究科学的饮食方法至关重要,要知道,人们的健康很大程度是从饮食中获得的。如果在短时间内,饮食过量,使大量食物进入食道,必然会加重胃肠的负担,超出肠胃承受能力之外,食物滞留于肠胃,不能被及时消化,这样,很明显就会影响到营养的吸收和输送。久而久之,脾胃因不堪重负,其功能当然会受到损伤,所以"食量大的人是不会健康的",奥里森·马登这样说。

现代的许多有关医学方面的实验都证明,减少食物的摄取量是延长寿命的最好的方法之一。奥里森·马登指出:"如果你能只吃七分饱,那么你会保持身体健康。"针对这一点,德州大学的马沙洛博士做了一个很有意思的实验,为我们提供了有力的证据。他的实验是围绕一群实验鼠进行的,它把一群实验鼠分为三组:他任由第一组的实验鼠随便进食;把第二组的食量减了四成;第三组的实验鼠食物中蛋白质的摄取量减少一半,然后便任由它们吃。两年半以后,实验结果为:第一组老鼠成活率为33%,第二组的成活率为97%,第三组存活率为50%。

该实验表明了什么呢?温血动物延缓衰老、延长寿命的惟一有效途径就是减少营养,这是迄今为止所知的温血动物的生理特征之一,该论点同样适用于人类。所以我们可以从中得到有关保健、长寿的规律,即要尽可能地限制食量,因为这样可以大大延缓生理上的衰老和免疫系统的失效,用一句话概括之,就是:吃得少,活得久。

接下来,便该讨论将如何做才能养成这种的饮食有节或者叫做瘦身饮食的习惯。据此,奥里森·马登给我们提出了以下的建议。

首先,大约每天摄取含1000至1500卡路里热量的食物,同时,需要保证能固定地补充矿物质与维生素,以此来维护身体的健康。

其次,要改变以往喝汤、吃饭的顺序,即改变用餐时的顺序。先喝汤,然后吃蔬菜类的食物,最后再吃肉类食品和米饭,因为高热量食物有违以上讲述的健康饮食方法,而先吃热量低的食物便可以减少对高热量食物的食欲。

第三点,奥里森·马登告诫人们,尤其是食欲很好的人,尽量保持每餐七分饱,不要吃到撑了还不停口。所以说,采取少食多餐的饮食习惯是相当不错的。

第四点,大家可能知道,脂肪的储存是导致肥胖的直接原因,并且过多脂肪也有害身体健康。所以吃完饭后,先不要急着躺在床上休息,应该稍事活动,让脂肪在尚未储存前就先消耗掉。

第五点,是尽量减少油脂的使用量。脂肪中所含的热量远远高于蛋白质和糖类,甚至是它们的两倍还多,而油类中便含有大量的脂肪。

第六点,大家都知道多喝水可以促进新陈代谢,有助于热量的消耗。所以建议口渴时,只喝白开水,因为汽水和可乐中含有高热量,避免饮用。

第七点,要提醒大家,一定要经受得住像巧克力、蛋糕、油炸食物等等的引诱。因为它们富含高热量的食品。所以,可千万别轻易接受它的诱惑。

由此看来,如果你想避免忍受饥饿之苦,并且能够保持身材的苗条,就应该做到针对食物的不同特性,多吃些富含纤维质和低热量的食物,而同时远离油脂类的高热食物。

此外,喝水是非常重要的。有学者大胆提出:药丸并不能治疗体内的毒素,而喝水却能将毒素排出体外。

众所周知,地球表面水量丰富,覆盖率高达70%,而人的身体竟有80%是由水组成的。那么人类所摄人的食物中所含水量应是多少百分比呢?其实,是70%。因为有了足够的水,才能保证人体的新陈代谢正常进行,使细胞保持生命的活力。因此看来,我们除了每天定量补充一定的水分、茶或牛奶之外,还应适当地补充一些新鲜的水果和蔬菜,因为仅是一定的白水还是不够的,而且水果中榨出的新鲜汁液对人体是相当有利的。

风行于欧美各国的"天然卫生法",强调过"饮食正确为健康之本","肠胃健康乃身体强壮之本"。与此同时,它也提出:人类的一切疾病皆由体内的毒素引起的。那么有必要知道这些毒素的来源。事实上,那些不正确的饮食习惯、被污染的空气、以及人类自身的压力所造成的内分泌失调以及由不正确的心态而引起的荷尔蒙紊乱是它的主要来源。如此看来,如果每天能多吃一些天然的富含水份的食物,那将是涤清我们体内循环系统的最佳的方法。像水果、蔬菜、芽苗等植物,食用这类食物能提供给我们丰富的水份及维生素,有利于毒素排出。

为自己选择一项运动

奥里森·马登曾经发出这样的感慨:健康是我们一生中所应努力去达到的目标,但我们中的大多数人对此却是漠然、粗心或者满不在乎!我们对健康关注的多么少!我们花在让自己锻炼出强健的体魄,以便去成就我们有可能成就的伟大事业的时间又是多么的少啊!

奥里森·马登他还一针见血的指出,为数不少的年轻人由于采取了懒散的、不科学的生活方式,结果让许多宝贵的财富和机会白白地丧失。如果他们为赢得成功与幸福而强身健体,让自己在拼搏的过程中一直洋溢着青春的活力与激情;如果他们能够深刻地意识到锻炼身体、保持健康有着不可估量的重要性，那么，那些宝贵的财富和机会绝对不会白白地丧失。

事实上，对健康的重视向来为人们所提倡。“健全的心灵寓于健康的身体。”这句格言可以追溯到罗马时代，而且历久弥新，到今天仍然适用。生命在于运动，人若不动，也就不能生存，更不能成为有思维有感情的高级动物，但运动必须合乎科学，按照科学规律去运动，才能达到健身的目的。一个人如果不按科学规律去运动，盲目地做一些不适合于自己身心的运动，那就不仅得不到健身的效果，反而会损害健康。

科学的适度的体育锻炼是延缓衰老、增强体质的最佳方案。应该在日常生活中坚持锻炼身体，事实上，即使每天抽出 15 分钟慢跑或 20 分钟步行，也会收到良好的效果。

奥里森·马登说：“我发现，烦恼的最佳‘解毒剂’就是运动。当你烦恼时，多用肌肉，少用脑，其结果将会令你惊讶不已。这种方法对我极为有效——当我开始运动时，烦恼也就消失了。”

生命在于运动。这一命题不论是 2300 年前古希腊哲学家亚里士多德所原创，还是 300 多年前法国作家伏尔泰所倡导，它确实揭示了生命的奥秘所在。

世界卫生组织（WHO）认为，“健康乃是一种身体上、精神上的完满状态，以及良好的适应能力，而不仅仅是没有病或非衰弱状态。”健康分为身体、心理和社会 3 个维度。你可以对照世界卫生组织提出的健康 10 条标准，看看自己是否健康。

世界卫生组织健康标准：

（1）精力充沛，能从容不迫地应付日常生活和工作压力而不感到过分紧张。

（2）处事乐观，态度积极，乐于承担责任，不挑剔。

（3）善于休息，睡眠好。

（4）应变能力强。

（5）能够抵抗一般性感冒和传染病。

（6）体重适当，身体匀称，站立时头、肩、臂位置协调。

（7）眼睛明亮，反应敏锐，眼睑不发炎。

(8)牙齿清洁,无空洞,无痛感;牙龈颜色正常,不出血。

(9)头发有光泽,无头屑。

(10)肌肉、皮肤富有弹性,走路轻松有力。

“运动是健身的法宝。”这是古今来仁者智士、养生者、长寿者已取得的共识。因此,很早以前,体育运动就被作为健身延年、预防疾病的重要手段。经常参加运动的人,其死亡率比同龄不参加运动的人低。美国学者巴芬勃格尔,研究有关参与运动和死亡危机率的关系,结论是:时常做适量运动的人其死亡率,男性比没有参加运动的人低30%,女性低50%,可见适量运动对身体健康的重要性。

人类社会中所有的美和激情都是运动的衍生物,那么我们应该如何去选择一项运动,一项适合我们自己的运动呢?有健康专家提供了一些运动法,我们不妨试一试。

散步

散步是日常生活中最简单又易行的运动法,运动的量不大,但健身效果却很明显,而且不受年龄、体质、性别、场地等条件限制。人常说:“饭后百步走,能活九十九。”“百练不如一走”,足以说明散步在保健中的作用。古今中外的一些长寿老人,都把散步作为延年益寿的手段。如革命老人徐特立,年近九旬时,仍坚持日行500步;革命老前辈朱德同志,在暮年每天还散步3次,每次3里,这对朱老的“老而强壮”起了很大的作用。当然,散步的关键不在于形式,而在于能否持之以恒。

冬泳

冬泳可以降低体温,延年益寿。冬泳活动,早在建国初就有人进行,但是,作为一项群众性的运动,冬泳是从八十年代兴起的。通过对冬泳者体质与健康的研究,可以肯定的说对健康确实有益。

太极拳

太极拳巧妙地融合了气功与拳术的长处,动静结合,在全身运动的基础上,尤侧重腰脊及下肢的锻炼。它运动量适中,老少咸宜。既适用于强健者增强体质,又适用于多病者康复锻炼,尤其适用于中老年人强身抗衰,故成为中老年人的黄金项目。许多研究报告表明,长期进行太极拳锻炼,不仅对骨关节、肌肉、神经、血管等运动系统有益,而且对内脏,尤其是心血管系统也都有良好的影响。

此外还有简便易学的保健功十六法、养生十六宜、自我保健按摩、自我健美按摩等。当然对于行动不便者,静坐何尝不是一项很好的运动呢?静坐可使人气血平和,阴阳平衡,还可以祛病强身,增强耐寒和消化能力,也可润泽肌肤,达到美容的功效。

每个人的实际情况不同,不可能从事多种运动,只能在自己身体条件允许的情况下,选择一项适合自己的运动项目。对一般人来讲,运动就是为了强身健体,而不是为了夺冠,所以,选择一项适合于自己的运动项目是没有什么困难的,也可以自己根据实际情况自行设计适合自己的运动项目。

选择一项运动项目,关键是要能够持之以恒,坚持下去就会见到效果,不仅加强了自己的身体素质,而且,也培养了自己的意志和毅力。如果一个人一直坚持一项运动项目,就有可能成为这一方面的强手和高手,也可能因此而获得比赛的奖杯。很多吉尼斯世界纪录就是被这样一些坚持一项运动的人夺取的。

读书是追求成功的法宝

读书是我们追求成功的最重要的法宝,因为任何真正的成功都离不开知识的铺垫,决不要把读书看成是分配给你不得不执行的任务,你最好把它看成是一个令人羡慕、不可多得的提升自己的机会。奥里森·马登说过这样一段话:“即使再贫穷的孩子也可以利用自己的闲暇时间来读书,丰富自己的知识,书籍可以使我们把可能浪费的点滴时间节约起来。它可以使我们那些原本会被浪费掉的人生积累成为珍贵的记忆。想一想,这些点滴时间带给我们的宝贵财富,那是多么的可贵啊!"他还认为,"生活在美国的年轻人可以通过读书获得比大学教育更好的教育"。

其实,中国的年轻人又何尝不是如此呢?

现代人的生活,丰富多彩,有看不完的电视节目,有奇趣无穷的网络世界,有永远也玩不完的电子游戏,还有广播、电影、各种俱乐部、迪厅、沙龙、康乐宫……,而对于读书,你是不是已经提不起多大的兴趣呢?

人变得浮躁,很难静下心来读书。

但是,这并不说明读书在你的生活中已不再重要。读书不但仍然是我们获取知识和技能的重要途径,还是陶冶我们的情操、丰富我们的生活,以至有益于我们的身体健康的优良习惯。

在这里要说明的一点是,所谓读书,是广义上的"读书",如今的你可以读纸质的书,也可以读"电子书"、"网络书"、"音像书"。总之,可供学习的一切"书",你都可以读。

读书,是我们掌握知识的法宝之一。人非生而知之,都是通过后天的直接实践和读书学习获得知识的。而直接经验与间接经验相比,后者占的比重更大。利用书籍,你能使自己在短暂的人生中,学习那些超出自己所能体验的数个世纪之前的智慧。17 世纪的丹麦医学家巴兹林说过:"假如世界上没有书的话,就没有神、没有正义、没有自然科学、没有完美的哲学、没有文学……而且,世界上的一切,都仿佛在黑暗之中。"

一本好书通常是作者多年或一生智慧的结晶,你以短短的几小时或几天的时间来换取这些智慧,真是一件幸运的事。爱迪生说:"书籍是天才留给人类的遗产,世代相传,更是给予那些尚未出世的人的礼物。"我们应该这样来提高读书的自觉性。

我们如今所处的时代是知识经济的时代。1991 年,美国企业界就有人认识到知识价值和知识资本的重要性,认为"现在的资本意味着知识,而不仅仅是金钱。"世界财富将转移到知识资源掌握者手中。

人类正在脱离工业文明时代,进入知识经济文明时代。在这个时代,谁拥有更多的知识,谁就拥有更多的主宰权。

在今天,谁没有知识,谁就可能被淘汰。知识当然要通过实践来最终学到,但除了没条件读书的人外,完全靠在实践中摸索,那是愚蠢的人的做法。当然,书本知识要和实践结合,但不读书,又从哪里得来书本知识呢?

如果你有远大志向、渴望为人类做出大贡献,那自然要有深厚的知识功底,即使你只想做一个普通人,也须要求职,要胜任工作,要生存下去,在今天这个竞争激烈的社会,没有足够的知识也是不行的。你或许羡慕计算机软件人员的高薪,但要知道,他们是靠知识才挣来不菲的报酬的。为拥有专业知识,他们付出的学习时间和精力远比常人要多。你要去做财务总管吗?你怎能不懂财务的知识?你要在股市上赚钱,你就应该有起码的证券知识。生物技术、纳米技术、电子商务、资本运作、企业管理、国际金融……你要成为某一领域的佼佼者,你就得读书,就得学习。知识的更新非常快,你必须有终生学习的心理准备。

一切东西都可以满足,金钱,住房,汽车,享乐……只有读书和学习不可以满足。在这方面,要永远不知足。

奥里森·马登说:“任何一种容器都装得满,惟有知识的容器大无边。”

或许会有人会说:“我已经有了够花几辈子的钱,我干吗还要读书学习?”当然,你可以不读书了,但你今后的人生必定是庸人的人生,愚人的人生。王安石说:“贫者因书而富,富者因书而贵。”这个“贵”,是指气质的高贵,人品的高贵。你愿意当一个没有知识修养的土老财吗?

古人讲:开卷有益。读专业书,有益于自己的工作。读杂书,则可以开阔自己的视野。读优秀人的书,则可以培养自己高尚的情怀。英国哲学家培根说:“读史使人明智,读诗使人灵秀,数学使人严谨,物理学使人深刻,伦理学使人庄严,逻辑学、修辞学使人善辩。凡有所学,皆成性格。”这段话精辟地说出了读书对人的修养的益处。

也有人说:“我也想读书,可实在是没有时间。”真没有时间吗?鲁迅说:“我是把别人用来喝咖啡的时间,用在读书写作上了。”他还说说:“时间就像海绵里的水,你只要挤就会有的。”宋代大文学家欧阳修说他读书是在“三上”:马上,枕上,厕上。

当然,读书也自有学问,不是只要读书就能获益。

读书要有选择

俄国文学批评家别林斯基说：“我们必须学会这样的本领：选择最有价值、最适合自己所需的读物。”俄国另一位作家屠格涅夫说：“不要读信手拈来的书，而要严格加以挑选。要培养自己的趣味和思维。”读书要有选择，不仅是因为书籍很多，我们的时间和精力有限，更重要的是书籍中良莠不齐。不加选择地读书，很可能读了一堆“垃圾书”，不但白白浪费精力，还使自己思维混乱、趣味变得低下。在图书的选择上，可以听听父母、师长和名家的推荐意见。在美国，就有为中学生规定的 20 多部必读书，其中文学、哲学、自然科学都有，还包括《共产党宣言》。中国的教育部门也为中学生规定了一批必读书，包括中国和外国的古典名著。其实这些书，对于那些没读过的成年人，也是值得一读的。

读书的面不要过窄

读书的目的有多种，有的人读书是为了消遣，有的人是为了学习实用知识，也有的人是为了充实自己的人生。从读书的最佳目的讲，我们应该在消遣和实用之外，更注重人生的充实，这就不应该只读武侠、言情小说等消遣性书籍，更应该读一些优秀的文学和社会科学读物，科普读物和哲学读物也应该读一读。这样读书能使我们开阔视野和心胸，有助于人格的完善。读书也不要只读自己偏爱的作者的书。鲁迅说过：“只看一个人的著作，结果是不大好的，你就得不到多方面的优点。必须如蜜蜂一样，采过许多花，这才能酿出蜜来，倘若盯在一处，所得就非常有限、枯燥了。”

读书要能消化

读书是为了获得知识，而不是图“眼饱”。这就如同吃了许多食物，胃部却没有消化吸收，只会对身体有害。徐特立说：“我读书的方法总是以‘定量’、‘有恒’为主，不切实际的贪多，既不能理解又不能记忆。要理解，必须记忆基本的东西，必须‘经常’、‘量力’才成。”俄国教育家乌申斯基说：“书籍不仅对那些不会读书的人是哑口无言的，就是对那些机械地读完了书而不会从死字母中吸取思想的人,也是哑口无言的。"

精读与泛读

为了解决书多和时间精力有限的矛盾,聪明的读书人都采取精读和泛读相结合的办法。就是对于必须读的书仔细阅读,而对于只需大致了解的书则粗略一些。陶渊明好读书,他的方法是对已知的内容或不重要的内容"不求甚解",而对于重要的内容或有新意的内容则"每有会意,欣然忘食"。鲁迅一生读书很多,除了许多书他是精读外,对其余的书则采取"随便翻翻"的办法。泛读也决不是不动脑子的机械读书,而是先注意其中的闪光点,一有发现,这闪光点的部分就会成为精读的内容。这种读书方法需要一个锻炼的过程,作为读书经验尚少的人,还是应以精读为主,宁可初期读得慢一些,也不可"一目十行"地囫囵吞枣。

读书还有许多好的经验,如作读书笔记、摘录、背诵好的文章等,如古人说的:熟读唐诗三百首,不会做诗也会吟。这里就不一一细说了。

总之,养成读书的习惯吧!读书能使你成为完善的人。知识像烛光能照亮一个人,也能照亮无数后人。

最后,让我们欣赏一段关于书与输的绕口令:书是书,输是输;有书不会输,输的不会是书;输了要认输,不要任书;看书不会输,不看书就会输;怕输的人看见人家看书他也看书,看书的人喜欢别人看书,他一点也不怕输;怕输就不能无书;无书不怕输也会输;无书又怕输肯定输了又输。

养成勤学好问的习惯

法拉第如何发现电磁感应原理,而使电气发动机和电流传达变为现代最有用的东西呢?贝尔的电话是偶然发明的吗?马可尼的无线电是碰巧发明的吗?这些发明家所看见的现象,也是其他的人都看见的,他们储藏事实的仓库并不比常人大多少,但是常人所造出的东西却比他们少,这是什么缘故呢?

在奥里森·马登看来,这些人成功的秘诀,说起来实在简单。他们每人在心智的门前站了一个哨兵,尤其是他们的眼睛和耳朵,查询每一个进来的客人,不断地问一些这类的问句:你是什么人?为什么要进来?你与刚才进来的一些有什么关系没有?你的相貌为什么要长得这样?你的声音与我刚才所听见的不同?你有什么好处?为什么你能被允许进来?为什么?为什么?为什么?

这些科学家勤学好问的习惯几乎达到无法控制的地步。

提出疑问是有代价的,但是,假使你问了没有结果又如何呢?如果你不断地问,问得足够时,最后,便会引导你问到一个最要紧的问题上去。如果你从来不问,便会看不到问题;如果从来没有见过问题,当然就不能尝试努力解答。每一个成功的事物都是问题的答案。

奥里森·马登说:如果一个人不停止问问题,世上就没有愚蠢的问题和愚蠢的人。

如果有人说我们的问题问得蠢,多半是因为他们不能回答的缘故。父母回答儿女的问题,也是直到他们不能回答时,便停止不许再问。一个工头如果懂得不多,也是不喜欢工人多问问题的,因为这会使他出丑。在另一方面,问问题是一种艺术。一个人不可在不适当的时候问问题,也不应以一种纠缠的态度或故意取笑被问者无知的态度来问问题。

当你问问题却得不到满意的结果时,多半表示你问错了人。这次碰钉子并不是说你以后不应再问了,而是你应当找别的方法去得出答案来。如果一定要问别人才能得到答案,就必须问一个确实知道这个答案的人。去纠缠那些不晓得答案的人是一件最蠢的事,这不过是使他们不高兴而已,去问知道的人吧!

最好的方法,还是自己找出自己所要问的答案。无论什么问题,一旦想解决,绝不是拿着别人无知的话当作最后的决断。成功者未必能解决每一个问题,但是他们不会相信因为别人说不能解决,便以为真的不能解决。

爱迪生的一生,从小孩直至仙逝,没有停止问:“为什么?”他虽然没有将自己所问的问题都求出答案来,然而他所得出来的答案却是多得惊人。例如:有一天,他在路上碰见一个朋友,他看见朋友手指关节肿了。

“为什么会肿的呢?”爱迪生问。

“我还不晓得确实的原因是什么。”

“为什么你不晓得? 医生晓得吗?”

“每个医生说的都不同,不过多半的医生以为是痛风症。他们告诉我说这是尿酸淤积在骨节里。”

“既然如此,他们为什么不从你骨节中取出尿酸来呢?”

“他们不晓得如何取法。”病者回答。

这时的情形好像一块红布在一只斗牛面前摇晃一样,“为什么他们会不晓得如何取法呢?”爱迪生生气地问道。

“因为尿酸是不能溶解的。”

“我不相信,”这位世界闻名的科学家回答着。

爱迪生回到实验室里,立刻开始试验看尿酸到底是否能溶解。他排好一列试管,每只管内都灌入1/4的不同化学液体,每种液体中都放入数颗尿酸结晶。两天之后,他看见有两种液体中的尿酸结晶已经溶化了。于是,这位发明家有了新的发现问世,这个发现也很快地传播出去,现在这两种液体中的一种在医治痛风症中普遍受到采用。

重要的,不是在于你能否得到答案,而是在于保持一种疑问的态度。一名著名学者说:得到真正教育的惟一方法便是发问,我们只问我们要学的,你之所以问一个问题,便是因为你想晓得它的答案,因为你想要晓得,于是就在心里记得。所以,一个时时产生问号的头脑是一项很大的财产。

一个时时产生疑问的人可以从好多方面以一种不惊动别人的方法得到知识。我们当然无须纠缠那些不晓得回答的人,然而,在另一方面,假使你努力寻找知识或答案,你可以从很卑微或想不到的地方而获得。林肯利用“问话式的交谈”得到许多关于他所急欲获得的知识,菲尔德曾从一个看门的人那里得到许多有价值的知识。这个看门的人认识所有重要的顾客,他们有多少小孩,他们的年龄等等。他也认识各店的总经理,对于店铺各方面的知识面非常之广。当菲尔德在温泉区休养的时候,就坚持送信给这看门的人要他来住几天,然后一直问他问题——希望把他所有的知识都挤出来。

许多人不愿意问别人，不喜欢承认别人比他们懂得多，这是一种极愚昧的自傲心理作祟。假使你请教他人时是以一种早已晓得的态度，那你最好不问。不论你所请教的人如何卑微，你的发问态度必须诚恳，要有一种真正想知道的态度。想从别人身上得到知识的惟一秘诀，便在于你能使别人感觉到你确实承认和敬佩他们高深的知识。这种诚意的敬重便能打开别人如泉涌般的心门，而你也能得到收益。

要端正关于问问题时应持的态度，就要不断地承认你自己在某些方面无知，承认世上有许多事情都有待你去学习。譬如，即使你承认一个佣人所知道的有关家务方面的常识比你晓得多些，或许你也可以从她那儿学什么。反之，即使你自以为比旁人知道得多，即使你和他们交谈是要证明他们比你愚蠢，那你已在朝成功的路途上走错了方向。

卡伦博士提出了一些问题，看你能在碰到的机会里是否尽量利用了你的好奇心，看看自己对这些问题能否给出肯定的答案。

“你是否尽量用好奇心证明你是一个很活跃的人呢？”

“你是否充分利用了你的好奇心想要知道你事业的一切以及与事有关的事？”

“关于科学、经济、艺术、道德或历史等书能激起你的好奇心吗？是否这类读物都引起你好奇的行动呢？假使不是如此，那么你的心智便容易变得不留神和空虚无物。”

戒绝吸烟的恶习

我们已经看惯了抽烟的人，习惯了香烟的味道，虽然我们都知道吸烟有害于身体健康，可大多数人对此往往不予重视。

在这个问题上，奥里森·马登并不想与成年人讨论到底该不该抽烟的问题，在奥里森·马登看来，成年人有权决定自己的爱好，可以为自己的身体健康负责，对于吸烟的人来说，他们都知道吸烟有害身体健康，但是他们总能找到这样或那样的理由让自己继续这种恶习。

奥里森·马登最想做的是提醒那些还没有成年的男孩子或者还没有烟瘾的年轻人,不要去接近香烟,不要去猜测香烟的味道。事实证明,绝大多数人如果青年时代没有吸过烟,那么其一生都很难养成吸烟的恶习。

第一次吸烟的年轻人应该扪心自问——我能够冒得起这么大的风险吗?我难道要步那么多人的后尘,让香烟毁掉我的健康、力量和智慧,现在和将来所有的幸福吗?

这是奥里森·马登对年轻人的劝诫,他认为对于这个问题,年轻人应该坚决地说:“不,在我的身心变得更加成熟前,我决不会尝试吸烟。”另外,奥里森·马登还认为,吸烟所造成的另外一种可怕的结果就是它对人们精神和智力上的损害。在他看来,宇宙中人类是最伟大,而人类的伟大就在于他有智慧。而对于一个吸烟者来说,他就是在亲手破坏自己的智慧。

对于正在长身体的青少年来说,香烟的第一危害就是会伤害他们的身体,会毁了他们的健康。烟草中含有的尼古丁,是一种有毒物质,它能使人体的中枢神经产生兴奋和快感,吸一二支烟有令人清醒的效果,在这种“魅力”的诱惑下,有人错误地认为吸烟能提神,还可解除疲劳。

其实,烟吸多了,就会有镇静、麻醉作用,使人的肉体和精神都产生一种需求,这就是不可思议的“烟瘾”。

直接吸烟有害,间接吸烟也无益,会对呼吸道、心血管系统、消化系统等器官有不同程度的危害。

德国一位肿瘤防治专家根据研究得出一个惊人的结论,即被动吸烟比直接吸烟的危害更大,吸烟时产生的40多种有害物质特别是高浓度的亚硝胺扩散到周围空气中,被动吸烟的人比直接吸烟的人吸入的更多,相当于每小时吸30支烟。

一位医学专家曾做过这样一个实验:他每天对狗喷烟,过了一段时间,发现狗竟得了肺癌。在吸烟所诱发的癌症中,肺癌居第一位。其次是舌癌、唇癌、食道癌、喉癌等。

把吸烟称为“现代的鼠疫”,如今不会被认为是危言耸听了。烟草可以说是一种慢性自杀剂。它的化学成分十分复杂,仅有毒物质就含20多种。而香烟点燃后产生的烟雾中，据分析竟有多达750种以上的刺激和毒害细胞的物质，而且浓度之大很是惊人。例如，在抽烟的房间里，空气中的一氧化碳的含量要比一般房间高出几十倍。吸烟的人大口大口地直接吸入肺中，肺中的一氧化碳大大高于平常人。这就降低了血液运送氧气的能力，影响人体的新陈代谢，降低了氧气对大脑的供应。这是抽烟人出现头痛、头晕的重要原因。

烟草中含有烟碱（尼古丁），对人的血液循环系统危害很大。它使血管发生痉挛，血压升高，胆固醇易于沉积在血管壁上，使人的血液流通产生阻塞，形成冠状动脉硬化性心脏病。

香烟中含有剧毒物质烟焦油，会使肺上的皮细胞损伤和变形，皮细胞粘液分泌增多，减弱纤毛运动，降低人体的排痰能力。烟焦油内所含的苯比蓖和亚硝胺具有强烈的致癌作用，可直接使吸烟者发生癌病变。

香烟中的烟雾微粒对人的呼吸系统危害明显。这种微粒对人的呼吸道的长期刺激，使气管和支气管发生炎症，慢慢会形成支气管炎。严重者还可能进一步发展成肺气肿和肺原性心脏病。

吸烟虽然有时能给人以暂时的快感和兴奋，但过后所产生的麻痹和伤害，却是更为持久的。

事实证明，吸烟对青少年的健康危害更大。由于青少年正处于生长发育的过程中，各种生理器官都还没有发育成熟，对外界各种有害物质的抵抗能力较弱，易受伤害。据统计，肺癌发病率与开始吸烟的年龄有直接关系。如，20~26岁开始吸烟者，肺癌发病率为不吸烟者的10倍，15~19岁开始吸烟者为不吸烟者的15倍。小于15岁吸烟者为不吸烟者的17倍。童年时期就有吸烟习惯的成年人比不吸烟者死亡率高。如15岁以前开始吸烟者比25岁开始吸烟者死亡率高55%，比不吸烟者高1倍多！

以上是从吸烟危害个人健康的角度说明不应吸烟的道理。再从经济方面看，要吸烟就得手头有钱，年轻人尤其是学生经济尚不独立，一旦吸烟成瘾，势必要想方设法找钱买烟。由吸烟开始而步入歧途的学生为数相当不少。

同时，还要看到，吸烟不仅危害个人，还会造成环境卫生的污染，人际关系的腐化，更有约15%的火灾也是由于吸烟不慎而酿成的。可见，吸烟是有百害而无一利的，它不再是无关宏旨的个人小事了。随着整个社会文明的向进发

展,吸烟终将被摒弃于现代生活之外。对于这一点,我们应当有足够的认识。你如果不相信,请看以下事实:

世界卫生组织曾在1970年、1971年、1976年的世界卫生大会中制订戒烟策略,在1986年第39届世界卫生大会上又通过了戒烟的22项决议。北欧的瑞典,1964年在世界上首先成立了全国性吸烟与健康协会,进行大规模的卫生宣传教育活动。1970年就出现了令人欣慰的状况:肺癌的发病率急剧下降。

反吸烟运动在美国已成为一种政治策略,有17个州,数百个地区规定在办公室吸烟属违法行为。报纸招工广告上往往特意标出:"只招收不吸烟者",在职吸烟者则有被解雇或失去晋升机会之虞。自1964年以来,美国抽烟者的比例大幅度下降,进行调查时有40%的成人抽烟,当时美国医生普遍提出了抽烟与癌症、心脏病及其他健康问题的关系,并对此提出警告。到1986年底,经全国疾病控制中心对1.3万多美国成人进行调查,发现成人抽烟已下降为26.5%了。由公共卫生署直接领导的戒烟运动一浪高过一浪。

日本等国家采取了录制戒烟录音、打戒烟电话等措施。

意大利最近颁布了世界第一部"严禁吸烟法"。

……

↓第十一章
专心做好一件事

成功人士的人生就像一个枪手射击靶标。如果没有靶标,无异于浪费弹药。不管干什么,都必须命中靶心。因此,人的一生当中,必须做有用的事情,否则将一事无成。

做事要保持专注之心

专注——成功的神奇之钥。在把这把钥匙交给你之前,先让奥里森·马登告诉你它有哪些用处:

它将会打开通往财富之门。

它将会打开通往荣誉之门。

它将会打开通往成功之门。

在很多情况下,它还将会打开通往教育之门,让你进入所有潜在能力的储藏之所。

于是,在这把神奇之钥的帮助下,我们就会一一打开通往世界所有各种伟大发明的秘密宝库之门了。

每一个获得巨大成功的人,如卡耐基、洛克菲勒、摩根等人都是在使用了这把钥匙,拥有了一种神奇的力量之后,变成大富翁的。

除了这些,它还会打开监狱之门,把人类的渣滓变成有用的、有责任感的人。

是的,就是这么神奇,就是这么有效,只要你拥有了这把"神奇之钥"——专注或者叫做专心。

现在,我们来看应该如何学会专注:

一、切勿分散力量

《成功杂志》庆祝创刊100周年时,编辑们曾经摘录了一些早期杂志中的优秀文章。在这些优秀文章中,令人印象最深的是西奥多·瑞瑟写的一篇摘录文章。

以下是他和爱迪生访谈的部分内容:

瑞瑟:"成功的第一要素是什么?"

爱迪生:"每个人整天都在做事。假如你早上7点起床,晚上11点睡觉,你做事就做了整整16个小时。其中大多数人肯定一直在做一些事。不同的是,他们做很多很多事,而我却只做一件事。假如你们将这些时间运用在一件事情、一个方向上,那就更有可能取得成功。"

二、把握现在

包括我们在内的大多数人不是略微超前,就是略微落后,可又有谁能准确无误地把握现在呢?假如他们正在与人交谈,他们可能同时回想自己刚才说的话、别人说过的话、甚至一些无关的事情。

我们不妨去从表演艺术中学习宝贵的经验。在表演艺术中,最好的演员最能融人现在。他们即使把台词背得滚瓜烂熟,也会对接下来的台词有着全新的感觉。我们缺乏的就是这一点。

我们也必须融入现在。融入现在需要集中注意力,必须做到两个方面:一是目标,要注意正在发生的事;二是密集度,由于集中所有的力量在一件事情上,也就产生了密集度。

奥里森·马登曾经问有名的马戏表演者冈瑟·格贝尔·威廉斯,对继承他事业即将成为驯兽师的儿子有何建议时,他回答:"我告诉他要在场。"

这位世界知名的驯兽师进一步解释:“当他在马戏场中与狮子、老虎、豹在一起时,他可不能心在不焉,他的心一定要在马戏场上,否则就有性命危险。”当然,不光在马戏场上,心不在焉对任何事情都有可能造成灾难。

租车专家迪克·比格斯现在可以对那次丢脸的分心经验一笑了之,可是在当时一点也不好笑。当年可口可乐公司为亚特兰大第二届10公里长跑赛提供了巨额赞助。面对着申请表格、各种媒介、T恤和比赛号码上等处处所见的可口可乐商标,担任大会名誉总裁的迪克·比格斯却在台上说:

“我们感谢赞助商百事可乐。”这可惹恼了站在他身后的可口可乐的代表,

“是可口可乐,白痴!”随之,上千名的参赛者也一起起哄,弄得比格斯顿时下不了台。他后来追悔地说:“我也知道是可口可乐,可是怪我当时失神,从要命的那一天起,我明白了专注比事实更重要。”

三、激发满溢状态的潜能

所谓满溢状态,行为是发生在精神高度集中之时,由于心智状态过于专注而忽略其他无关的事物的存在。

作为专精于研究满溢状态行为的专家米哈利曾经利用类似竞赛的挑战状态,成功地激发出满溢状态行为。通过试验证明满溢状态最有可能发生在个人处于与任务的难度的约略相当的情况下。一般有两个方面:如果任务很难,人会感觉焦躁不安;如果任务太简单,人反而觉得更无聊。

由于处在满溢状态下的人会丧失对时间的感觉,而且在满溢状态下,人会完成通常所无法完成的高难度工作,所以满溢状态行为被列人时间管理技巧。在《利用右脑》一书中,贝蒂·爱德华描述了可以造成满溢状态或类似的经验技巧,她的方法是根据左脑的机制:语言、分析、符号、理智、数字、逻辑与线型;而右脑的机制则由非语言、组合、非理智、直觉与道德的观念而来。爱德华对这种经验有着精妙的描述:“那是一种从未有过的经验。当我工作得很顺利的时候,我感到自己的工作就如同画家与手中的作品合二为一,我兴奋极了,但极力克制着。那种感觉并不完全是快乐,倒更像是幸福。”

四、狂热与沉迷

这种技巧像其他技巧一样未必适合于每个人,有的人很有成就但对沉迷并不那么感兴趣。无论怎么讲,沉迷于事业、工作的人,可以做比平常人更多的事情,并且通常很有效率。《烟草路》与《上帝的小乐园》的作者厄斯金·卡德韦尔,由于总是以事业为重,奉工作为上,导致婚姻三次破裂,而且连亲密的朋友也没有。富卡感慨地说,在过去的岁月里,除了事业外,他竟毫无其他的乐趣。

作家艾萨克·爱斯莫夫为了不影响自己的写作,竟放弃了度假。他认为,最难做的事是,有人打断他写作时,而他还得强颜欢笑。亨利·福特也有同感。"我有的是时间,因为我从来不离开工作岗位;我不认为人可以离开工作,他应该朝思暮想,连做梦也是工作。"这些话让我们听来,简单有点儿不可思议。

有人会认为这些人不该把精力和时间浪费在这些事物上,可他们并不这么认为。因为在他们眼中,那是乐趣而不是牺牲。李·特里维特说得好:"我就是爱这种比赛。"我们没有必要为这些沉迷的人感到难过,虽然其中原因很多,有些是来自无知、天真或沮丧,甚至有的是来自罪恶感。无论怎么说,我们应为他们那种沉迷的态度而叹服,我们也该沉迷于自己所做的事,丰富我们所接触的每一件事。

做事要分清轻重缓急

奥里森·马登成功学的一个核心观点就是"专心做好一件事",在陈述这个观点时,奥里森·马登指出,要想一步一步的把事情做的有节奏,有条理,就必须注意做事的章法,不能眉毛胡子一把抓,分不清轻重,否则,会导致很坏的结果。

有些人,在处理日常生活时,总想一下子做完,看到那件急那件,捡了西瓜就丢芝麻,他们不知道事情的轻重缓急,以为每件事都很重要,每件事都要做好,结果不但时间被忙碌打发掉,事情也会一件都做不好。

善于做事的人是根据事情的紧迫感,而不是事情的优先程度来安排先后顺序的。

把一天的时间安排好,这对于一个想做成事的人是很关键的。

在紧急但不重要的事情和重要但不紧急的事情之间,你首先去办哪一个? 面对这个问题你或许会很为难。

在现实生活中,有些做事没有章法的人就是这样,这正如法国哲学家布莱斯·巴斯卡所说:“把什么放在第一位,是人们最难懂得的。”对这些人来说,这句话不幸而言中,他们完全不知道怎样把人生的任务和责任按重要性排列。他们以为工作本身就是成绩,但这其实是大谬不然。

奥里森·马登举了一个这样例子,我们在学校学习的过程中,最缺的是什么? 可能有许多人都有同感,我们最缺的就是钱。在这个时期,我们可以认为,对于我们的一生而言,学习对我们是重要的,但却不是最紧急的,而钱对我们是紧急的(我们会举出许多理由,如我们已经长大了,不想要父母的钱等等),但却不是最重要的。在这个十字路口,我们选择什么?

对这个问题,不同的人有不同的选择。有的早早就选择弃学从商,有的依然选择在校学习,而更可悲的人还有,无论他是弃学经商还是在校学习,他都不知道他在做什么?

实际上,懂得如何取得成功的人都是明白轻重缓急的道理的,他们在处理一年或一个月、一天的事情之前,总是按分清主次的办法来安排自己的时间。

一、把重要事情摆在第一位

商业及电脑巨子罗斯·佩罗说:“凡是优秀的、值得称道的东西,每时每刻都处在刀刃上,要不断努力才能保持刀刃的锋利。”罗斯认识到,人们确定了事情的重要性之后,不等于事情会自动办得好。你或许要花大力气才能把这些重要的事情做好。而始终要把它们摆在第一位,你肯定要费很大的劲。下面是有助于你做到这一点的三步计划:

1. 估价。首先,你要用上面所提到的目标、需要、回报和满足感四原则对将要做的事情作一个估价。

2. 去除。第二步是去除你不必要做的事,把要做但不一定要你做的事委托别人去做。

3. 估计。记下你为达到目标必须做的事,包括完成任务需要多长时间,谁可以帮助你完成任务等资料。

二、精心确定主次

在确定每一年或每一天该做什么之前,你必须对自己应该如何利用时间有更全面的看法。要做到这一点,你要问自己四个问题:

(1)我从哪里来,要到哪里去。

我们每一个人来到这个世界上,都有着属于自己的命运。我们每个人都肩负着一个沉重的责任,按自己制定的目标前进。可能再过20年,我们每个人都有可能成为公司的领导、大企业家、大科学家。所以,我们要解决的第一个问题就是,我们要明白自己将来要干什么?只有这样,我们才能持之以恒地朝这个目标不断努力,把一切和自己无关的事情统统抛弃。

(2)我需要做什么。

要分清轻重缓急,还应弄清自己需要做什么。总会有些任务是你非做不可的。重要的是你必须分清某个任务是否一定要做,或是否一定要由你去做。这两种情况是不同的。非做不可,但并非一定要你亲自做的事情,你可以委派别人去做,自己只负责监督其完成。

(3)什么能给我最高回报。

人们应该把时间和精力集中在能给自己最高回报的事情上,即他们会比别人干得出色的事情上。在这方面,让我们用巴莱托定律(80/20)来引导自己:人们应该用80%的时间做能带来最高回报的事情,而用20%的时间做其他事情,这样使用时间是最具有战略眼光的。

(4)什么能给我最大的满足感?

有些人认为能带来最高回报的事情就一定能给自己最大的满足感。但并非任何一种情况都是这样。无论你地位如何,你总需要把部分时间用于做能带给你满足感和快乐的事情上。这样你会始终保持生活热情,因为你的生活是有趣的。

三、根据轻重缓急开始行动

在确定了应该做哪几件事之后,你必须按它们的轻重缓急开始行动。大部分人是根据事情的紧迫感,而不是事情的优先程度来安排先后顺序的。这些人的做法是被动的而不是主动的。懂得生活的人不能这样,而是按优先程度开展工作。以下是两个建议:

(1)每天开始都有一张优先表。

伯利恒钢铁公司总裁查理斯·舒瓦普曾会见效率专家艾维·利。会见时,艾维·利说自己的公司能帮助舒瓦普把他的钢铁公司管理得更好。舒瓦普承认他自己懂得如何管理,但事实上公司不尽如人意。可是他说自己需要的不是更多知识,而是更多行动。他说:“应该做什么,我们自己是清楚的。如果你能告诉我们如何更好地执行计划,我听你的,在合理范围之内价钱由你定。”

艾维·利说可以在10分钟内给舒瓦普一样东西,这东西能使他的公司的业绩提高至少50%。然后他递给舒瓦普一张空白纸,说:“在这张纸上写下你明天要做的6件最重要的事。”过了一会儿又说:“现在用数字标明每件事情对于你和你的公司的重要性次序。”这花了大约5分钟。艾维·利接着说:“现在把这张纸放进口袋:明天早上第一件事是把纸条拿出来,做第一项。不要看其他的,只看第一项。着手办第一件事,直至完成为止。然后用同样方法对待第二项、第三项……直到你下班为止。如果你只做完第一件事,那不要紧。你总是做着最重要的事情。”

艾维·利又说:“每一天都要这样做。你对这种方法的价值深信不疑之后,叫你公司的人也这样干。这个试验你爱做多久就做多久,然后给我寄支票来,你认为值多少就给我多少。”

整个会见历时不到半个钟头。几个星期之后,舒瓦普给艾维·利寄去一张2.5万美元的支票,还有一封信。信上说从钱的观点看,那是他一生中最有价值的一课。后来有人说,5年之后,这个当年不为人知的小钢铁厂一跃而成为世界上最大的独立钢铁厂，而其中，艾维·利提出的方法功不可没。这个方法还为查理斯·舒瓦普赚得一亿美元。

(2)把事情按先后顺序写下来，定个进度表。

把一天的时间安排好，这对于你成就大事是很关键的。这样你可以每时每刻集中精力处理要做的事。但把一周、一个月、一年的时间安排好，也是同样重要的。这样做给你一个整体方向，使你看到自己的宏图，从而有助于你达到目的。

总之，无论做什么事都要分清轻重缓急，作出最恰当的决定，最合理的安排，生命才有意义。

一定要把眼前事做好

任何大事业的成功，不仅需要解决长远的问题，更重要的是解决眼前的问题。有时眼前问题的解决，可以收到意想不到的结果。

电话的发明者贝尔是每个理想有所成就的小孩心目中的偶像。但是贝尔最初并没有选择发明电话为目标。如果等他有了这种理想，再去发明电话，那他的成功就不会如此的快。往往是一个偶然的机会，成就了一番事业。他之所以发明了电话，是他在追求另一个目标时的偶然所得。

他曾是一个学校的教员。在那里工作几年后，和他的一个学生结了婚，他积累了许多试验的经验，想发明一种用电的工具，使她的妻子能够听见声音，在种种的实验中，偶然的一次机会，便发明了电话。

这是一种偶然的事吗？奥里森·马登给出的答案是否定的，他认为这是偶然中的必然，是因为贝尔做了大量的彻底的研究，是因为贝尔没有坐着空想成为一个大发明家，是因为贝尔不懈地追求眼前要解决的问题，解决不了，决不罢休。

有一种情况会造成人的自满，而忘却了自己眼前该做的事情，那就是——如果一个人对自己的目标想得太过度,而忘却了自己的实际情况,就会产生错觉,觉得自己和目标的距离咫尺之遥。

波士顿大学商务科的教务长罗尔德,曾对毕业生有这样的告诫:“大学生有一种危险,那就是关心其他的问题,胜于关心眼前的问题,年青人过于自信,把许多职务看得过于简单,而不值得全副精力去干,导致失败屡见不鲜。

前进中的速度,一般的年轻人想像得特别重要。而忽略了最重要——我现在付出的努力是否能帮助我达到最终的目地。许多大人物之所以从一种工作换到另一种工作,是因为他们走到了死胡同。大人物的眼光能看到一种情况发展的可能性,也能看到一种情况前途的闭塞。

如果不是卡耐基的高瞻远瞩,恐怕他一生都脱离不了铁路,因为他想实现自己一个筹建已久的计划。于是他很干脆地拒绝了升他为宾夕法尼亚铁路管理局副总管理的机会。他设想中的大发展,是宾夕法尼亚铁路局所不能给予的。

世界上有许多门,但并不是每一扇门都能打开,也不是每一扇门都不能打开。你要试着打开一些门,你成功的道路可能就在这些门当中。不要畏惧门的数量。

克利夫兰著名的银行家克拉斯,有一个掌控一家大银行的理想。在实现的过程中也走过很多弯路,做过各式各样的工作,积累了很多经验最后才达到他的目标,实现了理想。他曾经做过交易所的职员,收帐员,折扣计算员,出纳员等。他在这种种的职位上总是留心注意着与他理想相关的银行知识。意志不坚定者,经过此种磨难,可能会心灰意冷。但他却利用这经验,实现了自己的理想,达到了目的。

他说:“一个人目的的到达可以有几种不同的途径。时常地变换工作时,首先要明白干的是什么事,为何要干此事。如果我换工作只是为了赚钱,我便没有现在。我之所以换工作是因为我对那方面想得到的经验,已经吸尽而没有可以再学的了。”

一个目标应当作为一种指南,指导你是否要换工作,换何种工作,应当把精力用在何处,以及如何应付枝节问题。目标不是一个固定点,而是前进中的一个指南。

生命不息，进取不止，这才是伟人的一贯作风。如果你达到了一个目标，以为自己到了辉煌的顶点，激流勇退，那么你就不可能成为一个伟大的人。因为没有了努力，光辉的火焰便会渐渐熄灭。直到老死还念念不忘你的所谓的辉煌。这便失去了人生的意义，这也是对生命的一种浪费，实在是错误至极。

华勃是一个凭借自己奋斗而成功的乡村孩子。他做过许多界美国总统的顾问。他认为无止境的活动才是人生的目的，人生的终结。

他说："某次有人问我，一个大商人是否有到达他目的的时候。"我回答："如果一个人有达到他目的的时候，他便不是一个大商人了。"有成就的人总是永远奋斗不止的，直到生命的终结。"

人类的欲望，始于对现实的不满。

不满足始于较好东西的诱惑。因为这种诱惑可以催促你向着好的方面发展。

怨天尤人，把人生的不幸遭遇归咎于别人或自然环境，由此而发泄内心的不满或怨气，这是非常错误的做法；让不满激发你的斗志与精神，采取一种豁达的广阔的人生观，这样才会更快地获得成功。

做事要学会选择和放弃

我们在做事时，总会遇到各种各样的非常时刻，这时候就需要权衡利弊，果断放弃某些利益，选择做适合自己的事情，以求得长远发展。

关于这一点，奥里森·马登曾做过一个形象的比喻：一个不能做适合自己的事的人，就像是离开水的鱼，他的鳍变得毫无意义，只会成为障碍，它只能在不属于自己的环境里苦苦挣扎。可一旦鱼鳍接触到了水，它们就有了存在的意义。

为了强化这个论点，奥里森·马登还用了一则寓言故事来做进一步说明。

据说,梵王在波罗奈治理国家时,菩萨是他的政法顾问。

有一次,边境发生了一场动乱,当地驻军连忙派人向国王报信,恳求增派部队前往支援。

然而,国王这时却自顾自地来到御花园休憩,并准备在花园里扎营。

在等候营帐的时间里,国王看见侍者正将蒸熟的豌豆倒入木槽里喂马。与此同时,御花园里的猴子开始骚动起来。

忽然,有一只猴子飞快地从树上跳下来,从木槽里捞了一把豌豆,接着立即把豆子全塞进嘴里,随即它又抓了一把,这才满意地回到树上,愉快地吃着手中的豆子。

但是,因为吃得太急了,有一颗豆子从它的手中掉了下来,只见这只猴子居然不假思索地扔掉手上所有的豌豆,跳下树,着急地寻找刚刚落下的那颗豌豆。

结果,不仅那颗豆子没有找到,连手上原本的豆子也找不回来了。

国王看到这只猴子可笑的举动,禁不住问菩萨:“您对这只猴子的举动有什么看法?”

菩萨回答说,“国王啊! 只有无知的蠢材才会因小失大啊!”

国王听见菩萨意有所指地这么说,这才想起刚刚使者来自边境的紧急报告,连忙返回波罗奈城去。

在边境骚乱的强盗们听说国王亲征,决心把强盗赶尽杀绝后,连忙逃跑了!

奥里森·马登提醒我们,先别嘲笑猴子愚蠢,也别嘲笑国王搞不清楚状况。仔细想想,我们是否也曾经像小猴子一样舍本逐末,忽略手中所掌握的机会,去追逐早已错过的机会? 是否也像国王一样不知轻重,只顾着享乐而漠视眼前的灾厄? 有人这样说:品味人生,最大的快乐莫过于做出正确选择,最大的痛苦也莫过于做出错误选择,所以,每个人都应该学会选择。

要做到两全其美往往是很难的事情,要选择的先决条件就是要抓住重点,学会放弃。其实人最犯难的并不是选择,而是不知怎样选择才好,解决这个问题只有一招——“放弃”。

赵本山还是一个农民时,有人说他重活干不成,轻活不愿干,光会耍嘴皮子。他没有放弃,毅然选择了文艺之路,把嘴皮子耍成一门真功夫,成了文艺界的大红人。

罗大佑的《童年》、《恋曲 1990》等经典歌曲影响和感动了一代人。罗大佑起初是学医的,后来他发觉自己对音乐情有独钟,所以他弃医从乐,事实证明,他的选择是对的。

篮球飞人乔丹成名前曾尝试转行到一家叫伯明翰·巴伦斯的二流职业棒球队打棒球,结果,在取得了很一般的成绩后悻悻而归,最终他选择了篮球,这个选择让他成为体育界最知名的人物。

伽利略是被送去学医的。但当他被迫学习解剖学和生理学的时候,他学习着欧几里得几何学和阿基米德数学,偷偷地研究复杂的数学问题,当他从比萨教堂的钟摆上发现钟摆原理的时候,他才 18 岁。

放弃有时候是十分困难的,甚至是十分痛苦的。适时地放弃,不仅需要勇气和胆识,更需要远见和智慧。人生之树,只有舍弃空想与浮华,才能撷取丰硕甜美的果实。

比尔·盖茨中学毕业的时候,他父母亲对他说:“哈佛大学是美国高等学府中历史最悠久的大学之一,是一个充满魅力的地方,是成功、权力、影响、伟大等等的象征和集中体现。你必须读一所大学,而哈佛是最好的。它对你的一生都会有好处。”

盖茨听从了父母亲的劝告,进了美国最著名的哈佛大学。他当时填的专业是法律专业,但他其实并不想继承父业去当一名律师。

盖茨在哈佛既读本科又读研究生课程(这是哈佛学生的特权),但他的真正的兴趣依然在电脑上。他曾同朋友一起认真地讨论过创办自己的软件公司。他认定“电脑很快就会像电视机一样进入千家万户,而这些不计其数的电脑都会需要软件”。

大学二年级的时候,比尔·盖茨终于向父母说了他一直想说的话:“我想退学。”

他的父母听了非常吃惊,也非常伤心。但他们无法说服盖茨改变主意。于是,他们请了一位受人尊敬的商界领袖去说服盖茨。

盖茨在同这位商业巨头会面的过程中像个布道者一样滔滔不绝地向他讲述自己的梦想、希望和正在着手做的一切。这位商业巨头不知不觉地被感染了,仿佛又回到了自己当年白手起家的创业时代。他忘记了自己的使命,反而鼓励盖茨:“你已经看到了一个新纪元的开始,而且正在开创这一个伟大的时刻。好好干吧,小伙子。”

父母亲无奈,只得同意了盖茨的要求。

从此,盖茨一心一意地投身于自己的电脑软件领域中,他真的在梦想成真的成功之路上,开创了世界瞩目的业绩。

我们的人生之所以充满那么多困顿和挫折,往往是因为我们在关键时刻做了错误的选择。所以说,难以两全其美的时候,不管放弃有多么困难,有多么痛苦,你都应勇敢地做出适当的放弃,否则,你就很有可能“赔了夫人又折兵。”然而,这种结局是完全能够避免的,不是吗?

做事要有永不放弃的精神

只有一种人是永远失去了改变自己人生的机会的人,那就是——死人,所以,只要自己还活着,有什么事情不能解决呢?

奥里森·马登认为,坚定地朝目标前进,从不妥协,从不灰心,永不放弃,在人类社会当中,没有那种品质比这种品质更值得人们尊敬了。

下面是奥里森·马登在其作品中提到的一个例子。

鲍比是某时尚杂志的总编辑。他才华洋溢,个性非常豁达、开朗,因为他的生活哲学是:“生活,简单、快乐就好!”

但是,如此放得开的人,却不幸地遇上了可怕的病魔。

有一天早上,43 岁的鲍比突然因脑中风倒下,而他的人生,也在此时发生了重大的转折。

死里逃生的鲍比,经过几个星期的抢救,终于度过了危险期。但是,病魔仍然夺走他身上的许多东西,他瘫痪了,不能言语也不能行动,甚至连呼吸也要依靠辅助。

不过,他却仍然乐观地告诉自己:“还好,我还能思考!”

他靠着还能灵巧活动的左眼与外界沟通。这只深色的眼睛,时而眯着,时而闭上,时而瞪大,他努力地用这几个简单动作,传递自己生命的活力与讯息。

鲍比利用这只眼睛,努力地与医生沟通。当医生拿着字母反复朗读时,会仔细观察鲍比的左眼,只要他眨一次眼睛,便表示“是”,眨两次便代表“不是”,然后医生会记录下鲍比所选择的字母。

两个人居然就在这个“眨眼”的动作中,完成了一本书,名叫《潜水钟和蝴蝶》。

该书出版后更是引起一阵热烈的讨论,因为,每个人都被这个不可思议的写作方式感动,并感到震撼。

当厄运降临时,鲍比仍能靠着自己乐观的意志力,爬出命运的深谷,并重新展翅在灿烂的阳光下,实践他“快乐生活”的人生态度。那么我们这样四肢健全、头脑发达的正常人呢?是不是应该有更多快乐生活的理由?

生活可以用很多方式表现,只要还能呼吸,我们就有很多事情可以继续。即使是失去了一条腿的青蛙,也还能靠着水流,到达它梦想的天地。我们又岂能因一点点的不幸而失去对生活的希望?

“菲亚特”是“意大利都灵汽车制造厂”的缩写,菲亚特历经90年艰辛坎坷的创业,从小到大,从国内到国际靠的就是坚韧不拔的精神。

20世纪70年代初期,西方世界爆发了能源危机,汽车工业首当其冲,受影响最大。创办者阿涅利在严峻的现实面前,勇于开拓进取,千方百计降低生产成本,研制低油耗车,菲亚特最终以竞争性的价格赢得了胜利。

当阿涅利集团丢掉“病人膏肓”的阿尔法罗密欧汽车公司的包袱时,福特汽车公司准备全部购买,乘机侵入意大利市场。为了“拒狼于门外”,阿涅利适时地抛出一套全面拯救罗密欧的计划,这一举动一下子轰动了当时的欧美世界,却也因此遭到许多嘲讽和讥笑,但阿涅利毫不顾及那些,下定决心,毫不动摇,在意大利政界及各派势力的协助下,阿涅利战胜了强敌,使“帝国”的版图得以扩大。

阿涅利以坚韧不拔的创业精神使菲亚特成为欧美各界闻名遐迩的大公司。

所以当你尽了最大努力还是没有成功的时候也不要放弃,只要开始另一个计划就行了。拿破仑·希尔和他的朋友,他们合作开发一种产品,虽然产品成功地开发出来了,但是卖不出去,希尔幸运地退出了,而他的朋友却损失了很多钱。但是他的朋友却说:"我并不怕失去金钱,使我真的害怕的是失败让我变成一个怯懦的人,如果是那样的话,我就永远没有成功的机会了。"

美国柯立兹总统曾说过一句富有哲理的话。"世上没有一样东西可以取代毅力,才干也办不到。一事无成的天才非常普遍,学无所用的人比比皆是。只有毅力和决心使你百战不殆。"

就像奥里森·马登说的:"如果你看到自己为之付出一生的事情遭到了破坏,那么就请弯下身子,从头再把它们建造起来吧!"

在一个人的体内,有一种任何失败和挫折都无法将其击垮的东西,一种能够克服任何失败和挫折所造成的磨难的东西。如果能意识到这一点,你就已经在自己伟大的生命中打开了新的资源宝库,你就能利用一种新的从未被利用过的力量。当人们在前无去路、后有追兵的时候,当人们陷入绝望境地的时候,这种力量就会在人的身上表现出来。如果他们此时此刻仍然带着一种永不屈服的坚定决心,拒绝承认失败并屹立不倒的话,他们的经历中就会留下一些值得自豪的东西。他们不会为过去感到羞愧,他们会对未来充满自豪感,对重新开始生活充满自信心,利用从过去的失误中得到的智慧来创造一个崭新的未来。

做事要准确并且迅速

奥里森·马登曾经对一位向自己请教做事之道的年轻人说:做事时,若能准确而迅速地作出判断并付之于行动,你成功的机会就要比那些犹豫不决,模棱两可的人大的多,也往往能做到先为可胜的境界。

现实生活中,有些人踌躇满志,下定决心要做一翻大事业,而且也以莫大的勇气去做了,可往往没有取得成功,其原因就在于做事缺乏奥里森·马登所说的准确性和迅速性。

一个能迅速而又准确地对事物作出判断的人,比那些犹豫不决、模棱两可的的发展机会人多得多。所以,请尽快抛弃那些不良习性吧!它只会浪费你的精力。

一个希望能取得成功的年青人,一定要有坚强的意志。在工作之前,必须要确信自己的主意,即使遇到任何困难与阻力,发生任何错误,也不可轻易放弃。我们处理事情时,应该事先仔细地分析考虑,对事情本身及其环境作一个正确的判断,然后再制定决策;而一旦付诸实施,就要全力以赴地去做。

判断力不准确和缺乏判断力的人通常很难决定真正开始做一件事,即使决定开始做了,也往往很难收场。他们的大部分精力和时间,都消耗在犹豫和迟疑当中,这种人即便具备其他获得成功的条件,也不会真正获得成功。

大凡成大事者须当机立断,把握时机。一旦对事情考察清楚,并制定了周密计划后,他们就不再犹豫、不再怀疑,而是能勇敢果断地立刻去做。因此,他们做任何事情往往都能做到驾轻就熟,马到成功。

造船厂里有一种力量强大的机器,能把一些破烂的钢铁毫不费力地压成坚固的钢板。善于做大事的人就与这部机器一般,他们做事异常敏捷,只要他们决心去做,怎样复杂困难的问题到了他们手里都会迎刃而解。

如果一个人目标明确、胸有成竹,那么他绝不会把自己的计划拿来与人反复商议,除非他遇到了在见识、能力等各方面都高过他的人。一个头脑清晰、判断力很强的人,一定会有自己坚定的主张,他们决不会糊里糊涂,更不会投机取巧,他们也不会犹豫不前,不会一遇挫折便赌气退出,只要作出决策、计划好的事情,他们一定会勇往直前。

英国当代著名军人基钦纳就是一个很好的例子。这位沉默寡言、态度严肃的军人勇猛如狮、出师必胜,他一旦制定好计划,确定了作战方案,就会集中心思运用他那惊人的才干,镇定指挥,他决不会再三心二意地去与人讨论、向人咨询。在著名的南非之战中,基钦纳率领他的驻军出发时,除了他的参谋长外谁也不知道要开赴哪里。他只下令,要预备一辆火车、一队卫士及一批士兵。此外,基钦纳声色不动、滴水不漏,更没有拍电报通知沿线各地。那么,他究竟要去哪里呢?士兵们也不知道。战争开始后,有一天早晨六点钟,他忽然神秘地出现在卡波城的一家旅馆里,他打开这家旅馆的旅客名单,发现几个本该在值夜班的军官的名字。他走进那些违反军纪的军官的房间,一言不发地递给他们一张纸条,上面签署了自己的命令:“今天上午十点,专车赴前线;下午四点,乘船返回伦敦。”基钦纳不听军官们的解释和辩白,更不听他们的求饶,只用这样一张小纸条,就给所有的军官下了一个警告,起到了杀一儆百的作用。

基钦纳将军有无比坚定的意志和异常镇静的态度,但他深知自己在战斗时所负有的重大使命。因此,他为人处世严谨而端正,公正无私,指挥部下时也从不偏袒,做任何事情不成功就决不罢手。从这些地方,就可以看出基钦纳将军的伟大魄力和远大抱负。

这位驰骋沙场、百战百胜的名将非常自信,做起事来专心致志,富有创意和魄力,也极富判断力,行动果断,为人机警,反应敏捷,每遇机会都能牢牢把握充分利用。他是向往获得全面成功者的最好典范!

↓第十二章
在困境中如何磨砺心志

不要认为富家的子弟,得到了好的命运。大多数的纨绔子弟,做了财富的奴隶,他们不能抵制任何诱惑,以至陷于堕落的境地。要知道,享乐惯了的孩子,决不会是那些出身贫贱的孩子的对手。一些穷苦的孩子,早期往往是在困境中挣扎着成长,但成人之后却往往能成就一番大事业,所以说,困境往往最能磨砺一个人的心志。

每个人都要面对挫折

任何成功的人在达到成功之前,没有不遭遇过失败的。爱迪生在历经一万多次失败后才发明了灯泡,而沙克也是在试用了无数介质之后才培养出可以有效治疗小儿麻痹症的疫苗。

人生不如意十常居其八九,一帆风顺者少,曲折坎坷者多,成功是由无数次失败构成的。在追求成功的过程中,还须正确面对失败,乐观和自我超越就成为能否战胜自卑、走向自信的关键。正如美国通用电气公司创始人沃特所说:“通向成功的路,即把你失败的次数增加一倍。”但失败对人毕竟是一种“负性刺激”,总会使人产生不愉快、沮丧、自卑的心理。

面对挫折和失败,惟有乐观积极的持久心,才是正确的选择。奥里森·马登认为在遭受挫折或失败时,正确的做法有四点:其一,采用自我心理调适法，提高心理承受能力；其二，注意审视、完善策略；其三，用“局部成功”来激励自己；其四，做到坚忍不拔，不因挫折而放弃追求。

要战胜失败所带来的挫折感，就要善于挖掘、利用自身的“资源”。应该说当今社会已大大增加了这方面的发展机遇，只要敢于尝试，勇于拼搏，就一定会有所作为，虽然有时个体不能改变“环境”的“安排”，但谁也无法剥夺其作为“自我主人”的权利。屈原被放逐乃赋《离骚》，司马迁受宫刑乃成《史记》，就是因为他们无论什么时候都不气馁、不自卑，都有坚忍不拔的意志。有了这一点，就会挣脱困境的束缚，迎来光明的前景。

若每次失败之后都能有所“领悟”，把每一次失败都当做成功的前奏，那么就能化消极为积极，变自卑为自信。作为一个现代人，应具有迎接失败的心理准备。世界充满了成功的机遇，也充满了失败的风险，所以要树立持久心，以不断提高应付挫折与干扰的能力调整自己，增强社会适应力，坚信失败乃成功之母。

成功之路难免坎坷和曲折，有些人把痛苦和不幸作为退却的借口，也有人在痛苦和不幸面前复活和再生。只有勇敢地面对不幸和超越痛苦，永葆青春的朝气和活力，用理智去战胜不幸，用坚持去战胜失败，我们才能真正成为自己命运的主宰，成为掌握自身命运的强者。

其实失败就是强者和弱者的一块试金石，强者可以愈挫愈勇，弱者则是一蹶不振。想成功，就必须面对失败，必须在千万次失败面前站起来，用持久心战胜一切。

卢俊雄 12 岁开始“下海”经商，边读书边做生意，一直到毕业后办起公司，他被人称做“青年猛士”、“卢超人”。看起来好似万事俱顺，其实他也不是一直都顺利的。

他的失败很多，不过，对于自己所经受的几次重大失败，他可是一直牢牢地记在心里。

最早那次失败，是 16 岁那年去汉口做邮票生意。那一次并非他的计划有误，只能说他运气不好，在青天白日遭劫，损失了所有本钱。

第二次受挫，是上了一个可恶的英国人的当。那是 1985 年，他刚考上大学，而且是自费的经济管理专业。他因之前与国外的集邮爱好者做邮票交易积攒了8000多元钱的邮票,兑换成现金正好可以用做上大学的开支费用,可就在此时,英国利物浦的一个邮商来信告诉他,他两次寄去的价值8000多元的邮票没有收到,那人称寄达的信封里一无所有。这8000多元的邮票可是卢俊雄辛苦了好多日子才积攒起来的。

再有一次,发生在1989年。那时他已经办起了华隆邮票经营部,而后他用邮票生意赚得的利润又开办了华隆商行,他招聘了几个苦于求职的年轻朋友,但由于眼高手低,经验不足,几次生意都失败了。

首先是深圳的一家合资企业来找他们代销人造宝石首饰,他们没做好,赔了。接着,他们又改为代加工人造首饰,再由外商销往中东,一开始中东的订货很多,生意还算不错,可是人算不如天算,中东地区战火突燃,首饰市场顿时就萎缩了。华隆还没从中东市场的挫折中缓过神来,就又传来了一个不幸的消息:深圳那家合资公司突然间被一把大火烧光,宣布破产。

这一切事情发生后,对于华隆的负面影响很大。华隆就在三方合作中做了冤大头,卢俊雄除了付出一大笔加工费给代理公司外,又赔上了房租、广告、应酬等费用,总共算起来达15万元。这一次失败给卢俊雄的教训很大。

卢俊雄只得把十三铺的房子退了,华隆商行关门。他回到了原先的邮票大本营,在华侨新村友爱路22号去做他一向熟门熟路的邮票邮购生意去了。

1989年年底,卢俊雄又想出一个大行动计划来。他要搞一次规模很大的展览会,他把这次活动放在广州第一公园文化宫内,还特地打出“迈向90大行动”的横幅。

然而,展览会开幕后没什么人走进他布置的展厅里,也没人参与他的“大行动”。

这次展览他又赔进去了。俗语说“好事不见来,祸事先成双”,不久,他就遇上了另一个失败的生意。

有一个台商刚与他结识,就提出要与他合伙做生意,两人谈得很投机,就定下由台商出办公室租金,由卢俊雄在广州为他办货。卢俊雄在广州三元里中央酒店租下了一个套间,很快就办好一批茶叶、陶瓷等日用品,准备运到台湾去。

可是那个台商却总是一拖再拖,卢俊雄看出破绽,不愿再与这种人合作下去了,两个月后就与这个台商散伙了。这一下他又吃力不讨好,不但搭进去了房租,还有一大批日用的滞留费用。

卢俊雄喜欢引用这样一句话:“人的身心都可以从背阴处移到阳光普照的地方。稍有思想的人都能办得到。”面对挫折时卢俊雄从不退缩,在哪儿跌倒,就在哪儿爬起来再干。

人生中的不幸,成功道路上的失败,每个人都会遇到的,也往往会给我们带来极大的痛苦,只有设法尽快摆脱痛苦,才能坚定不移地向既定的目标进发。

事实上,害怕失败绝大程度上是因为人本身的性格与心理需求决定的。正如很多人害怕贫困、害怕生病、害怕遭到批评,而同时又极为渴望富有、健康、受人欢迎一样,在追求成功的道路上害怕失败,这些恐惧实际上是相伴而生的。所以,害怕失败的人实际上对一切有可能打破现有平衡、一切有负面影响的事都存有恐惧。生活中能有几件事是有利无害的呢?如果逃避成了对待生活的一种普遍态度,这将使我们创造力退化、热情降低、缺乏活力,最终就会因生活乏味而忧虑。

奥里森·马登说过:“我们的力量来自我们的软弱,直到我们被戳、被刺,甚至被伤害到疼痛的程度时,才会唤醒包藏着神秘力量的愤怒。伟大的人物总是愿意被当成小人物看待,当坐在占有优势的椅子中时,他会昏昏睡去,当他被摇醒、被折磨、被击败时,便有机会可以学习一些东西了;此时他必须运用自己的智慧,发挥他的刚毅精神,他会了解事实真像,从他的无知中学习经验,治疗好他的自负精神病。最后,他会调整自己并且学到真正的技巧。”

然而,挫折并不保证你会得到完全绽开的利益花朵,它只提供利益的种子,你必须找出这颗种子,并且以明确的目标给它养份并栽堵它,否则它不可能开花结果。上帝正冷眼旁观那些企图不劳而获的人。

你应把挫折当做是使你发现你思想的特质,以及你的思想和你的明确目标之间关系的测试机会。如果你真能了解这句话,它就能调整你对逆境的反应,并且能使你继续为目标努力,挫折绝对不等于失败——除非你自己这么认为。

你应该感谢你所犯的错误,因为如果你没有和它作战的经验,就不可能真正了解它。

人生可失意不可失志

奥里森·马登认为,困境是一个人成就大事业所必须经历的,但是,如果一个人的目标明确,有着坚不可摧的远大志向,你便会发现,这个人虽然有时候会遭遇困境,会陷入低迷,会很失意,但是他迟早能振作起来,继续超着自己的目标迈进。

奥里森·马登将追求成功的人分为两类,一类是真正的强者,他们具有强大心理承受能力,并且能在逆境中焕发出巨大的能量,因此,即使面对失败有一时的失意,他们仍然能屡败屡战,一直坚持到最后一刻,最终成为真正的胜利者;而另一类是虚假的强者,他们就好像是巨大的充气玩偶一样,看似高大强壮,但却在一阵风的吹动下,就摇摇摆摆,一旦遇到了真正的挫折就会像泄了气的皮球一样迅速萎缩成一团烂泥。前者即使失败也不失志,而后者却既失败又失志,这是追求目标过程中来两类人的不同反应。

在奥里森·马登看来,一帆风顺大多只是人们的一种美好愿望,真正一帆风顺的人生几乎是没有的,如果有,那也只是因为他没有经过什么大的风浪,平平淡淡过完了自己的一生。一个人如果希望自己的人生不至于太过平凡和平淡,那么挫折和失败是最好的助推剂。

大部分人在一生中都不会一帆风顺,难免会遭受种种挫折和不幸。但是成功者和失败者非常重要的一个区别就是,失败者总是把挫折当成失败,从而使每次挫折都能够深深打击他胜利的勇气;成功者则是永不言败,在一次又一次挫折面前,他或许会一时失意,但总是会及时对自己说:“我不是失败了,而是还没有成功。”一个暂时失利的人,如果继续努力,打算赢回来,那么他今天的失利,就不是真正失败。相反的,如果他失去了再战斗的勇气,那就是真正的输了!

有一句古老的谚语说道好:从来就没有所谓的失败,除非你不再尝试。如果在挫折面前不再尝试,那么就永远不再有翻身的机会,相反的,只要不断的尝试,那么成功就会在前面向你招手。

在美国好莱坞,曾经有一位穷困潦倒的年轻人,在他最困难、最失意的日子里,即使他身上全部的钱加起来也不够买一件像样的西服,但他仍全心全意地坚持着自己心中的志向,他想做演员,拍电影,当明星。

当时,好莱坞共有500家电影公司,他逐一数过,并且不止一遍。后来,他又根据自己认真划定的路线与排列好的名单顺序,带着自己写好的量身订做的剧本前去拜访。但第一遍下来,所有的500家电影公司没有一家愿意聘用他。

面对百分之百的拒绝,这位年轻人没有灰心,从最后一家被拒绝的电影公司出来之后,他又从第一家开始,继续他的第二轮拜访与自我推荐。

在第二轮的拜访中,500家电影公司依然拒绝了他。

第三轮的拜访结果仍与第二轮相同。这位年轻人咬牙开始他的第四轮拜访,当拜访完第349家后,第350家电影公司的老板破天荒地答应愿意让他留下剧本先看一看。

几天后,年轻人获得通知,请他前去详细商谈。

就在这次商谈中,这家公司决定投资开拍这部电影,并请这位年轻人担任自己所写剧本中的男主角。

这部电影名叫《洛奇》。

这位年轻人的名字就叫席维斯·史泰龙。现在翻开电影史,这部叫《洛奇》的电影与这个日后红遍全世界的巨星都榜上有名。

在经历1849次拒绝后,第1850次的尝试终于取得了成功,这是一种什么样的精神?这恐怕可以和当年爱迪生发明电灯泡的灯丝所失败的次数相提并论了吧!

大哲学家尼采说过:“受苦的人,没有悲观的权利。”道理其实很简单,如果你不想再受苦,那你就必须要克服困境,悲伤和哭泣只能加重伤痛而不能帮助你解决任何问题,所以在挫折和逆境面前不但不能悲观,而且要比别人更积极。在冰天雪地中历险的人都知道,凡是在途中说“我撑不下去了,让我躺下来喘口气”的同伴,很快就会死亡,因为当他不再走、不再动时,他的体温就会迅速地降低,接着死亡便会降临。

同样,在人生的旅途中,如果失去了跌倒以后再爬起来继续超着目标迈进的勇气,那么得到的只能是彻彻底底的失败。

其实,经历的挫折越多,我们就越接近成功。当年爱迪生在发明电灯时,实验了很多种用来做灯丝的材料都没有成功。有人好心的安慰爱迪生说:“失败了那么多次,算了吧。”爱迪生说:“不是你说的那么回事,我已经成功地证明了哪些材料不行,我很快就会找到合适的材料了。”每一次的挫折和失意,都可以看作是一个证伪的过程。这样不行,那样不行,在排除了众多错误之后,剩下的不就是正确的道路了吗?但问题是,在这个时候,已经有太多的人选择了放弃。

练健身的人都知道,只是将杠铃举起来是没有用的,练习者必须在举起杠铃之后,以比举起时慢两倍的速度,将杠铃放回举起前的位置,这种训练称为“阻抗训练”,这时所需要的力量的控制力比举起杠铃时还要多。

失败就是你的阻抗训练,当你遭遇挫折时,应主动将自己拉回原点,并将注意力集中到拉回原点的过程上。利用此方法,可使自己再次出发后,能有长足的进步。

你应该从以上陈述中认识到:每当你失败一次,离成功就近了一步,在成功与失败的互换推动与转化中,你的人生将日益成熟与完美,你所追求的目标也就一定会实现。

顽强让我们跨越逆境

顽强是一种勇于挑战自己的性格力量。只有勇于顽强的挑战自我,才能使自己的能力达到真正的提升与飞越。所以我们应该时时刻刻以自己为对手,战胜自己,直面自己。就像许多成功者那样,我们要时时有一种危机意识。这样,通过不断完善自己,才能使自己强大起来,永远立于不败之地。

顽强是成就事业的精神支柱。翻阅历史名人的成功史不难看出:凡是有伟大成就的杰出人物,都是从大风大浪中顽强的挺了过来。不论是应对激烈的战火,还是应对汹涌的波涛;不论是忍受无情的打击,还是抵抗潜移默化的腐蚀;不论是招架别人的谩骂指责,还是接听来自方方面面的流言蜚语,都需要我们具有顽强的精神,而日常生活中需要顽强来应付的事情也随处可见,常常遇到。如果具备了顽强,那么,一种大器的、豁达的、开明的、伟人般的性格就会在无形之中形成。

那么,我们应该怎样学会顽强、挑战自我呢,让我们先看看奥里森·马登的朋友科林自述的一段经历吧:

若干年前,我实现了人生理想:房地产事业蒸蒸日上,有舒适的住宅,两辆跑车,还有一艘帆船,婚姻美满。应有尽有。

突然,股票市场崩溃,一夜之间人们似乎对购置房产毫无兴趣。在赚不到一分钱的情况下,我还要偿付沉重的利息,几个月就耗尽了储蓄。以为情况坏到不能再坏的时候,太太还要跟我闹离婚……

那段日子真是度日如年,为了远离这些烦恼,我决定扬帆远行,沿海岸从康涅狄格州南下佛罗里达州。可是到达新泽西州海岸之后,我竟然转向正东航行,直奔大海。几小时后,我靠着栏杆,心想:“让海水吞了我该多容易。”

突然间,船被大浪托高再疾坠。我失去平衡,幸好抓住栏杆,但两只脚却已浸在了冰冷的海水里。我勉强爬回船上,吓坏了,心想:“是怎么回事?我可不想死。”从那时起,我知道必须振作精神,战胜自己,才能渡过难关。旧的生活已去,必须重建崭新的生活才行。

如果你再问:顽强是什么? 这就是顽强! 科林在绝望之中突然意识到生命的可贵,这就是一种顽强! 每一个想成就人生的人要顽强的从挫折中慢慢走出来。不要陷入挫折的泥潭而不能自拔,挫折是可以战胜的。前提就是我们具有勇于挑战自我的性格,只有具备了这种性格,我们才能最终战胜挫折,经历“失败——成功——再失败——再成功”的盘旋上升的成功之路。

碰到挫折,我们既不要畏惧,也不要回避,而要勇敢向自我挑战,直面挫折并拥有为了打垮它而英勇拼搏的气魄。无论任何事情,只有勇敢地尝试,多多少少都会有所收获。那些有成就的人都认为如果恐惧失败而放弃挑战自我的机会,那么就永远也不会进步。没有勇敢尝试就无从得知事物的深刻内涵,而尝试过以后,则由于对实际的痛苦有过亲身经历,就会使得这种种的体验为将来的发展作铺垫和准备。

顽强是一个人最珍贵的心理品质,是应对厄运、克服困难、谋求生存、维系生命、成就事业的最关键的因素,是克服困难改变命运的锐利武器,是人的精神支柱。要真正做到从险中得安、愁中见喜、苦中取乐、惊中见奇,达到如此意境,就需要顽强的品质和乐观的精神。

作战胜利的桂冠,是由顽强打造的;运动场上光灿灿的金牌,是用顽强的汗水锻铸的;航海家如果没有顽强,就会沉船;科技工作者如果没有顽强,经历一次又一次失败的打击,就没有卫星的上天,科技的发展,人们可能还处在饮毛茹血的年代。

不妨把困难和挫折当成人生的一道风景,人生如游览名川大山,在看到美丽的同时,自然也面对高山路险,崎岖坎坎,试想,平坦的道上能有奇异的景色么。人生如同荡舟出海,在历览宽宏与浩翰的同时,自然会遇到惊涛骇浪,狂风巨潮,试想,在平静如镜的小池塘里能见到多大的波浪壮阔?

人生如同展翅长空,在俯瞰世界的同时,自然也会遇到风雨雷电,也会有着无穷的惊险。试想,如果为求平稳,安于现状,脚不离地,能把一切尽收眼底吗?

在人生漫长的路上,我们都有可能遇到坎坷和挫折,遇到疾病和灾难。不管生活赋予我们的是什么? 我们只有勇敢面对,勇敢承受,在困难和挫折面前,在面临疾病和灾难的时候,我们不能怨天忧人,我们只有乐观的去面对它,找出最佳解决办法,即使不能解决,也不能自暴自弃,也要让生活每一天都充满阳光。

让我们记住奥里森·马登的这句话:顽强是一种品质,是任何人展开双臂迎接成功之前必须先具备的心理素质!

贫穷是最大的财富

奥里森·马登通过对数量众多的美国成功人物的研究发现,他们中的大部分成最初都是穷苦的孩子。由此,奥里森·马登得出一个结论:伟大人物无一不是经由苦难而造就的。

有人问一位著名的艺术家,一位跟他学画的青年将来是否能成为一位著名画家。那艺术家回答道:“不,决不可能!他每年有着6000英镑的收入呢!”这位艺术家知道,人的本领是从艰难困苦中奋斗出来的,而在富裕的境况下很难产生有作为的青年。

奥里森·马登曾经说:“不要认为富家的子弟,得到了好的命运。大多数的纨绔子弟,做了财富的奴隶,他们不能抵制任何诱惑,以至陷于堕落的境地。要知道,享乐惯了的孩子,决不会是那些出身贫贱的孩子的对手。一些穷苦的孩子,甚至穷苦得连读书的机会都没有的孩子,成人之后却成就了大事业。一些普通学校一毕业就投入企业界的苦孩子,开始做着非常平凡的工作。可这些苦孩子,或许就是无名的英雄,将来能拥有很丰富的资产,获得无上的荣誉。”

为脱离艰难的境地而努力挣扎,是摆脱贫穷的惟一方法,而这件事最能造就人才。如果人类社会的成员一生下来口里就有一把调羹,就不需要因为生存的压迫而去工作,那么恐怕人类文明直到现在还会处于十分幼稚的阶段,人类就无法走出它的孩提时代。

在美国有许多来自外国的移民,他们并不精通英文,也没受过高深的教育,既没朋友相助,也没有优裕的生活,可是他们竟在美国获得了显要的地位,拥有巨额的资产。这些成就,足以使家境富裕、知识丰富而最终默默无闻的美国青年自惭形秽!

伟大人物无不是经由苦难而造就的。一个人如果好逸恶劳、贪图享受,就无法战胜困难,也决不会有什么发展。俗话说得好:"生前没有经历困难的人,他的生命是不完整的。"

如果一个年轻人从出生到长大,一贯地依赖他人,从不想为自己的面包而奋斗。这种青年,将会白白地葬送掉他的一生,好不可惜!森林里的橡树之所以高大挺拔,是因为它和狂风暴雨作斗争的结果。

贫穷就好像我们健身房里的运动器械,可以锻炼人,使人体格强健,所以,贫穷是我们努力奋斗最有利的出发点。奥里森·马登说:"一个年轻人最大的财富莫过于出生于贫贱之家。"贫穷本是困厄人生的东西,但经过奋斗而脱离贫穷,便是无上的快乐。

两度出任美国总统的格鲁夫·克利夫兰起初不过是个穷苦的店员,挣着每年50美元的工资,他后来说:"的确,极度穷困所激发的雄心比较来得切实而有力。"

如果一个青年人的境遇不逼迫他工作,让他感到生活上的满足,那么他就不会再努力奋斗。工作上的努力,一方面固然是满足自己生活的需要,一方面却是在发展自己的人格,造福人类社会。当然,有的人往往只为自己而奋斗,他的努力也仅仅求得满足自己的渴望。

一个生活富裕的人儿说:"一早就起床工作,有何意义呢?我拥有大量财富,足够享用一生。"于是,他翻过身来,再睡一觉。而惟有那些无所凭藉、无所依赖的孩子,一早就起床,勤勤恳恳地工作。因为他知道,除了自己的努力外,再也没有第二条出路可走。他没有人可以依靠,没有掌权者的垂青,只有靠自己,为着自己的前途而努力。

但狡黠的大自然就是通过这种方法,来实现了促进人类发展的目的。大自然偏爱那些努力奋斗的孩子,给他们高尚的品格、富足的资产和优越的地位。

自然给人以绝好的机会,使每个人在经验的大学里,受多年的训练,以完成他的工作。至于经由努力得来的资产,所享的荣誉,不过只是意外的收获。大自然跟在人的后面,以巨大的代价,来报偿那些奋发有为的青年。

世间的很多贫穷都是一种病态,是千百年不良思想、不良生活、不良环境的结果。我们知道,贫困的境遇是一种反常的状态,是决不受任何人欢迎的。许多事实证明:世界上一切事业,只要人们勇敢地坚持去做,总会获得成功,贫穷的环境总是可以打破的。

如果普天下的贫穷人,能够从黑暗和沮丧的环境中回过头来,去朝着光明和愉快的方向努力,并且立志要脱离贫困,那么即使在最短的时间里,也能使贫困尽行消失。但有很多人想脱离贫穷,却不肯十分努力。

就事实而论,世间的大部分贫困都是由懒惰造成的,都是由奢侈、浪费、不愿努力、不肯奋斗造成的。而且懒惰往往与浪费携手同行,懒惰的人常常也浪费,浪费的人一般都懒惰。

但人类有着几种坚强的品格,是和贫困势不两立的,那就是自信和勇敢。有许多人虽处贫困,虽遭患难和不幸,但他们有着自信和勇敢的秉性,最终能够制服贫困这个恶魔。如果一个人缺乏勇敢和自信的卓越品质,而只是过着一种懒惰、畏缩的生活,那么他就永远也不能战胜贫困、奋发有为。

如果一个人立意坚定,要永远地摆脱贫困,要从服装、面容、态度等生活的各个方面拭去贫困的痕迹,要表现自己卓越的品质,要一往无前地去争取"富裕"与"成功",那么世界上应该没有一件事能够动摇他的决心。这样,自然会增强他的自信,使他发挥出潜在的力量,最终摆脱贫困,获得惊人的成就。

如果一个人安于贫困,视贫困为正常状态,不想努力挣脱贫困的状态,那么在身体中所潜伏的力量就会失去它的效能,他的一生将永远不能脱离贫困的境地。

还有一些人,缺乏脱离贫困的自信,并把贫困视为他们自己的命运,那么他们实在是没有希望,除非他们能恢复已失去的自信,并摆脱甘受命运摆布的思想。

奥里森·马登认识一个年轻人,是美国一所著名大学毕业的。他说,如果他父亲一星期不给他 5 美元,他就要挨饿。

这实在是一个沮丧的青年,他不相信他能做什么;他也尝试过很多事情,尽遭失败。他对自己的才能也没有信心,他总是不相信自己所做的事业会成功,因此今天干这个,明天就做那个,终于一事无成。

奥里森·马登认为,贫穷本身并不可怕,可怕的是贫穷的思想,以及认为自己注定贫穷、必会老死于贫穷的错误观念。一旦处于贫穷的境地,就认为自己注定贫穷,这确实是绝大的谬误。

如果你觉得目前自己前途无望,觉得周围一切都很黑暗惨淡,那么你就应当立即转过身回过头,走向另一面,朝着希望和期待的阳光前进,并将黑暗的阴影尽数抛弃。

要迅速地斩除一切贫困的思想、怀疑的思想,忘却脑海中一时暗淡、忧郁的印象,而代之以光明的、有希望的和快乐的印象。

在伟大的世界里,造物主为每个人都预备了美满的结局,我们应该下定决心,集中精力,去努力争取。争取这美满的人生结局是天赋的权利,有成千上万的人因为能运用这种权利,能够努力向前,最终脱离了贫困的境地。

千万不要安于现状

奥里森·马登说过这样一段话:想要过上美好幸福的生活吗?那就养成一个不安于现状、憧憬美好生活的习惯吧!这样,你就不会流露出一付愁眉苦脸的神情,就好像世界上美好的事情都与你无缘一样。让想象张开翅膀放飞吧!摆脱思想的羁绊,对美好前景充满期待吧!通过这种途径,你才能拓宽自己的视野,放飞心情,扩展自己的空间。如果掌握了对生活、对自己美好未来憧憬的方法,你就为自己充分地做好了迎接美好未来的准备。对生活的不满足将成就人们的事业,从早期时代的霍屯督人到后来的林肯和威廉·格莱斯顿,他们就是最好的明证。

的确,一个人如果安于现状,满足于既得的成就或者逆来顺受,他就不可能成就一番事业,不可能取得伟大的成就。

奥里森·马登早年还没有发达的时候,在某工厂工作时认识了两个工友。

两个人的工作都很简单,就是守在车床旁,当零件转到身边时,就把车床上的一个手柄向左边扳一下。第一位工友非常好学,业余时间都花在进修上了。他曾经对奥里森·马登说:“我必须不断地学习,我现在的本事仅仅是‘向左边扳一下手柄’,将来如果厂里有什么变故,我可能连饭都吃不饱。”他先是自修统计学,然后自修会计学,到后来,甚至还拿到了注册会计师的证书。第二位工友却是另一番看法:“工厂里有两千多工人,怕什么,难道这么大厂子还会垮掉,还会让我们饿着不成?”他的业余时间,都花在了娱乐上,朋友倒是结识了一大批,但本事还是局限于熟练地“向左边扳一下手柄”,向右边扳就显得很笨拙。很多年之后,奥里森·马登非常巧合地先后碰上了他们两个。第一位工友已经是一家会计事务所的合伙人,开着自己买的名牌轿车。而第二位工友,则由于经济萧条、工厂倒闭导致失业,四处漂泊,碰到奥里森·马登时,他在一个建筑工地上卖苦力,晒得像个非洲难民。

不安于现状者,拥有了更好的现状;安于现状者,现状越来越糟糕。这不是命运造成的,是自己造成的。通过这次经历,奥里森·马登收获颇多,他认为,一个对自己充满期待的人就应该不断地尝试着拓宽自己相对窄小的生活圈子,延展自己有限的知识,把目光投向更高更远的地方,走得比周围的人更远一些,就像第一位工友那样,他不安于现状,高瞻远瞩,期望着得到那些为他准备的最好的东西,最终果然取得了成功。

再来看一则寓意深长的寓言故事:

深山里有两块石头,第一块石头对第二块石头说:

“我们一起去经历一下艰险坎坷和世事的磕磕碰碰吧,如果能够搏一搏,也不枉来此世一遭。”

“不,何苦呢?”第二块石头嗤之以鼻,“安坐高处一览众山小,周围花团锦簇,谁会那么愚蠢地在享乐和磨难之间选择后者,再说那路途的艰险磨难会让我粉身碎骨的!”

于是,第一块石头随山溪翻滚而下,历尽了风雨和大自然的磨砺,它依然义无反顾执著地在自己的路上途上奔波。第二块石头讥讽地笑了,它在高山上享受着安逸和幸福,享受着周围花草簇拥的畅意抒怀,享受着盘古开天辟地时留下的那些美好的景观。

许多年以后,饱经风霜、历尽尘世之艰难险阻的第一块石头已经成了世间的珍品、石艺的奇葩,被千万人赞美称颂,享尽了人间的富贵荣华。第二块石头知道后,有些后悔当初为什么不和第一块石头一起下山,现在它想投入到世间风尘的洗礼中,然后得到像第一块石头那样拥有的成功和高贵,可是一想到要经历那么多的坎坷和磨难,甚至满目疮痍、伤痕累累,还有粉身碎骨的危险,便又退缩了。

一天,人们为了更好地珍存那石艺的奇葩,准备为它修建一座精美别致、气势雄伟的博物馆,建造材料全部用石头。于是,他们来到高山上,把第二块石头粉了身碎了骨,给第一块石头盖起了房子。

两块石头不同的命运,正是折射出了人生不同的结局和归宿。第一块石头就像那些不甘于平庸的、勇敢的成功者,他们有着强烈的成功意愿,不安于现状,为了实现自我的人生价值,凭借着持久的激情,冲过千难万苦、千沟万壑、千山万水,最终到达成功的彼岸。

成功之路充满艰辛,如果缺乏强烈的意愿,缺乏不安于现状的野心,那就无法踏上征程,也就无法坚持到最后。所以,对于可望成功的人来说,一定要有一颗不安于现状的心!

当然,不安于现状,的确要付出许许多多的汗水,甚至要承受痛苦,但是,当取得一个又一个新的成绩后,那又是无比快乐的。不安于现状,体会到的人生乐趣,绝对是安于现状者无法体会到的。正如当你攀上又一座高峰时,回头看看你经历的,你会觉得那根本算不了什么,站在峰顶,“一览众山小”的快意境界,更是他人无法分享的。

学会藐视一切的困难

奥里森·马登认为,这个世界不属于优柔寡断、胆小怕事的人。在他看来,一个人想要取得成功就必须克服前进道路上的重重障碍,藐视一切困难,排除万难,最终实现自己的目标。然而,奥里森·马登也指出,并不是所有的人都能够意识到如何正确面对前进道路上的障碍。在选择了某条前进的道路之后，他们想象着前面有数不清的障碍，就像绵绵不绝的山峰一样挡在面前。无论做什么事情，一旦制定好了计划之后，他们就开始找寻困难，等待它们的到来。当然，困难是不会让他们失望的。这些人似乎戴着一幅“障碍眼镜”，他们看到的是，除了困难之外什么也没有。他们总是说，“如果”、“可是”或者“不可能”之类的字眼。事实上，这些字眼已经足够让他们望而却步，或者足以使他们泄气了。

“困难的大小，往往不在于困难本身，而在于人。如果你是强大的，困难就显得很渺小；如果你很渺小，困难看起来就很强大。”这是奥里森·马登的一段经典言论。

那些有夸大困难倾向的人往往缺少获得成功必要的毅力和勇气。面对困难，他们不想做出牺牲。想到读书的辛苦，想到要干事业的艰辛，他们退却了。他们总是奢望有人能够站出来，拉他们一把，推着他们向前走。

有一个高中学生告诉奥里森·马登说，他非常渴望接受更高等的教育，非常想读大学。然而，与其他的孩子不同的是，没有人能够帮助他。他说，如果他有一个富有的父亲送他到大学读书，他肯定是一个有出息的人。从他的话语中，奥里森·马登肯定，他并不是想要接受教育，而是想要不费吹灰之力就拥有一个大学生的学识。他并不像林肯那样渴望读书，渴望学习。如果一个人说他不能到大学读书，那么，他不仅不能到大学读书，而且还会丢失掉生活当中许多值得追求的东西。

那些意志坚定、不屈不挠、下定决心、不达目的誓不罢休的人也可能看到、遇到困难。不过，他们不怕困难，因为他们认为与他们坚强的决心、坚定的信心相比，这些困难是微不足道的。他们感到，在他们的内心深处有一股超人的力量:他们深信，自己大无畏的勇气和毅力会将这些困难消灭干净的。对于他们坚定的意志来说，这些困难是不存在的。对于拿破仑来说，阿尔卑斯山是不存在的，这并不是因为阿尔卑斯山不够险峻，而是因为他比它更伟大。对于拿破仑的将军们来说，阿尔卑斯山是无路可通的。但是，对于他们坚强的领袖来说，越过终年积雪的阿尔卑斯山，就是一望无际的平原。

美国女权主义者、作家和编辑夏洛特·安娜·珀金斯·吉尔曼在《障碍》

这首诗中描述了一个游客的经历。这名游客背负着沉重的行囊,不断地沿着山坡向上爬。突然,一个巨大的障碍挡住了他的去路。他变得惊惶失措起来。在开始的时候,他非常有礼貌地请求障碍走开,不要挡住他的去路。然而,障碍却一动也不动。他变得生气起来,并且开始对着障碍破口大骂。然而,障碍仍然是一动也不动。然后,他跪了下来,请求障碍起开。可是,障碍还是一动也不动。最终,正当这名游客无望地坐下来想要放弃的时候,他突然变得精神振奋起来,还是让他自己来说说他是如何处理这个问题的:

“我摘下了帽子,拿起了棍子,
并且把行李安置好,
我带着心不在焉的神情,
朝着那个可怕的恶魔走去——
我径直地、堂而皇之地穿过它,
就好像它不存在一样!”

站在困难面前,我们要勇敢地面对它,就好像它不存在一样大胆地走过去。这样,它就会像冰雪遇到了太阳一样融化、消失。

所以说,无论做什么事情,你都要尽可能地藐视困难与不幸,充分利用可利用的资源,最大限度地发挥自己的潜能,尽可能地减少那些不利因素带来的负面影响。在养成这样的习惯之后,你就会发现,这个习惯不仅有利于你的工作,而且还会给你带来无限的快乐与幸福。它会将不愉快的事情变成令人快乐的事情,将不利的因素变成有利的因素。并给生活带来比金钱更有意义的东西。不久以后,你就会发现,你已经成为一个强者。

勤奋是摆脱困境的法宝

勤奋是通向成功的最短路径,也是实现梦想的最好工具,无论是在富裕还是贫困的环境中,只要你肯勤奋做事,付出你的努力,你就一定会有收获,因为天道酬勤。

印度哲人布尔卫曾说过这样一段话：人所缺乏的不是才干而是志向，不是成功的能力，而是勤劳的意志。奥里森·马登更是把勤奋看作是人们摆脱困境的基本条件。的确，一个人如果没有一点勤奋的精神，不说摆脱困境，要想好好地活下去都不是一件容易的事情。

一个人无论做什么事，有什么样的条件，在什么样的环境中，只要他能勤奋刻苦，专心致志、坚持不懈、脚踏实地做下去，人生必然成功。所以说，勤奋是做人做事的不败筹码，只要你肯下功夫，你就一定能成功。

美国最伟大的文学家之一杰克·伦敦在19岁以前，从来没有进过中学。他在40岁时就死了，可是他却给世人留下了51部巨著。

杰克·伦敦的童年生活充满了贫困与艰难，他整天像发了疯一样跟着一群恶棍在旧金山海湾附近游荡。说起学校，他不屑一顾，并把大部分时间都花在偷盗等勾当上。不过有一天，当他漫不经心地走进一家公共图书馆内开始读起名著《鲁滨逊漂流记》时，他看得如痴如醉，并受到了深深的感动。在看这本书时，饥肠辘辘的他，竟然舍不得中途停下来回家吃饭。第二天，他又跑到图书馆去看别的书。一个新的世界展现在他的面前——一个如同《天方夜谭》中巴格达一样奇异美妙的世界。从这以后，一种酷爱读书的情结便不可抑制地左右了他。他一天中读书的时间往往达到了10至15小时，从荷马到莎士比亚，从赫伯特·斯宾塞到马克思等人的所有著作，他都如饥似渴地读着。当他19岁时，他决定停止以前靠体力劳动吃饭的生涯，改成用脑力谋生。他厌倦了流浪的生活，他不愿再挨警察无情的拳头，他也不甘心让铁路的工头用灯揍自己的脑袋。

于是，就在他19岁时，他进入加州的奥克兰德中学。他不分昼夜地用功，从来就没有好好地睡过一觉。天道酬勤，他也因此有了显著的进步，他只用了3个月的时间就把4年的课程念完了，通过考试后，他进入了加州大学。

他渴望成为一名伟大的作家，在这一雄心的驱使下，他一遍又一遍地读《金银岛》、《基督山恩仇记》、《双城记》等书，随后就拼命地写作。他每天写5000字，这也就是说，他可以用20天的时间完成一部长篇小说。他有时会一口气给编辑们寄出30篇小说，但它们统统被退了回来。

后来，他写了一篇名为《海岸外的飓风》的小说，这篇小说获得了《旧金山呼声》杂志所举办的征文比赛头奖。但是他只得到了20元的稿费。他贫困至极，甚至连房租都付不起了。

那是1896年——令人兴奋和激动不已的一年。人们在加拿大西北柯劳代克，发现了金矿。

跟随着像蝗虫一样的淘金者人流，杰克·伦敦踏上了柯劳代克之路。他在那儿呆了一年，拼了命似的挖金子。他忍受着一切难以想象的痛苦，而最后回到美国时，他的囊中却仍然空空如也。

只要能糊口，任何工作他都肯干。他曾在饭店中刷洗过盘子；他擦洗过地板；他在码头、工厂里卖过苦力。

后来，有一天——他饥肠辘辘，身上只剩下两块钱了——他决定放弃卖苦力的劳苦工作，献身于文学事业。这是1898年的事。

5年后的1903年，杰克·伦敦有6部长篇以及125篇短篇小说问世。他一跃而成为了美国文艺界最为知名的人物。

我国历史上有一个著名的楹联：

有志者，事竟成，破釜沉舟，百二秦关终属楚；

苦心人，天不负，卧薪尝胆，三千越甲可吞吴！

的确只要勤奋不懈，总有一天能得到自己想要得到的东西，杰克·伦敦用自己的经历证明了这一点。

其实，人往往在逆境中、在艰苦条件下，才更有发愤图强的决心；而一贯养尊处优，则容易丧失进取的决心和拼搏的斗志。所以说，处于困境之中的人啊，赶紧拿起你最强有力的武器——勤奋，然后去做自己想做并有益的事情吧，在这之中，付出汗水和努力，那么你一定会是一个成功并且幸福的人。